KB122853

나

시몬 베유

*Une Vie
Simone Veil*

나—
시몬 베유

여성, 유럽, 기억을 위한 삶

시몬 베유 지음
이민경 옮김

Une Vie
Simone Veil

갈라파고스

베르겐벨젠에서 돌아가신 나의 어머니, 이본에게
리투아니아에서 살해당한 아버지와 장
우리를 너무 빨리 떠나간 밀루와 니콜라
가족을 위하여, 가족이 내게 쏟아준 사랑을 위하여

내가 사랑하는 모파상.
그의 가장 아름다운 소설 제목을
허구라고는 하나도 섞이지 않은
이 이야기에 붙인다고
나를 원망하지 않으리라.

차례

1

니스의 아이

우리 가족은 행복했다. 우리의 유년기를 담은 사진이 이를 증명한다. 어머니 곁에 있는 네 형제자매들. 어찌나 사랑이 넘치는지! 다른 사진을 보면 우리는 니스의 해변에서 놀고 있다. 라 시오타에 있는 별장에서, '길을 밝히는 자들' 캠프에서, 언니들과 나는 환하게 웃음을 터뜨리고 있다. 마치 평화와 이야기라는 이름의 요정이 우리의 요람을 굽어보았던 것만 같다. 삶에 맞서는 데 필요한 가장 좋은 무기를 가졌던 셈이다. 우리가 마주친 차별과 우리가 맞서야 했던 어려움을 넘어서, 부모님은 우리에게 화목한 가정의 온기와 자신들이 가장 중요하다고 생각한 지적이고 엄격한 교육을 선사해주셨다.

이보다 훨씬 나중에, 그러나 제법 빠른 속도로, 운명은 우리에게 살아가는 기쁨을 하나도 남겨놓지 않을 만큼, 무척이나 또렷하게 그려져 있는 것만 같았던 길을 흐려놓았다. 우리는 여느 프랑스 유대인 가족과 같았다. 죽음은 빠르고 강렬하게 덮쳐왔다. 오늘날 이

궤적을 그리면서 나는 어머니와 아버지가 아이들이 성숙해나가는 것을, 손주가 태어나는 것을, 대가족의 풍요로움을 결코 알지 못했다는 것을 떠올릴 때마다 슬픔에 잠긴다. 부모님이 우리의 삶을 마주한다면 그들은 우리에게 넘겨준 드물고도 예외적인 유산의 가치를 차마 재지 못할 것이다.

부모님에게 1920년대는 기쁨의 해였다. 그들은 1922년에 결혼했다. 아버지인 앙드레 자코브는 32살이었고, 어머니 이본 슈타인메츠는 11살 더 어렸다. 그때 당시에 이 젊은 부부는 모른 체 할 수 없을 만큼 빛이 났다. 아버지는 금욕적이고 검소하며 정중했고 건축가로서의 창의성도 함께 갖추고 있었다. 하지만 로마 대상을 받은 지 얼마 되지 않았을 때 포로가 되어 수용된 채 보냈던 4년여의 세월은 그를 심하게 동요시켰다. 어머니 이본은 당대의 스타였던 그레타 가르보*를 떠올리게 할 정도로 아름다웠다. 1년 뒤 첫째, 밀루라는 별명으로 불린 큰언니 마들렌이 태어났다. 그 후 1년이 지나 작은언니 드니즈가, 그러고 나서 1925년에 오빠 장이, 1927년에 내가 태어났다. 자코브 가족은 2명에서 6명으로 늘었다. 아버지는 만족했다. 아버지의 생각에 프랑스는 대가족을 필요로 하는 시기에 있었다. 어머니는 행복해했으며, 아이들이 어머니의 삶을 채워주었다.

부모님은 두 분 다 파리에서, 보다 자세히는 트뤼덴 가에서 두 발

---

* 1905~1990. 스웨덴 출신의 미국 영화배우로 1930년대의 최고의 스타였다.

짝 차이로 태어났다. 9구에 위치한 트뤼덴 가는 조용한 골목가로, 20세기 초에 많은 유대인 가족들이 나중에 다른 곳으로 이주할 때까지 자리를 잡고 살던 곳이었다. 부모님은 먼 친척뻘이었지만 서로 모르는 사이였다. 아버지 쪽의 가계도를 보면 조상들은 최소 18세기 전반부터 프랑스에 정착해, 메츠 근처 로렌의 한 마을에 살았다. 몇 년 전 나는 이곳으로 가족들을 데리고 갔다. 경쾌한 분위기의 100세 쯤 된 무덤 관리인이 우리를 조상들의 묘 앞으로 데려다주었다. 그것들 중 하나에는 1750년이라는 숫자가 적혀 있었다. 이 마을에서 이렇게나 오래된 우리 존재의 흔적을 발견했을 때의 감정을 독자들도 상상할 수 있을 것이다.

1870년 프로이센-프랑스 전쟁* 전부터 아버지 쪽 조상들은 공예가 가문으로 자리를 잡았다. 그들은 은으로 된 작은 상자를 만들었는데, 상품이 중부 유럽까지 뻗어나갈 정도로 제법 성공을 거두었다. 그러다가 장사가 잘 되지 않아 검소한 생활에 적응해야 했다. 할아버지는 파리 가스 회사의 회계사였다. 그는 아이들을 확실히 교육시킬 수 있도록 생활을 책임졌다. 그래서 아버지는 국립미술학교인 보자르Beaux-Arts에 다니고, 건축계에 진입하기 전부터 로마 대상 이등상을 거머쥘 수 있었다. 작은아버지는 국립공업학교인 에콜 상트랄École centrale에서 공학을 배운 엔지니어였다.

---

* 프로이센과 프랑스 간에 벌어진 전쟁. 프로이센의 주도 아래 통일 독일을 이루려던 비스마르크의 정책과 그것을 저지하려 했던 나폴레옹 3세의 정책이 충돌하여 일어났다. 독일의 승리로 끝이 난 이 전쟁으로 인해 프랑스에서는 제2제국이 무너지고 제3공화국이 세워졌으며, 프로이센은 독일 제국을 수립하게 된다

프랑스에 동화된 다른 유대인 가족들과 마찬가지로, 아버지는 무척이나 애국심이 강한 세속 유대인이었다. 아버지 쪽 조상들은 1791년부터 나라에 대한 자긍심과 유대인 정신을 함께 가지고 있었다. 드레퓌스 사건*으로 반유대주의가 이 나라를 뒤흔들 때에도 이 아름다운 확신은 꺾이지 않았다. 프랑스가 드레퓌스 대위의 무죄를 선고하면서 모든 것이 제자리로 돌아왔을 때, 할아버지는 무죄 선고를 기념하기 위해 샴페인을 따르면서 확신에 찬 목소리로 이렇게 말했다고 한다. "프랑스 혁명의 후예가 잘못할 리 없다." 1914년 제1차 세계대전이 발발하자, 군복무를 마치고 돌아와 직장생활을 새로이 시작할 꿈에 부풀어 있던 아버지는 그 나이의 모든 프랑스 남성이 그러했듯이 전선에 나섰다. 아버지는 모뵈주로 발령이 났고, 적의 행렬을 관찰하는 기구 부대에 들어갔다가 1914년 10월에 포로로 붙잡혔다. 그리고 남은 전쟁 기간 동안 거듭 탈옥을 시도하다가 훨씬 열악한 조건 속에서 감옥 생활을 했다.

감옥에서 보낸 시기는 아버지에게 엄청난 영향을 미쳤다. 우리가 유년기를 지나는 동안 아버지는 우리 교육에 무척 많은 관심을 보였지만, 자신이 젊었을 때 친구들과 보냈던 근심 없던 시기에 대해서는 아무런 말도 하지 않았다. 또한 아버지는 독일을 '세습되는 적'이라고 일컬으면서, 아리스티드 브리앙이 말했던 화해를 결코

---

* 19세기 후반 유대인 출신 장교 알프레드 드레퓌스가 독일에 군사기밀을 유출한 혐의로 종신형을 선고받는다. 반유대주의 때문에 희생된 드레퓌스의 무죄 여부를 놓고 로마 가톨릭교회와 군부 등의 보수 세력과 지식인 등의 진보 세력이 격돌했던 사건.

믿지 않았다.*

어머니 쪽 식구에 대해서는 알고 있는 내용이 더 적다. 이들은 라인란트 태생이고, 할머니는 벨기에계로 프랑스에는 19세기 말엽에 정착했다. 어머니 쪽 가족들로 이루어진 이 작은 세계는 기본적으로 아버지 쪽 가족과 마찬가지로 공화주의자이자 세속 유대인이었는데, 아버지 쪽이 훨씬 더 엄격한 편이었다. 이와 관련해 기억에 남는 여덟 혹은 아홉 살 무렵의 일화가 하나 있다. 우리와 함께 지내던 이탈리아인 친척 한 명이 나를 유대교 예배당에 데려간 적이 있다. 이 사실을 안 아버지는 그에게 한 번만 더 그러면 더 이상 집에 들어올 수 없을 것이라 말했다.

우리는 세속 유대인이라는 이 단순한 사실을 숨기지 않았다. 네다섯 살 때 유치원에서 한 아이가 우리들이 유대인이기 때문에 '지옥에서 타 죽을' 것이라 말해서 나를 울린 적이 있지만, 나는 종교에 대해서는 아무것도 몰랐다. 1937년, 파리 만국박람회를 찾았을 때, 식당에서 호기롭게 사우어크라우트**와 소시지를 주문하기도 했다. 우리와 함께 지내던 사촌들이 그것을 알고 나서는 이렇게 소리쳤다. "어떻게 사우어크라우트와 소시지를! 그것도 욤 키푸르***에!" 이 사건은 유대교 풍습에 대해 내가 처음으로 받은 교육이었다. 그리

---

*   프랑스의 정치가인 아리스티드 브리앙은 제1차 세계대전 후 국제연맹을 중심으로 국제협조주의와 집단안전보장체제를 추구했으며, 독일의 배상 문제에 대해서도 평화적 해결책을 주장했다.

**   잘게 썬 양배추를 발효시켜 만든 독일식 양배추 절임.

***   유대교의 속죄일.

고 이러한 교육이 이후로 별반 진전되지 않았음을 별다른 부끄러움 없이 인정하는 바이다.

그러나 나는 유대인 공동체에 속하는 데 아무런 문제가 없었다. 아버지는 종교적인 이유 때문이 아니라 문화적인 이유 때문에 그렇게 해야 한다고 강력히 주장했다. 아버지 생각에, 유대인들이 선택받은 자들이라면 그 이유는 그들이 책과 사유, 글쓰기의 민족이기 때문이었다. 열넷 혹은 열다섯 살 때, 아버지에게 이렇게 물어본 적이 있다. "유대인이 아닌 사람이랑 결혼하면 싫어하실 거예요?" 아버지는 귀족이 아니고서야 유대인이 아닌 사람과는 결혼시키지 않을 거라고 답했다. 놀라는 내게 아버지는 답했다. "몇 세기 동안 유대인과 귀족만이 글을 읽을 수 있었지. 그게 중요한 거야."

아버지의 대답은 내게 깊은 인상을 남겼다. 이는 타협 없고 기이한 분이었다는, 아버지에 대한 우리의 평을 재차 확인하게 했을 뿐 아니라, 아버지가 가졌던 정신적인 가치에 대한 애착을 보여주었다. 어렸을 때 우리는 목욕을 끝내고 아버지의 서재에서 샤를 페로 이야기나 라퐁텐 우화를 들었다.* 시간이 더 지나 10대가 되었을 때, 아버지는 우리가 로자먼드 레만**의 작품과 같은 '사소한 소설'을 즐기는 것을 참지 못했다. 우리는 미셸 드 몽테뉴, 장 라신, 블레즈 파스칼과 같은 고전뿐 아니라 에밀 졸라, 아나톨 프랑스와 같은 현대

---

* 샤를 페로는 동화작가이고 라퐁텐은 우화 작가인데, 둘 다 어린아이들이 읽기에 적절한 작품들을 썼다.
** 1901~1990. 영국의 소설가

소설, 심지어는 놀랍게도 앙리 드 몽테를랑의 선정적인 작품까지 읽어야 했다. 아버지 역시 대단한 독서가였으며, 그림에도 능했다. 아버지는 모든 일을 할 때 그러하듯이 그림을 그릴 때에도 열정과 진중함으로 임했다. 나는 여전히 아버지가 그린 아름다운 수채화 몇 점을 가지고 있다. 이에 반해, 어머니와는 달리 음악은 아버지의 세계에서 빠져 있었다.

정교분리에 대해서는 할 이야기가 조금 더 있다. 우리가 세속 유대인이라는 사실은 참고할 부분이었으며 오늘날까지도 남아 있는 특징이다. 나와 마찬가지로 무신론자였던 어머니는 내게 선함의 극치를 보여주었다. 그렇다고는 해도 종교가 신자에게 어떤 도움을 줄 수 있는지 또한 모르지 않는다. 수용소에서 거의 뼈만 남은 상태였던 젊은 폴란드인들이 키푸르에 단식을 고집하던 기억을 경탄을 담아 간직하고 있다. 생존보다 의례를 존중하는 것을 더 중요시했던 그들은 내게 깊은 인상을 남겼다.

위에서 언급한 만국박람회 방문은 일상적이지 않은 사건이었다. 우리는 파리에 살지 않았기 때문이다. 부모님은 결혼을 하고 2년 뒤인 1924년에 수도를 떠나 니스에 정착했다. 아버지가 코트다쥐르를 선택한 것은 자신의 직감 때문이었다. 그 직감은 나중에 올바른 것으로 판명났으나, 안타깝게도 그곳에서 사업이 번성할 시기보다 몇십 년 먼저 발동했다는 게 문제였다. 아버지는 리비에라 해안 근처에서 건설업이 부흥할 것이라 예견했다. 니스는 특히나 외국인들의 유입으로 엄청난 발전을 구가하고 있었다. 아버지는 그곳에 돈이 흘러들고 있다고 확신해 남부로 향한 것이다. 어머니는 이 대이 동을 즐겁게 받아들이지 않았다. 아버지의 요구 때문에 어머니는 집과 아이들에게 헌신하기 위해 자신이 열정을 가졌던 화학 공부를 저버리고 파리, 친구들, 가족들, 사랑하던 콘서트를 모두 떠나야 했다. 그러나 어머니는 싫은 기색을 내비치지 않았다. 어머니는 단단한 자기희생으로 무장한 사람이었고, 아버지가 부차적인 사항이라고 여긴 이익과 손실을 겪어냈다. 그러나 어머니가 내게 자립에 대한 열망을 건네주었다는 것은 부정할 수 없는 사실이다. 어머니에게나 나에게나, 여성은 남편이 반대하든 아니든 공부하고 일할 수 있는 능력을 가져야 한다는 생각이 있었다. 자유와 독립에 관한 문제였기 때문이다.

초반 몇 년 동안, 아버지의 사업은 그가 내다보았듯이 놀랍도록 성장했다. 아버지는 디자이너 두 명, 조수 한 명과 함께 라 시오타에 있는 빌라를 건축했다. 이 빌라는 뤼미에르 형제 소유였다가 리조트 회사에 팔린 여러 채의 빌라 중 첫 작업물이었다. 우리는 니스에서 음악가들이 머무는 구역에 위치한 아름다운 부르주아 건물에 살았다. 내가 기억하는 한, 언니들과 나는 넓은 방 하나를 같이 썼는데, 오빠인 장은 자기 방을 따로 가졌다. 특히 아버지와 동업자들이 진지하고도 집중된 분위기 속에서 일했던 건축 사무실은 아이였던 내게 깊은 인상을 심어주었다.

그러나 황금기는 오래 지속되지 않았다. 1920년대가 평탄한 시기였다면 1930년대는 곤란한 시기였다. 그 유명한 1929년 대공황이 여느 프랑스인들에게 그랬듯 우리 가족에게도 심각한 영향을 미쳤다. 아버지에게 들어오는 주문 수는 급감했다. 상황이 더욱 심각했던 까닭은 아버지가 고객들에게 유연하게 굴지 않았다는 데 있었다. 아버지는 늘 건축가인 자신의 소신에 고객을 맞추려 들었다.

1931년인지 1932년인지에 우리는 차를 팔아야 했고, 도심을 벗어나 더 검소하고 덜 안락한 아파트로 이사를 갔다. 중앙난방은 사라지고 현관에 큰 난로가 놓여 있었으며, 마루 대신 단순한 프로방스식 타일이 깔려 있었다. 오빠 방은 없어져서 오빠는 거실에서 자야 했다. 결국 우리는 가족들이 마주한 재정적 어려움을 일상적으로 마주해야 했다. 심지어 다른 가족들보다 훨씬 인식하는 바가 적었을 막내였던 나조차 어머니가 우리의 이전 집을 그리워한다는 것을 알 수 있었다.

하지만 다섯 살인 내게 물질적인 곤란함은 별다른 영향을 미치지 못했다. 오히려 나는 클뤼비에 가의 아파트와 주위 시골 풍경을 무척이나 좋아했다. 우리 집 창은 러시아식 교회 쪽으로 나 있었는데, 이 교회는 차르의 프랑스 방문 기념으로 모스크바에 있는 예배당과 똑같은 모습으로 지어진 것이었다. 10월 혁명*으로 인해서 수많은 난민들이 도착하기 전부터도 이 구역은 러시아 문화가 자리하고 있었다. 집 근처에는 테니스 코트가 있었는데 이 역시 차르 방문을 기념하며 만들어진 것이었다. 조금 더 가면 차레비치 가라는 이

---

* 레닌을 중심으로 한 볼셰비키가 주도한 혁명으로, 소비에트가 권력을 쥐는 최초의 사회주의 정권을 수립했다.

름의 거리가 있었다.

　머릿속에 우리 방을 그려본다. 벽지는 파란색에 그림이 그려져
있었다. 발코니에는 화분에 담긴 식물들이 자라고 있었고, 그 아래
에는 원예사의 넓은 정원이 있었다. 집 바로 근처에는 건물들이 몇
채 있었고, 제비꽃이 빼곡히 자라나는 미모사 숲이 펼쳐지며 시골
풍경이 시작되었다. 일요일이 되면 그리로 자주 산책을 나가곤 했
다. 더 커서는 캠프에 참가하면서 목요일에도 가게 되었다. 한두 번
이곳을 다시 찾았지만 이제는 알아볼 수 없게 변했다. 녹지는 전부
개발이 되거나 도시로 합쳐졌다. 넓은 공원 한 가운데에 오빠가 다
니던 고등학교가 있었는데, 그때 찾아가 보니 공원이 아닌 건물로
둘러싸여 있었다. 항상 바다와 햇빛, 시골을 접할 수 있었던 나의 유
년기는 천국 같았다.

　언니들과 나는 무척이나 잘 맞는 트리오였다. 방에서 함께 숙제
를 하던 모습을 떠올려본다. 우리는 공부를 무척 많이 했지만, 아버
지의 엄격함은 학업 성적과 직결되지는 않았다. 물론 학교를 문제
없이 마치기는 했으나 공부는 우리의 적성이 아니었다. 관심 있는
과목에서는 상을 탔지만 다른 과목에서는 해야 할 만큼만 하는 데
머물렀다. 그러나 우리 선생님들은 대부분 교수 자격증을 가진 무
척 훌륭한 분들이었다. 나는 우등생은 아니었지만 선생님들이 예뻐
하는 학생이었다. "선생님은 너는 무조건 봐주셔. 만일 우리가 네가
하는 반의 반이라도 하는 날에는 그냥 넘어가지 않으실 걸." 완전히
틀린 말은 아니었다. 나를 감싸준 선생님들을 가끔 떠올리곤 한다.

열한두 살 때 아이가 없는 젊은 부부 선생님이 방과 후에 나를 데리고 간 뒤 과자를 주셔서 뿌듯해하던 기억도 있다. 어머니 친구들은 어머니에게 오빠나 언니들에 비해 막내라는 이유로 나를 오냐오냐 한다고 여러 번 말하곤 했는데, 실제로 나는 오랫동안 과보호를 받는 기분을 느꼈다. 어머니 친구들이 내다보는 나의 앞날은 어두웠다. "이본, 너는 시몬을 너무 버릇없게 키워. 애가 자기 하고 싶은 대로만 하고, 가족들에게 자기 뜻대로 하게 하잖아. 그러다간 시몬은 감당 못하는 애가 되어서 망가질 거야." 좀 더 자란 나는 말싸움에서 이기기 위해 기꺼이 사전을 뒤지는 아이가 되었다.

그렇다고 큰 문제는 일어나지 않았는데 아버지가 나를 낱낱이 감시했기 때문이다. 아버지는 나를 감시할 요량으로 자신의 오른편에 앉혔다. 아버지는 내가 매번 토라지기나 하고 버릇이 나쁘기 때문에 자신이 교육을 해야만 어머니가 오냐오냐 키운 부분을 채울 수 있다고 생각했다. 그리고 얼마 지나지 않아 내 반항심이 아버지의 심기를 불편하게 했다. 놀랍게도 아버지는 어머니가 얼마나 멋진 인물인지 깨닫지 못했던 것이다. 나는 아버지의 결정이나 금기가 어머니를 괴롭히는 것 같다고 서슴없이 말하곤 했다.

그러나 나는 내가 하는 행동이 유별나다고 생각하지 않았다. 어머니와 함께 집에 있는 것보다 내가 좋아하는 것은 없었다. 나는 어머니와 함께 살아가는 것이 나의 가장 큰 행복이라 느꼈고 어머니에게 기대어 손을 잡은 채 무릎에 웅크려 어머니에게서 떨어지려하지 않았다. 나는 어머니의 사랑을 독차지하고 싶었다. 그렇지만 언니들과 오빠 간의 우애도 돈독했다. 우리는 첫째인 밀루가 가진, 합리적일 뿐 아니라 어머니가 나누어준 권력을 인정했다. 밤이 되면 언니나 오빠 중 한 명이라도 내게 입맞춤을 하지 않고는 잠에 들지 않았다. 장은 나를 무척이나 세심하고 부드럽게 바라보았다. 이미 무척이나 독립적인 성격이었던 드니즈 역시도 그랬다.

귀여움을 독차지하고 변덕스러운 아이라는 이미지는 오랫동안 나를 따라다녔다. 심지어 강제수용소에서 풀려난 뒤 큰언니가 친구를 만났을 때, 그 친구는 무심코 이렇게 말했다. "나는 최소한 강제수용소에서 돌아왔으니 시몬이 좀 점잖아졌으려나 했는데!" 밀루 언니가 내게 이 이야기를 전해주었을 때 나는 그만 얼이 빠지고 말았다. 그 당시 자신의 말이 어떤 영향을 미치는지 생각지 않던 사람들의 시대란 얼마나 이상한가. 그러나 이 친구는 우리가 그곳에서 어떤 삶을 살아냈는지 알아야 했다. 다른 이들처럼 그 친구 역시 그 일이 너무 믿기지 않기 때문에 있는 사실을 부정하려 했을까? 그럴지도 모른다. 내가 견뎌낼 수 있는 일들도 있지만, 이런 류의 일은 내가 잊을 수 없는 범주에 들어간다.

전쟁이 일어나기 전 행복하던 몇 년을 다시 생각해보면 깊은 향수를 느끼게 된다. 이 행복은 단어에 담기기 어려운 종류의 것인데, 행복은 주위를 둘러싼 평온함과 아무것도 아닌 사소한 것들, 우리가 서로 나누었던 자부심과 서로를 마주보고 터져 나오던 웃음처럼 영영 잃어버린 순간들로 이루어져 있기 때문이다. 이 휘발된 유년기의 향이 끔찍한 결말로 이어졌음을 언급하는 것은 무척이나 고통스러운 일이다. 우리의 여가는 단순했다. 아버지는 책 읽기 말고는 라디오에서 음악을 듣거나 영화를 보는 것을 무척 제한적으로만 허용했다. 그래서인지 당시 볼 수 있었던 희귀한 영화들에 대한 기억은 어떤 것도 남아 있지 않다. 우리는 휴식 시간의 대부분을 주로 가족과 보냈고, 더 커서는 캠프 단원들과 함께 보냈다. 나는 가족과 함께 보내는 생활과 집을 나서서 학교나 캠프 단원과 보내는 생활을 구분하지 않았다. 이 모든 시간들이 안전한 분위기를 조성하는 하나의 환경을 만들어주었다. 나는 이 모든 것들을 가족이라는 테두리 안에서 즐겼다. 부모님들은 우리 선생님들 중 몇 분을 만나고, 그들을 집 안에 들였으며, 함께 스키를 타러 갔다. 우리 가족들은 고등학교 친구들이던 캠프 친구들을 만나고 또 도와주었다. 예를 들어서 어머니는 단원들을 위한 넥타이를 만들어주었다. 말하자면 경계가 공식적으로 그어진 것은 아니지만, 왕성하고 따뜻한 교류가 오가는 공동체 안에서 살아간 셈이었다. 오늘날에도 다른 기억보다 강렬한 기억들은 망각의 늪에서 빠져 나왔다. 부모님이 언니들을 친구들과 함께 산에 스키를 타러 보냈던 달콤한 크리스마스에 대한 기억이 그것이다. 부모님과 나 혼자만 집에 남아 있었는데, 어머니를 독차지할 수 있다는 생각에 너무나 기뻤던 기억이 난다.

여름에 우리는 라 시오타에 있는 별장으로 가족 휴가를 떠났다. 아버지가 지은 건물이었다. 휴가 일정은 해변, 정원에서 놀이, 사촌들과 외출로 채워져 있었다. 니스에서 내 단짝친구는 나와 초등학교

3학년 때부터 친구였다. 그 아이의 삶은 불행했는데, 부모님과 사이가 나빴기 때문이었다. 아이의 부모님은 1935년 국민투표로 사르가 독일에 합병되던 직후에 프랑스로 온 폴란드계 유대인이었다. 친구와 나는 무척이나 가깝게 지냈고 어머니는 친구를 우리 집에 초대하곤 했다. 다른 두 캠프단원과 함께 우리 넷은 떼어놓을 수 없는 사총사였다. 그러나 암이 너무 빨리 세 친구들을 데려갔다. 그들의 빈자리는 여전히 내게 남아 있다.

이들 중 한 친구는 자신의 언니와 함께 전생이 발발할 시섬에 코트다쥐르에 정착했다. 레이나슈 자매의 아버지인 쥘리앙은 국가 고문이었는데, 페탱이 처음 만들었던 반유대법에 의해 상원에서 제외되었다. 레이나슈 자매는 보리유에 위치한 케릴로스에 살고 있었다. 이 빌라는 그들의 조부인 테오도르 레이나슈가 지은 건물이었다. 그리스 문화에 동화된 유대인이었던 그는 1900년대 초 고대 그리스 양식에 충실한 저택을 지었다. 거대하고 호화로운 '그리스 빌라'는 우리를 사로잡았다. 그 호화로움은 대단했다. 우리는 이곳에서 고대 그리스 양식 접시에 차려진 음식을 먹었다.

학생이던 내 삶에 정치는 은근히 스며들어왔다. 1936년 선거에서 인민전선*이 승리를 거둘 무렵 나는 열 살이었다. 나보다 나이가 많던 학생들은 무척이나 열심히 정치에 참여했다. 그들은 정치 배

---

* 파시즘에 대항하기 위해 사회주의 정당인 노동자 인터내셔널 프랑스 지부와 자유주의 정당인 급진당, 프랑스 공산당이 연합하여 수립한 정권.

지를 달고 행사, 행진, 파업에 대해서 열띠게 토론했다. 한 명은 불의 십자단 총재인 드 라 로크 장군*의 초상화를 방에 걸고 있었다. 몇 년이 지난 뒤 이 학생은 프랑티뢰르 저항군**에 가담했다가 라벤스브뤼크 수용소로 보내졌다.

이 열정은 내게 무척이나 새로웠다. 우선 우리 집에서 정치는 언급될 수 없는 주제였다. 또한 나중에 알게 된 사실은 부모님의 정치적 성향이 다르다는 것이었다. 아버지는 우파 일간지인 《레클레뢰르》를 구독했고, 어머니는 사회주의 경향의 신문인 《르 프티 니소아》를 구독했으며 아버지 몰래 《라 뤼미에르》, 《뢰브르》, 《마리안》과 같은 중도좌파 혹은 좌파 잡지를 읽었다. 어머니 쪽에는 파리에서 일하는 의사인 이모와 이모부가 좌파적인 의견을 감추지 않았다. 그들은 이전부터도 코뮤니스트로서 공감대를 형성하고 있었지만, 1934년 구소련으로 떠났던 여행이 그들에게 일종의 백신 역할을 했다. 앙드레 지드***처럼 그들도 실망해서 돌아왔으나 이모와 이모부는 우파로 전향하지는 않았다.

독일의 국가사회주의가 떠오르던 초반 몇 년과 반유대주의의 부상에 대한 기억은 매우 상세하게 남아 있다. 프랑스인들은 제1차 세

계대전의 기억을 가지고 있었고 일가족을 몰살한 학살에 대해서 이 야기했다. 전쟁은 전방위적으로 펼쳐졌다. 아버지는 독일인을 절대 '독일인'이라 부르지 않고 '보슈'라 불렀는데, 그 말을 할 때에는 항 상 분노에 차 있었다. 아버지는 독일인들을 싫어했다. 어머니가 "브 리앙과 슈트레제만*의 말대로 했다면 평화가 찾아왔을 테고 히틀러 도 나타나지 않았을 텐데"라고 하자 아버지는 이렇게 응수했다. "어 쨌든, 절대 보슈놈들과 화해할 수는 없어."

몇 달 동안, 혹은 몇 년 동인, 독일에서 무슨 일이 일어나는지 아 는 사람은 거의 없었다. 1934년 여름, 라 시오타에서 맞은 휴가 동안 어머니는 몇 년간 독일에서 머무르다가 프랑스로 돌아온 젊은 청년 과 테니스를 쳤다. 레몽 아롱**이라는 이름의 이 청년은 자신이 베를 린에서 본 것들, 즉 길거리에서의 폭력, 대학생들이 벌이는 책 화형 식, 한 마디로 나치즘의 부상에 대하여 설명해주었다. 그러나 누구 도 그것을 믿으려 하지 않았다.

그리고 매우 빠르게, 독일계 유대인들이 니스로 망명해왔다. 유

---

* 프랑스와 독일 국민 간의 감정의 골이 깊었던 시기에 프랑스와 독일에서 외무장관으로 일 하던 아리스티드 브리앙과 구스타프 슈트레제만은 대화를 나누고 신뢰를 쌓았다. 이러한 작업의 결실은 로카르노 조약으로 이어졌는데, 1차 세계대전 패전의 대가로 독일이 내놓 은 라인란트 지대를 영구 비무장지대로 하고 영국, 독일, 프랑스, 이탈리아, 벨기에가 서로 침략하지 않으며, 침략을 받을 경우 공공으로 대응한다는 것이었다. 이 조약을 통해 독일 은 국제 사회에서 신뢰를 회복하고 국제연맹에 가입할 수 있었다. 브리앙과 슈트레제만은 로카르노 조약 체결을 위해 노력한 공로를 인정받아 1926년 공동으로 노벨평화상을 수상 했다.

** 1905~1983. 프랑스의 정치사회학자. 베를린 유학 중에 나치 정권 수립을 경험했다. 전후에 사르트르와 《현대》지를 창간하였으며 『지식인의 아편』이라는 저서를 썼다.

대인 공동체는 금세 이들을 맞을 준비를 했다. 어머니는 1920년대 말부터 남편과 네 아이를 돌보느라 쉴 시간이라고는 거의 없었는데도, 비는 시간마다 부모가 곤경에 처한 아기들을 돌보고 배내옷을 만들었다. 당시에 사회보조는 존재하지 않다시피 했고 '빈민'의 운명은 공공 자선에 달려 있었다. 1934년 이후에 어머니는 독일과 오스트리아에서 온 망명자들을 돌보았고 나중에는 그들을 집에까지 들였다.

망명 행렬은 끊이지 않았다. 프로이트의 아들 중 한 명이 사진사로 니스에 정착했다. 우리는 총명하고 매력적인 그의 딸 에바와 함께 무척이나 친한 사이가 되었다. 에바는 우리 학교에 다니면서 우리와 같은 캠프 단원이 되었다. 나보다 약간 더 나이가 많았던 에바는 비극적이게도 부모님이 영국으로 떠나고 얼마 뒤에 숨을 거두고 말았다. 히틀러리즘이 부상하면서부터 정치에 대해 말하지 않는다던 우리 가족의 금기는 사라졌다. 망명자의 유입과 그들이 가지고 온 증언이 모든 대화의 주제가 되었다. 독일의 국가사회주의를 피해 도망쳐 나온 어떤 사람들은 정권 비판을 할 경우 어떻게 뮌헨 외곽에 위치한 다하우 강제수용소에 구금되는지 이야기해주었다. 그들은 상점 창문에 다윗의 별이 그려져 있었다고 이야기해주었다. 누구도 유대인 이송에 대해서 이야기하지 않았지만, 모두들 독일에서 일어나는 문제들이 불안을 조성하는 전환점에 있음을 깨달았다.

이것이 바로 내가 느꼈던 바였다. 극장에서 뉴스영화를 볼 때 느끼던 공포감이 생생히 기억난다. 독일에 대한 게 아니라 스페인과 중국에서 일어나는 전쟁에 대해 듣고서 느꼈던 감각이었다. 나는 전쟁이 무척이나 두려웠는데, 일종의 직감은 때 이르고 정확했다. 미래에 닥칠 위험에 대한 전조였을까? 밀루 언니는 몇 년 뒤 나에 대해 회상할 때 이렇게 말했다. "당시 상황에 대해서 제일 걱정하고 명료하게 느끼던 건 너였어. 무슨 일이 일어날지 너만 감지할 수 있었지."

1938년 봄, 오스트리아 병합과 함께 긴장은 점점 높아졌다. 가을에 있던 뮌헨 협정*도 불안을 해소하지 못했다. 집안에 있던 모든 이들이 이 협정에 적대적이었다. 어머니는 평화주의 뒤에 어떤 위험이 도사리고 있는지 알기 때문이었지만, 선조 대대로 적인 '보슈놈들'에게 복수할 기회를 잡고자 했던 아버지 역시 그랬다. 의사인 이모와 이모부는 경악하고 격분했다. 이들은 스페인 공화당을 지지했다. 심지어 이모부는 프랑스의 비개입 조치를 받아들이지 못하고 국제여단**에 입단할 계획까지 가지고 있었다.

1939년 여름 선포된 전쟁은 누군가에게는 차라리 안도로 받아

---

*   1938년 독일 뮌헨에서 영국, 프랑스, 독일, 이탈리아가 체결한 협정. 오스트리아를 합병한 독일은 독일인이 다수 거주하고 있는 체코의 주데텐란트 할양을 요구했다. 전쟁을 원하지 않았던 유럽 열강들은 체코의 의사와는 무관하게, 히틀러의 요구대로 주데텐란트 합병을 승인했다.

**   1936년 스페인 제2공화국 인민전선 정부가 수립되자 군부를 주축으로 하는 파시즘 진영이 스페인 내전을 일으켰다. 독일과 이탈리아는 군인들의 전투 경험을 위해 파시즘 진영을 아낌없이 지원한 반면, 영국과 프랑스는 전쟁이 유럽 전역으로 번질까 봐 개입하지 않았다. 이러한 상황에서 인민전선 정부를 돕기 위해 국제적인 좌파 연대 의용군이 구성되었는데 이를 국제여단이라 한다.

들여졌다. 이어진 몇 달간 사람들은 '가짜 전쟁'을 두고 농담을 했다. 나는 안도에 동참하는 대신 언니에게 이렇게 말했던 기억이 난다. '있지, 여기 있는 모든 사람들은 우리가 이길 거라고 생각하지만 독일인들도 자기네가 이길 거라고 생각하고 있어.' 이는 비관주의라기보다는 일이 항상 우리가 바라는 대로 이루어지지는 않는다는, 내가 가지고 있던 강박적 사고의 일환이었다.

어쨌거나 우리는 우리 앞에 기다리고 있는 일이 무엇인지 거의 알지 못했다. 이후 전쟁이 선포되고, 개시되지 않은 채 몇 달이 흐르고, 패배하고, 휴전하고, 페탱 원수의 정권이 들어서고, 인종법과 유대인을 향한 폭력이 이어졌다.

갓 열한 살이 된 나의 생일을 축하하던 행복한 가족들은 천국 같던 유년기가 무너져버리고 있다는 사실을 전혀 모르고 있었다.

2
예고 없이 덮친 그물

그것은 전조였을까? 나에게 1939년 9월 1일의 전쟁 선포는 늘 한 가지 기억과 함께 떠오른다. 뒤늦게 진단되어 방학 휴가를 중단시켰던 질병이 그것이다.

나는 당시 열두 살이었고, 여느 여름에 그렇듯이 종업식 이후에 언니들과 에구알산으로 캠핑을 떠났다.

어느 날 저녁, 목이 아프다고 투정을 부리고 있는데 한 친구가 내게 이렇게 말했다. "너는 불 피울 나무를 줍기 싫어서 그렇게 말하는 거야." 나는 거기에 아무런 대답도 하지 않았지만 열흘 남짓한 시간 안에 다른 소녀들에게도 매우 빠르게 같은 증상이 퍼졌다. 의사는 성홍열이 전염되고 있다고 진단했다. 우리는 모두 병이 확산되는 것을 막기 위해 집으로 돌아갔다. 언니와 나는 방학을 마저 보내기 위해서 파리 근교에서 아이들과 살고 있는 의사 이모와 이모부 댁으로 돌아갔다. 어느 날, 나는 이모부에게 손을 보여주었는데

손바닥 껍질이 엄청나게 벗겨지고 있었다. 성홍열 증상 중의 하나였다. 이모부는 날짜를 세어 보더니 성홍열을 모두에게 퍼뜨린 게 나였다고 말했다. 내게서 병은 거의 떠나가고 있었지만, 언니들은 나보다 훨씬 심하게 병을 앓았으므로 결코 공평하지 않았다. 9월 1일, 우리 셋과 오빠는 니스로 돌아왔다. 그런데 우리가 집으로 돌아오자마자 전쟁이 선포되었다는 소식을 들었다. 엉망이 된 방학의 대미를 장식하는 슬픈 소식이었다. 1939년 여름은 나쁘게 끝났다.

그러나 전쟁이라는 파문이 일어나고 난 뒤에도 니스는 그대로였다. 군에 입대할 나이가 된 남성들을 제외하고 모두들 일상을 지속했다. 전차가 운행되었고 우리는 학교 수업을 받았다. 여학교였던 우리 학교에는 선생님들도 대부분 여성이었으므로 전부 다 제자리에 남아 있었다. 목요일과 일요일마다 우리 자코브네 아이들은 캠프단에 참가했다. 요약하자면, 작은 울림만을 전해주는 이곳저곳의 작은 접전을 제외하고는, 전투가 일어나지 않는 전쟁은 우리에게 추상적이고도 먼 이야기로만 들렸다. 전쟁은 우리 가족의 삶에 큰 영향을 주지 못했다. 아버지는 더 이상 군대에 동원될 나이가 아니었고, 언제나 그렇듯 일을 그리 많이 하지 않았다. 이따금씩 라 시오타에 있는 작업장에 들렀지만 상황을 고려하면 전망은 밝지 않았다. 어머니는 초등학교에서 일했다. 타고난 품성이 메마를 줄 모르는 어머니는 암에 걸린 친구를 돌봤다.

'전문가'들이 예견했는지는 모르겠으나, 1940년 5월 10일 개시된 독일발 공격은 골골거리는 소리로 우리를 나른하게 만들던 몇 달간의 생활에 종지부를 찍었다. 사건은 점점 고조되었다. 전격전이 일어나고 한 달 뒤, 아버지는 나를 데리고 칸에 사는 나이 많은 고모를 방문했다. 기차가 앙티브 역에 정차했을 때, 기차역에서 신문 판매원이 이렇게 소리치고 있었다. "이탈리아 놈들이 우리를 배신했다!" 무솔리니가 프랑스에 전쟁을 선포했다는 뜻이었다. 아버지의 즉각적인 반응이 그가 얼마나 화가 났는지를 보여주었다. 집에 돌아오고 나서 아버지는 이탈리아인들이 알프마리팀 지역을 이달리아에 귀속시키려 한다고 설명하면서 확신을 담아 말했다. "니스는 프랑스에서 떨어져 나갈 거야. 우리는 더 이상 프랑스에 갈 수 없을 거야." 나는 이 말을 회의적으로 들었지만 누가 알겠는가? 이탈리아인들이 니스를 요구한다는 것은 익히 알려진 사실이었다.

아버지는 우리를 안전한 곳에 두고 싶어 우리 넷을 이모와 이모부에게로 보냈다. 이모와 이모부는 독일 군대가 프랑스에 진입했다는 소식을 듣고 툴루즈로 피난을 간 상태였다. 우리는 다음날부로 기차를 타고 툴루즈에 안전하게 도착했다. 모든 사람들이 어떤 소식이라도 들을 수 있을까 싶어 라디오를 붙들고 있었다. 6월 18일, 드골 장군이라는 사람의 호소를 들었다. 이모와 이모부는 즉시 런던으로 가고자 했고, 그들이 우리를 데려갈 수는 없었으므로 우리는 도착할 때만큼이나 빠르게 떠나야 했다. 마르세유 역에서 우리는 우리를 기다리는 어머니와 감격의 재회를 했다.

모든 이들이 분별을 잃었고, 파리를 떠돌던 공포는 다른 지역의 대도시를 비껴가지 않았다. 몇 주 동안 엄청난 규모의 인구가 이동했다. 당시의 분위기는 유대계 여성 소설가 이렌 네미로브스키가 『프랑스 연작』에서 서술하던 것과 완전히 같았다. 이런 열기는 얼마 지속되지 않았고, 휴전 협정이 있은 뒤에는 침묵과 무기력이 이어졌다. 새로운 일은 일어나지 않았고, 우리는 니스로 되돌아가 생활을 다시 시작하기 전까지 라 시오타에서 여름을 났다.

개학은 정상적으로 이루어졌다. 낮에는 학교에서, 저녁에는 가족과, 쉬는 날에는 캠프단원들과 함께 보냈다. 그러나 물질적인 조건은 빠르게 악화되었다. 겨울은 무척 추웠고, 석탄을 구하는 데 현실적인 어려움을 겪고 있었다. 식량난도 함께 찾아왔다. 익히 알려져 있듯 니스는 채소와 유제품보다도 꽃을 더 많이 길러내는 지역이다. 그러니 우리를 포함해 이 지역에 거주하는 이들은 어려움을 많이 겪었다. 이 와중에 비시 정권에서 첫 유대인법이 통과되면서 우리는 경악을 금치 못했다. 퇴역 군인인 아버지는 페탱 원수가 이 조치에 서명했다는 사실을 힘겹게 받아들였다. 우리는 이 조치가 무슨 뜻인지 이해했다. 유대인은 행정적으로 격리 대상이 된 것이었다. 인권을 중시하는 나라에서 일어난 엄청난 추문이었다. 조부모 중 세 명이 유대인이라면 '유대인'으로 분류되었다. 만일 유대인 배우자를 두었다면 두 명으로도 분류 대상에 들어갔다. 그렇게 분류된 유대인은 공적 영역과 언론 부문에서 모든 활동이 금지되었고, 다른 분야의 직업에서 활동할 때에는 인원수가 제한적으로 할당되었다. 1940년 12월에 선생님 중 두 분이 일을 그만둔 것도 그런 연유에서였다. 이미 일을 많이 하고 있지 않았던 아버지는 일을 할 권리를 거부당했다. 다행히 아버지께 일을 줄 만한 건축가 친구들이 있었으나, 그들 역시 일을 충분히 하고 있지 못했던 만큼 아버지는 주변적인 일을 할 뿐이었다. 앞날은 흐려지고 있었다. 식량은 부족하고 주머니는 빈곤했다. 부모님은 돈 문제를 언급하지 않았지만, 그들이 어떤 어려움에 직면했는지 추측하기란 어려운 일이 아니었다. 상황은 점점 악화되어갔다. 2년쯤 뒤, 은행에 다녀온 큰언니가 계좌에 돈이 한 푼도 남아 있지 않다고 말했던 기억이 난다.

기근의 시대였나. 물론 아비지는 어머니를 사랑했다. 무척이나 사랑하는 아이들과도 어머니를 나누고 싶어 하지 않아 할 만큼 사랑했다. 그러나 아버지는 원칙주의자였기 때문에 가계 지출에 무척이나 엄격했다. 이미 전쟁 전부터도, 어머니가 우리에게 주었던 빵오 쇼콜라 같은 주전부리는 금지되었다. 근검절약을 하던 시기에는 모든 것이 우리가 원하던 만큼보다 구하기 어려웠고, 사춘기였던 우리 네 남매는 그 시기에 영향을 받았다. 우리는 어머니가 아버지에게 너무 의존한다고 생각했고, 그걸 그다지 좋아하지 않았다. 어머니는 돈을 버는 일을 하지 않았기 때문에, 경제적인 자율성을 전혀 확보하지 못했기 때문에, 아버지에게 가계부를 상세히 보고해야 했다. 우리는 어머니가 우리에게 여러 번 주의를 주던 것을 유념해 들었다. 절대 잊히지 않는 교훈이 담긴 충고였다. '일을 해야 할 뿐 아니라 번듯한 직업을 가져야 한다.' 그 때문에 시간이 흘러 남편이 내게 일을 그만두고 육아를 하는 게 어떻냐고 제안했을 때, 나는 그 제안을 단호히 거부했다.

1941년부터 유대인에게는 신고가 의무화되었다. 우선은 니스에 많이 머물고 있던 외국인부터, 그 뒤로는 프랑스인으로까지 절차가 확대되었다. 신고가 의미하는 바는 무엇이었을까? 우리가 다른 프랑스인들과 다른 존재라는 뜻이었을까? 그러나 다른 모든 유대인 가족과 마찬가지로 우리는 절차를 따랐다. 법을 지키는 데 익숙하기도 했고, 다른 가능성을 생각하고 싶지 않기 때문이기도 했다. 미래를 질문하기에는 현재를 생각하는 것만으로도 충분히 벅찼다. 게다가 우리는 부끄러울 것이 전혀 없었다. 다른 이들보다 내가 말수가 더 적은 편이었다는 언급이 필요할까?

이 시기에 니스는 프랑스 북부에서 자유 지역으로 온 유대인 망명자들을 받아들이던 중이었다. 이탈리아 군대가 1942년 말엽 미디 지역을 탈환하면서 강화된 현상이었다. 북아프리카에 연합군이 상륙한 이후 독일군이 자유 지역을 침략하면서 망명자의 행렬이 이어졌다. 이탈리아인들이 프랑스 유대인에게 관용적인 태도를 보였다는 언급을 할 필요가 있겠다. 역설적으로, 이들은 프랑스 당국보다도 더 자유주의적인 태도를 견지했다. 독일인들은 자신들이 점령한 영토에서 유대인들을 체포하던 중이었고, 상대적으로 관용적인 이탈리아의 태도를 규탄했으나 별다른 효과를 내지는 못했다. 1943년 여름에 이르기까지, 프랑스 남동부는 유대인들을 안전하게 받아들이는 지역이 되었다. 초반에는 이 지역이 자유 지역이었기 때문이었고, 나중에는 이 지역이 이탈리아 관할 하에 있었기 때문이었다.

그런고로 고작 몇 달 만에 니스에는 3만 명 이상의 인구가 유입되었다.

5명의 친척들이 우리 집 근처에 살게 되면서 물질적인 어려움은 더 심각해졌다. 엔지니어인 작은아버지는 파리에서 체포되었다. 1941년 12월 있었던 의사와 엔지니어들이 모인 집회에서 검거된 것이었다. 콩피에뉴 수용소에 수감되었던 그는 건강이 너무 나빠지는 바람에 당국이 입원 결정을 내렸다. 병이 나은 뒤 그는 풀려났고 2년 뒤 아내와 세 아이들과 함께 니스에 정착했다. 그가 우리에게 해준 이야기는 심각한 경고와도 같았다. 우리는 점점 더 미래를 두려워했고 학업에 집중할 수가 없었다. 오빠는 학교를 떠나 니스 영화 스튜디오에서 사진사로 일하기 시작했다. 막 대입시험을 본 큰언니 밀루는 가계에 보탬이 되기 위해 비서 일을 시작했고 작은언니 드니즈는 수학 과외를 하기 시작했다. 망명자의 유입이 결코 줄어들지 않는 나날이 지속되는 가운데 우리는 살아남고자 애썼다. 비탄에 빠져 있었지만 점점 더 많은 유대인 가족을 만났고 그들을 며칠간 재워주었다. 솔직히 말하자면 그들이 종교를 지키고자 열심인 데 놀랐다. 사람들이 안식일을 지키려 머리에 유대인 모자를 쓰고 아무것도 하지 않은 채 하루를 흘려보내는 것을 본 것은 처음이었다. 이 하루는 안식일을 지키지 않는 우리가 불을 켤 때까지 어둠 속에서 지나갔다.

1943년 여름, 무솔리니가 실각하면서 이탈리아인들은 휴전협정에 서명하고 니스를 떠났다. 비극은 그렇게 시작되었다. 1943년 9월 9일, 게슈타포가 독일군보다 먼저 대규모로 니스에 도착했다. 이들은 도시 중심부에 있는 엑셀시어 호텔에 머물면서 이탈리아인들이 거절했던 유대인 사냥을 시작했다. 구금이 대량으로 이루어지기 시작했다. 이미 빈, 베를린, 살로니크에서 유명했고 이어 드랑시 수용소를 운영했던 알로이스 브루너*에 의해서 행해진 작전이었다. 학교 동창이자 같은 캠프 단원이었던 나의 가장 친한 친구는 9월 9일 부모님과 함께 체포되었다. 이들이 아우슈비츠-비르케나우에서 가스로 학살되었다는 소식을 들은 것은 나중의 일이었다.

그날부터 이전까지 거의 체포되지 않았던 프랑스계 유대인들의 상황은 급변했다. 우리의 신분증에는 J라는 글자가 적혔다. 나는 다른 가족들보다 이 조치가 위험하다는 것을 먼저 감지했고, 그래서 인장을 거부하고 싶어 했다. 그러나 당국에 신고를 했을 때와 같이, 우리는 이번 조치 역시 따랐다. 그 결정에는 일말의 포기, 일말의 준법정신, 그리고 분명하게도 일말의 긍지가 섞여 있었다. 우리는 그에 대해 어떤 대가를 치르게 될지 모르고 있다가 체포가 되고 나서야 이해하게 되었다. 우리가 누구인지 긍지를 가질 때가 아니었다. 반대로 우리는 가능한 보이지 않는 상태로 익명의 대중에게 섞여 들어서 모습을 감추어야만 했다.

1943년 9월 초, 언니들은 여전히 캠프를 갔다. 아버지는 무척이

---

* 1912~2010. 나치 친위대의 돌격대장으로 유대인 12만 명을 아우슈비츠로 보낸 '최악의 나치'로 불린다. 독일 패전 이후 추적을 피해 40년간 시리아에 숨어 살았으며, 2010년쯤 사망한 것으로 전해졌다.

나 걱정하면서 니스로 돌아오지 않는 편이 나을 것이라고 말했다. 작은언니 드니즈는 아버지의 조언을 받아들이고 니스 근처의 프랑 티뢰르 저항군 운동에 가담했지만 큰언니 밀루는 집으로 돌아왔다. 밀루는 일을 그만두고 싶어 하지 않았다. 가족을 살리기 위한 일이 었다. 위험을 느낀 부모님은 상황을 직면하기로 하고 가짜 신분증 을 얻었다. 그러고 나서 우리는 뿔뿔이 흩어졌다. 부모님은 아버지 와 함께 일하던 설계자의 집에 묵었다. 단순하고 호탕한 그는 문을 활짝 열어 부모님을 맞았다. 그러고 나서 할머니도 강제 수용 기간 동안 함께 그 집에 묵었다. 밀루와 나는 이전 선생님들과 같은 건물 에 묵었다. 밀루는 화학 선생님과, 나는 문학 선생님과 함께 묵었다. 오빠는 다른 곳에서 묵었다. 따로 떨어져 지내고 가짜 신분증을 가 지고 있으면서, 우리는 보호받는다고 느꼈다. 언니는 일을 하러 갔 고, 나는 학교에 다니고 다른 생각을 하지 않으며 친구들과 시내로 나서곤 했다. 솔직히 말하자면 우리는 분별이 없었다.

내가 함께 지냈던 가족은 무척 독특하고 다정했다. 훌륭한 선생 님이었던 그는 학교에서 수업을 계속했다. 남편은 빌르루아 가문을 이어받은 유명한 도자기 공예자였다. 그들은 시미에 지구에 위치한 멋진 건물에 살았다. 부부는 아이를 셋 두었고, 나에게 너댓 살 된 딸 방에 침대를 새로 내어주는 수고를 마다하지 않았다. 그들의 삶 은 단순했고 규칙이 없었다. 현관에는 다음과 같이 쓰인 방문용 명 함이 놓여 있었다. '선한 이유 없이 찾는 이의 방문을 금합니다.' 빌 르루아 씨는 천문학에 관심이 있어 몇 시간 동안 별을 들여다보곤 했고 그렇지 않다면 집을 나서지 않았다. 부인은 수업을 하느라 바빴고, 학교에 가거나 숙제를 채점했다. 부부는 둘 다 가족의 삶에 나를 깊이 들여놓아 주었다.

이들의 공감과 지지는 무척이나 소중했지만, 학기가 시작하고 두 달이 되지 않아 나는 학교를 그만두어야 했다. 11월부터 교장은 나를 불러 나를 학교에 들일 수 없는 이유를 설명했다. 유대인 학생 한두 명이 체포되면서 교장은 그토록 큰 책임을 지고 싶지 않았던 것이다. 그래서 나는 집에 머물면서 혼자서 대입을 준비해야 했다. 교장의 태도는 나를 놀라게 했으나 달리 할 말이 없었다. 운 좋게도 동급생들이 수업을 해주고 선생님들이 답안지를 보내준 덕분에 적절한 학업적 도움을 받을 수 있었다. 일련의 사건과 교장의 결정에도 불구하고 내 두 번째 가족이라고 여긴 학교는 제 역할을 하는 셈이었다. 나는 빌르루아 댁과 시립 도서관을 오가며 시험공부를 했다.

매번 외출을 할 때마다 나는 가짜 신분증이 나를 충분히 보호해 줄 거라고 스스로를 설득하며 안심했다. 그러나 니스는 다른 지역보다도 위험이 길을 어슬렁거렸고, 대부분의 사람들이 불심검문으로 붙잡혔다. 사실 제보자와 관상가들을 동원했음에도 게슈타포의 검거율은 다른 도시에서와는 다르게 낮았는데, 한편으로는 니스인들의 연대 덕분이었고, 다른 한편으로는 프랑스 경찰이 점점 더 협조를 하지 않았기 때문이었다. 1944년 초, 사람들은 판도가 뒤집어진다는 말에 설득되었고 연합군의 상륙이 독일 지배에 종지부를 찍으리라고 말했다. 시칠리아에서 일어난 일이 이탈리아의 권력을 붕괴시킨 단초가 되었듯이 말이다. 이탈리아와 같은 동부에서 일어나는 군 상황을 보며 마지막 희망을 키우는 동안, 게슈타포는 단속과 '사냥'을 계속했고 많은 이들이 희생당했다.

우리는 학기 초부터 고등학교 졸업 시험이 원래의 학사 일정에 따라 6월이 아닌 3월 말에 치러질 것이며 쓰기 시험만 보게 되리라 예상했다. 니스 당국은 학기를 최대한 빨리 마치고자 했다. 연합군이 상륙해 문제가 생길 것을 두려워했기 때문이었다. 당국은 필요 시 도시에 대피령을 내릴 것도 고려하고 있었다. 해안을 따라 벙커가 지어지고, 다른 보호 조치들도 고려되었다. 그리하여 나는 3월 29일, 본명으로 시험에 응시하고도 문제없이 통과했다.

다음날, 나는 시험이 끝난 것을 축하하기 위해 친구들과 모였다. 다른 친구 한 명과 길을 가던 중에 나는 갑자기 두 명의 독일인에게 붙잡혀 검문을 당했다. 이들은 당시 니스에 많던 러시아인 중 독일인을 돕는 데 양심의 가책을 느끼지 못하는 한 명에게 인솔되고 있었다. 한 명이 내 신분증을 빠르게 훑고는 이렇게 말했다. "가짜야." 나는 무척이나 침착하게 말했다. "아니에요!" 이들은 언쟁을 거부하고 우리를 엑셀시어 호텔로 데려갔다. 게슈타포가 취조를 하던 장소였다. 취조는 오래 걸리지 않았다. 비록 신분증 상의 이름이 내 진짜 이름이 맞다고 계속 반복해야 하기는 했지만. 그러자 한 독일인이 신분증 더미가 쌓인 탁자를 손짓으로 가리켰다. 거기에는 초

록색 잉크가 눈에 띄는, 내 것과 똑같은 서명이 되어 있는 신분증이 있었다. 독일인의 목소리는 유쾌했지만 아이러니컬했다. "당신 신분증, 우리가 원하는 만큼 가지고 있어." 나는 할 말을 잃어버렸다. 이들이 모든 공급을 손에 넣고 있는 걸까, 아니면 가짜 신분증을 유통시키는 걸까? 어느 쪽도 불가능할 리 없었다. 그래서 나는 이렇게 생각했다. '모든 가족들이 나와 같은 신분증을 가지고 있어. 막아야 해.' 그래서 나는 독일인들에게 가짜 주소를 주고, 나와 함께 붙잡혔다가 풀려난 비유대인 친구에게 가족에게 경고를 해달라고 부탁했다.

비극의 교차로는 이때 만들어졌다. 이 날, 오빠는 어머니와 만나기로 했다. 서로를 보고 싶었던 오빠와 어머니는 한 층에는 내가 살고 다른 층에 밀루 언니가 살고 있던 건물로 갔다. 나를 제외한 세 사람은 동시에 건물 계단에서 만났다. 그런데 이 셋에게 경고를 해주러 오던 소년이 게슈타포에게 붙잡히면서, 가족들도 한꺼번에 붙잡히게 된 것이다. 어머니, 오빠, 언니는 가능한 가장 우스꽝스러운 방식으로 체포되었다. 셋은 내가 두세 시간 전에 그랬듯 자신들의 신분증이 자기들을 보호해주리라고 확신하면서 집을 나섰다. 그들이 엑셀시어 호텔에 다다른 것을 보고, 나는 그물망이 우리 위를 덮치고 우리의 삶이 비극으로 돌아서는 것을 느꼈다. 그때부터 맞서 싸우는 것은 쓸모없는 일이 되었다. 오빠는 할례를 하지 않았지만, 우리의 가짜 신분증은 우리가 유대인임을 규탄하기에 충분한 증거가 되었다. 그러나 우리는 최악의 상황이 닥치지 않았다고 스스로

를 위로하려 했다. 어머니는 희망을 품고 있었고, 불행 가운데에서
도 우리가 함께인 것에 기뻐했다.

엑셀시어 호텔에서 보낸 한 주 동안, 우리는 나쁜 대우를 받지 않
았다. 오히려 바깥에서보다 더 나은 식사를 했다. 나치 친위대원 중
에서, 알자스 사람 한 명이 억류된 이들에게 동정을 베풀었던 기억
이 난다. 그는 우리에게 무엇이 기다리고 있는 줄 알았을까? 잘 모
르겠다. 우리는 원한다면 친구에게 편지를 쓸 수 있었다. 개인 소지
품, 책, 따뜻한 옷을 가져올 수도 있었다. 이상하게 들릴 수 있겠으
나, 호텔에서의 엿새는 불확실함과 두려움 사이에서 흘러갔지만 흔
히 상상하듯 불안한 분위기에서 보낸 것은 아니었다.

감금된 사람들은 매 주말마다 화물열차나 일반 자동차에 실려서
니스를 떠났다. 우리는 고통스럽게 기차에 올랐지만 어디로 가는지
는 알 수 없었다. 주변의 모든 것은 대체로 문명화된 것처럼 보였다.
친위대원들은 우리를 경멸하거나 폭력적으로 다루지 않았고, 그들
중 오직 두 명만 객차의 양끝에서 우리를 감시했다. 우리는 4월 7일
드랑시에 내렸다. 나중에 안 사실이지만 드랑시는 프랑스 전역에서
출발한 객차가 합류하는 지점이었다. 내리고 나니 우리는 비인간성
과 처절함이라는 새로운 길로 접어들고 있다는 것을 알 수 있었다.

수용소 내부의 조건은 우선 심적으로 무척 충격적이었고 물질적
으로도 어렵기는 마찬가지였다. 프랑스 전역에 식량난이 있었던 시
기라고는 하지만, 그렇다 해도 우리는 잘 잘 수도, 잘 먹을 수도 없
었다. 드랑시를 휩쓸었던 감정은 불안이었다. 연합군의 다음 상륙

작전이 있으리라는 생각에 매달린 이들도 있었다. 그들은 빠르게 풀려나리라는 희망에 부풀어서 시간을 벌어 출발이 미뤄지기를 바랐다. 그러나 대부분의 경우 이런 희망은 허상이었다. 오로지 아주 적은 수의 사람들, 초기에 붙잡힌 이들만이 상황을 받아들였다. 이들은 대체로 의사이거나, 서기이거나, 행정조직의 일원이었다. 그러나 이런 직업은 초라한 현실 앞에서 이름만 커다랄 뿐이었다. 수용소의 책임자들은 목석같았다. 1년 혹은 그 이상을 잘 머물던 사람이 단 한 번만이라도 게슈타포나 친위대의 심기를 거스르면 떠나야 했다. 그러나 배우자가 유대인이 아닌 어떤 사람들은 드랑시에 계속 머무를 수 있었고 그 덕에 목숨을 건졌다. 드랑시에서는 당시에 누구도 죽이지 않았기 때문이었다.

억류자들은 며칠간 무기력하게 소리 없이 누워 있곤 했다. 유대인 관리자들이 우리의 앞날에 대해서 무엇을 알고 있는지 나는 몰랐다. 내 생각에 그들은 지식으로 알고 있기보다 직감으로 느끼고 있는 것 같았다. 그러나 그들이 무엇을 알고 있다 한들 우리에게까지 그것이 흘러올 일은 없었다. 나는 만일 그들이 우리의 미래에 대해 의심하거나 넌지시 암시할 거리가 있다고 해도 아무것도 말하지 않으리라고 생각했는데, 그랬다가는 수용소가 수습되지 못할 지경에 이를 것이고 보복이 기다릴 것 같았기 때문이었다. 그러므로 드랑시에서는 가스실이라거나 화장터라거나 집단 학살 같은 말은 들리지 않았다. 모두들 우리가 독일에 가서 '무척 고된' 일을 하게 되리라는 말만 계속했다. 하지만 어디로 가서 일을 한다는 말인가? 그것을 모른 채 우리는 '피치포이'라는, 상상 속의 목적지를 일컫기 위해 지어진 단어를 반복해서 언급했다. 가족들은 서로 떨어지지 않기만을 바랄 뿐이었다.

전쟁이 끝난 이후, 우리는 유대인들이 그때 상황에 대해서 알고 있던 바에 대해서 자주 이야기하곤 했다. 사실 그들이 가졌던 정보란 생각보다 훨씬 적었다. 가장 처음에 체포되었던 외국인 유대인들은 프랑스인들보다 무슨 일이 닥쳐오는지 더 빨리 알았다. 그들은 자유 지역보다는 점령 지역에 대해서 더 잘 알았다. 그래서 코트다쥐르에서 튀니지계 유대인들과 함께 탈출한 이후 건강을 되찾았던 프랑수아 미테랑이 유대인에게 취해진 조치들에 대해 몰랐다는 것은 믿기 어렵다. 유대인 공동체에 속한 가족들은 전부 박해를 받았으며, 자유의 연안에 무사히 안착한 이들의 수는 그리 많지 않았다.

회색이 드리워져 있던 드랑시로 돌아가자. 드랑시에도 때때로 햇볕이 비추기는 했다. 케릴로스 빌라에 머물던 레이나슈 가족을 만났던 기억이 난다. 언제나 역동적인 성격이던 레이나슈 부인은 수용소 주방 담당자였다. 나는 레이나슈 부인에게 달려가 이렇게 말하곤 했다. "저번 주에 따님한테서 편지를 받았어요. 바이올렌이 말하길 가족들 다 잘 지내고 있대요." 물론 레이나슈 부부에게 이런 소식이 선물과도 같았음은 더 말할 필요가 없다. 아이들은 부모보다 더 일찍이 억류되었기 때문에 레이나슈 부부는 다섯 아이들에게 무슨 일이 닥쳤는지 모르는 상태였다. 그들은 훨씬 늦게 베르겐벨젠으로 곧장 추방당했는데, 아마 레이나슈 부인이 이탈리아계여서 그랬을 것이다.

    날이 지날수록, 어머니, 언니, 오빠, 나는 날짜도 행선지도 모른 채 독일로 출발하기를 기다리면서 오로지 서로 흩어지지 않기만을 바라고 있었다. 누구도 아우슈비츠라는 단어를 언급하지 않았다. 나치가 우리에게 예비한 운명을 우리가 어떻게 알았겠는가? 오늘날에는 나치 점령기 동안에 어떤 정보가 어떻게 전달되고 숨겨졌는지 그 실상을 알기 어렵다. 경찰과 검열이 정보를 관리했기 때문이다. 요즘 사람들은 그토록 화제가 되고 엄청난 논란이 된 1942년 7월의 벨디브 체포 사건*에 대해서, 당시에는 관련 지역 바깥에서는 이에 대해 들은 사람이 없었다는 사실을 믿기 어려워한다. 훨씬 나중에 이 사건에 대해 알게 되었을 때, 파리 경찰이 어떻게 행동했는지 들은 뒤 집단적인 경악에 빠졌다. 작전에 공모한 파리 경찰의 행위는 프랑스 공무원의 명예에 지울 수 없는 오점을 남긴 것처럼 보였다. 오늘날 우리 시민 대부분이 비슷한 관점을 가지고 있지만, 내 판단은 보다 구체적으로 바뀌었고 오명이 향할 방향이 구분되어야 한다고 본다. 이 일을 나치의 '최종 해결책'에 협력해, 특히 파리에서 프랑스 경찰과 군대를 동원해 독일에 부역한 비시 정권의 지도자들의 책임이라고만 전가할 수 없을 것이다. 그러나 1942년 7월

---

* 1942년 7월 16일부터 17일까지 프랑스 경찰이 13,152명의 외국계 유대인을 체포하여 동계 경륜장, 약칭 벨디브에 수용한 사건.

벨디브 체포 사건이 일어나기 전 파리에 등록된 2만 5,000명의 유대인 중 절반에게 사건을 미리 귀띔해 구해낸 경찰들의 공적 또한 지울 수 없다.

더 넓게는, 프랑스에 살고 있는 유대인 인구 중 4분의 3이 수용소에서 탈출할 수 있었던 까닭은 1942년 11월까지는 자유 지대가 있었고, 1943년 9월까지는 그곳을 이탈리아가 점령했기 때문이다.

영화 〈슬픔과 동정〉의 제작자에게는 실례가 되겠지만, 많은 프랑스인들이 보였던 행동은 모범적이었다. 아이들 중 상당수는 시마드*와 같은 단체의 도움으로 구출되었다. 특히 성봉슈흐리뇽**의 기독교인들이나, 가족 전체를 받아주었던 수도원을 떠올려보면, 결론적으로 나치에게 점령되었던 나라들 중에서 프랑스는 체포자 수가 가장 적었다. 네덜란드계 유대인들은 대략 8할이 학살당했다. 그리스에서도 상황은 비슷했다. 작년 아테네에 여행을 가보니, 살로니크의 유대인 공동체에는 아무것도 남아 있지 않았다. 그곳에서 만난 사람들이 말하기를, 나치의 광기는 실로 엄청나서 그리스의 작은 섬에 있던 두 명의 망명자를 체포하기 위해 친위대 부대 하나가 움직일 정도였다고 했다.

어떤 역사적 사건도, 어떤 정치 지도자의 정치적 결정도, 이렇게나 문제적인 시기에는 흑과 백으로 나뉠 수 있는 결과를 끌어낼 수 없다. 누구도 페탱이 부역을 함으로써 우리 국민들에게 엄청난 과

---

* 　프랑스의 이민자 지원 단체.
** 　프랑스 중부 지역 고산지대.

오를 저질렀다는 사실을 부인할 수 없다. 그러나 한편 나는 시간이 흘러 네덜란드의 베아트릭스 여왕을 만났을 때 그에게 들은 답에 놀랐다. 그에게 빌헬미나 여왕이 침략을 당한 즉시 런던으로 망명을 했던 이야기를 경의를 담아 언급했을 때 들은 답이었다. "그렇게 간단한 이야기라고 생각하지 말아요. 사람들은 빌헬미나 여왕을 두고 '국민을 버렸다'며 무척이나 비판했어요. 심지어 오늘날까지도 나오는 이야기예요." 프랑스에서는 네덜란드에서 있었던 정치적 공백 탓에 그곳의 유대인들이 발각되었다는 것을 잘 모른다. 안네 프랑크가 그 경우였다.

드랑시로 다시 돌아가보자면, 며칠이 지나고 프랑스인인지 게슈타포인지 모를 수용소 책임자는 16세 이상 되는 젊은이들이 드랑시에 남고자 한다면 프랑스에서 토트 조직*을 위해 일하게 될 것이라는 소식을 들려주었다. 어머니, 언니와 나는 오빠에게 말했다. "프랑스에 있을 기회가 있다면 기회를 잡아. 독일에서 어떤 일이 있을지 몰라. 우리가 흩어질지도 모르고. 너는 프랑스에 남아." 머뭇거리던 오빠는 자발적으로 지원해 우리와 함께 가지 않기로 했다.

드랑시에서 그 한 주를 보내는 동안, 우리는 아버지의 소식을 전혀 듣지 못했다. 사실 그는 우리가 붙잡히고 며칠 뒤에 체포되어, 우리가 수용소를 떠난 지 얼마 되지 않아 수용소에 도착했다. 우리는

* 독일의 건축기술자이자 나치 고위 인사인 프리츠 토트가 창립한 외국인 강제노동 징발 조직.

돌아와서야 사건을 재구성해볼 수 있었다. 아버지가 드랑시에 왔을 때, 아버지는 오빠를 만났다. 오빠는 자신에게 약속된 일을 기다리던 중이었는데, 물론 그 약속은 거짓이었다. 관리자들은 유대인을 토트 조직에서 일하게 해줄 생각이 없었다. 며칠 뒤 그들은 다른 몇백 명의 사람들과 함께 독일이 점령하고 있는 리투아니아의 주요 항구 중 하나인 카우나스로 향했다. 왜 그리로 갔을까? 아무도 설명하지 못한다. 나치는 아마도 건장한 남성들이 선동을 일으킬까 두려워한 것일지도 모르겠다. 아마도 그럴 만한 나이대의 사람들을 없애서 위험을 최소화하려 한 것 같다. 벨라루스와 우크라이나의 공동묘지를 연구하고 있는 데부아 신부의 가설로는 발트 국가로 보내진 이 남성들은 다시 만날 수도, 경과를 짜 맞춰볼 수도 없게 하기 위해 시체를 파헤치는 일을 맡았다고 한다. 얼마 되지 않는 생존자들이 증언한 결과 참혹한 일을 맡은 것이 맞았음이 밝혀졌다. 발트 사람들을 쓰면 학살에 대한 소문이 퍼질 것이었으므로, 나치 당국은 프랑스인들을 데려다 일을 시킨 뒤 그들을 제거해버렸다.

확실한 것은 아버지와 오빠가 카우나스로 함께 떠났다는 것이었다. 그들의 이름이 목록에 적혀 있었다. 어떤 이들은 에스토니아의 수도 탈린으로 떠나기도 했다. 폭파되었던 공항을 재건하기 위해서였다. 열댓 명 정도 되는, 이 무참한 지옥으로부터 돌아온 생존자의 이야기에 따르면 그들은 도착하자마자 살해당한 것으로 보인다. 아버지와 오빠에게는 무슨 일이 일어났을까? 우리는 절대로 알아낼 수 없었다. 어떤 생존자도 아버지와 오빠를 알지 못했다. 과거 수감자였던 이들로 이루어진 단체에서 진행된 조사에서도 알아낼 수 있는 것이 없었다. 그러니 우리는 아버지와 오빠에게 무슨 일이 일어났는지 절대로 알 수 없었다. 오늘날 나는 오빠와 나누었던 마지막 눈길과 말들을 고스란히 기억하고 있다. 어머니와 언니와 내가 우리를 따라오지 말라고 오빠를 설득하느라 들였던 노력을 다시금 생각하며, 우리의 설득이 그를 구하기는커녕 오히려 그를 죽음으로 몰아넣은 게 아닐지 떠올릴 때마다 참을 수 없는 슬픔에 압도당한다. 오빠는 그때 열여덟 살이었다.

우리가 드랑시에 있는 동안 드니즈 언니는 이미 몇 달째 레지스탕스에 합류한 채였다. 언니는 1944년 6월에 붙잡힌 뒤 라벤스브뤼크로 수송되었으나 자신이 유대인이라는 사실을 숨겨 목숨을 구했다. 밀루 언니와 나는 파리로 돌아오기 전까지 아무것도 모르고 있었다. 수송되는 동안 우리는 드니즈 언니가 소탕을 피했으리라고 생각하고 있었다. 드니즈 언니에게 무슨 일이 일어났는지 알게 된 것은 독일과 네덜란드 국경 사이 송환지에서였다. 놀랍게도 라벤스브뤼크에서 드니즈 언니와 마주친 누군가가 우리에게 그 소식을 전해주었던 것이다. 이것이 1944년 4월 7일 니스를 떠나 1945년 5월 프랑스로 돌아오기까지 전혀 알지 못했던 아버지, 오빠, 드니즈 언니의 운명이었다.

4월 13일, 우리는 새벽 5시에 차에 올라 끝이 보이지 않는 지옥으로 향하는 새로운 단계로 접어들었다. 차는 우리를 보비니 역으로 데리고 갔고, 그곳에서 우리는 가축용 차에 실려 동쪽으로 향했다. 너무 춥지도 덥지도 않은 날씨였기 때문에 악몽이 비극으로 이어지는 않았다. 세 가족이 실린 열차 안에서 누군가가 죽는 일도 없었다. 그러나 우리는 몹시 비좁게 끼어 있었다. 60여 명 남짓한 사람들 중에는 남녀노소가 골고루 있었으나 그중에 아픈 이는 없었다. 모두가 자리를 조금 더 차지하기 위해서 서로를 밀쳤다. 앉거나 눕기 위해서는 서로 번갈아 가며 순서를 지켜야 했다. 차량에 군인은 없었다. 친위대는 멈추어 서는 역에서만 감시를 했고, 누구든 도망치려 들면 열차 안에 있는 모든 이들을 총으로 쏠 것이라 경고했다. 우리의 순응은 무지에서 기인했다. 만일 우리 앞에 무엇이 기다리고 있는지 알았더라면, 우리는 아마 젊은이들에게 어떤 위험을 무릅쓰더라도 차에서 빠져나가라고 빌었을 것이다. 우리가 겪게 될 일보다는 그 편이 무조건 나았다.

여정은 이틀 반 동안 계속되었다. 4월 13일 아침에 출발한 차는 15일 저녁 아우슈비츠-비르케나우에 도착했다. 이날은 우리가 아우슈비츠를 떠난 1945년 1월 18일과, 프랑스로 돌아온 1945년 5월 23일과 더불어 내가 절대로 잊을 수 없는 날짜다. 이날들은 내 삶의 기준점과도 같다. 많은 일을 잊을 수 있었지만 이날들만은 잊을 수 없었다. 이날들은 내 왼팔에 새겨진 78651이라는 문신만큼이나 내 존재의 가장 깊은 곳에 아로새겨져 있다. 이날들은 내가 살아온 길에서 언제까지고 지워질 수 없는 행적일 것이다.

3

죽음의 수용소에서

차는 한밤중에 멈추었다. 문을 열기 전, 친위대의 고함과 개 짖는 소리가 우리를 덮쳤다. 그리고 눈을 멀게 하는 빛과 경사로가 보였다. 비현실적인 광경이었다. 공포에 질린 우리는 악몽으로 빠져들었다. 여정은 끝났고, 아우슈비츠-비르케나우 수용소에 도착했다.

　　나치는 모든 것을 철저히 계획했다. 수용소의 지휘자들은 다음과 같은 말을 반복했다. "가방은 차 안에 넣어 두고 줄을 서 앞으로 가시오." 몇 초 간 머뭇거린 뒤 모두가 그대로 따랐다. 어떤 여성들은 손가방을 몸에 지녔지만 누구도 뭐라고 하지는 않았다. 빨리, 빨리, 빨리 해야만 했다. 갑작스럽게, 귓가에 낯선 목소리가 내게 이렇게 물었다. "몇 살이야?" 열여섯 살 반이라는 내 대답에, 목소리는 다음과 같이 덧붙였다. "열여덟 살이라고 해." 나중에 나와 같은 나이의 또래들에게 물어보니, 그들 역시 귓가에 똑같은 조언을 중얼거렸던 이들 덕분에 목숨을 구했다고 했다.

줄에 서 있던 나는 선별 작업을 하는 친위대원들 앞에 다다랐다. 누군가 말했다. "만일 피곤하거나 걷고 싶지 않다면 트럭에 타라." 우리는 대답했다. "아뇨, 다리를 좀 펴고 싶어요." 많은 이들이 이 제 안을 배려라고 생각했다. 특히 여성들이나 어린아이들이 그랬다. 트럭은 다 차는 즉시 출발했다. 한 친위대원이 내게 나이를 물었을 때, 나는 반사적으로 대답했다. "열여덟 살이요." 그렇게 해서 우리 셋은 떨어지는 것을 막을 수 있었고 여자들 줄에 함께 있을 수 있었다. 쓸개 수술을 받은 지 얼마 되지 않아 후유증을 앓고 있던 어머니는 마흔네 살이었고 젊은 기운을 지니고 있었다. 어머니는 젊고도 존엄했다. 밀루 언니는 스물한 살이었다.

우리는 '올바른 줄'에 서 있던 다른 여성들과 함께 콘크리트로 지어진 건물에 다다를 때까지 걸었다. 건물에는 창이 하나만 나 있었는데, 그곳에서 '카포'가 우리를 기다리고 있었다. 카포는 친위대원이 아니라 우리와 같은 수감자들이었지만 잔인한 자들이었다. 카포는 공격적으로 명령을 내렸다. 우리는 "무슨 일이 일어나고 있는 거지?"라 되뇌었고, 그들은 가차 없이 우리를 재촉했다. "가진 걸 다 내놔. 어쨌든 아무것도 못 가지고 있으니까." 우리는 보석, 시계, 결혼반지를 전부 다 내주었다. 우리 중에는 나와 같은 날 니스에서 붙잡힌 친구가 한 명 있었는데, 그 친구는 작은 랑방 향수병을 지니고 있었다. "이걸 가져갈 거야. 하지만 내 향수를 주고 싶지는 않아." 그래서 세네 명의 소녀들은 향수를 나누어 뿌렸다. 사춘기 소녀로서 할 수 있는 마지막 멋부림이었다.

사람들이 건물에 가득 찬 이후로 밤이 지나갈 때까지 몇 시간 내내, 어떤 말도 어떤 움직임도 나타나지 않았다. 가족들과 떨어진 이들은 걱정하면서 부모와 아이들이 어디 있는지 찾곤 했다. 이들이 질문을 하면 카포는 대답 대신 창문 너머 연기가 피어오르는 화장터의 굴뚝을 가리켰다. 우리는 이해하지 못했다. 이해할 수가 없었다. 우리에게서 수십 미터 떨어진 곳에서 벌어지고 있는 일은 상상조차 할 수 없는 일이었기 때문에 우리의 마음은 그것을 인정할 수 없었다. 바깥 굴뚝에서는 끊임없이 연기가 피어올랐고 끔찍한 냄새가 사방에 퍼졌다.

우리는 그날 밤 잠을 잘 수 없었다. 우리는 땅바닥에 앉은 채, 우리에게 닥칠 일을 점점 더 불안해하며 기다렸다. 어떤 이들은 어찌 되었든 땅에 누우려 시도했지만 잠들지는 못했다. 서너 시간이 그렇게 흘러갔다. 때때로 구석에 서 있던 카포는 소리를 지르거나 우리를 채찍으로 위협했다. 우리가 너무 큰 소리로 말을 했기 때문이든지, 너무 많이 움직였든지, 아무튼 알 수 없는 이유에서였다. 작은 그룹이 만들어지고, 가장 어린 소녀들이 한 쪽에, 가장 나이든 사람들이 다른 쪽에 서고, 모든 이들이 작은 목소리로 우리가 전혀 알 수 없는 우리의 운명에 대해 추측을 늘어놓았다. 그러고 나서 카포들이 우리를 일으켜 알파벳 순으로 세웠다. 그리고 우리에게는 차례차례 문신이 새겨졌다. 그러자 우리에게 일어나는 일이 돌이킬 수 없는 것이라는 생각이 들었다. '우리는 더 이상 나갈 수 없는 곳에 들어왔어. 희망은 없어. 우리는 더 이상 인간이 아니라 그저 가축일

뿐이야. 문신은 지워지지 않아.' 절망적이게도 그것은 사실이었다. 이 순간부터 우리 각자는 피부에 새겨진 단순한 번호가 되었다. 다른 정체성을 모두 잃었기 때문에 가슴으로 익혀야 하는 번호였다.

그러고 나서 사우나로 들어갔다. 독일인들은 세균에 집착했다. 외부에서 온 것은 무엇이든 의심받았다. 순수성에 대한 광기가 그들을 휩싸고 돌았다. 그들은 그 자리에서 죽지 않은 이들이 해충이나 끔찍한 위생 상태에서 살아남는 것에 대해서는 신경 쓰지 않았다. 도착한 이상 우리는 무슨 일이 있어도 소독되어야만 했다. 우리는 옷을 벗고 찬물과 더운물이 번갈아 나오는 분사기를 통과했다. 그러고는 일종의 사우나와 같이 층이 진 넓은 방 안에 들어가야 했다. 사우나는 도저히 끝날 것 같지 않았다. 어머니들은 딸들이 처음으로 자신의 벗은 몸을 바라보는 시선을 견뎌야 했다. 몹시 고통스러웠다. 카포의 관음증 또한 견딜 수 없었다. 그들은 우리에게 다가와 우리를 마치 진열대에 놓인 고기처럼 더듬었고 노예처럼 취급했다. 그들의 시선을 느낄 수 있었다. 나는 젊었고, 그을린 피부에 건강했다. 말하자면 신선한 고기였던 것이다. 열여섯 살 반 되는 나이에 햇볕을 쬔 몸은 카포의 입맛을 돋우었고 그들로 하여금 첨언을 하게 했다. 그때부터 나는 그렇게 여럿이 함께 살을 맞대고 북적대는 것을 견디지 못하게 되었다.

이후에 우리는 아무 옷이나 주워 입었다. 찢어진 옷에 짝이 맞지 않는 신발을 제 치수가 아니어도 입고 신어야 했다. 이번에도 위생에 대한 그들의 강박은 우리의 원래 옷을 돌려주지 않을 구실이 되었다. 옷이 소독되지 않았다는 것이었다. 그들이 우리에게 준, 깨끗할 것이 분명한 옷에는 이가 득실거렸다. 몇 시간 안에, 우리는 우리가 가진 모든 것을 잃었다. 우리가 당하지 않았던 유일한 모욕은 머리를 미는 것이었다. 원래 아우슈비츠-비르케나우에서는 모든 여성들의 머리를 완전히 밀어버렸는데, 사기를 저하시키기 위한 방편이었다. 머리가 자라나면 카포들이 다시 밀었다. 최소한의 존엄을 지키기 위해 대부분의 사람들은 머리에 스카프를 둘렀다. 우리는 모든 것이 우연이 아닌 계획에 따라 이루어지는 이곳에서 어떻게 우리가 예외가 되었는지 모른다. 어떤 사람들은 아마 적십자가 방문하기로 되어 있었나 보다 하고 추측하기도 했다. 그러나 우리 중 누구도 아우슈비츠에서 적십자 감독관의 털끝 하나 보지 못했다. 60년이 지난 지금, 적십자가 당시의 행동을 합리화하기 위해 기울이는 노력을 생각해보면 그저 당황스러울 뿐이다.

　머리 이야기를 차치하더라도, 우리는 곧 수용소에서 일어나는 비일관성을 마주하게 되었다. 예를 들어서, 우리 세 가족이 생활 여건이 조금 덜 고된 작은 작업반에서 일할 기회를 얻었을 때, 어머니가 몹시 아프게 되었다. 그러자 한 친위대원이 눈을 감아주고 어머니가 조사를 피할 수 있도록 힘써주었다. 시간이 지나 나보다 나이가 조금 더 많은 한 폴란드인이 패혈증으로 고통을 받았다. 그러자 한 친위대원이 아우슈비츠 시내까지 가서 그를 치료하기 위해 술파제를 구해왔고, 소녀는 나았다. 우리는 그렇게 카프카적인 비일관성 사이를 살아냈다. 이건 왜 그렇고 저건 왜 저랬을까? 우리는 알 수 없었다. 왜 임신한 여성들에게 특식이 주어졌다가 출산 직후 가스실에 들어가게 해서 신생아들이 당연히 죽게 만들었을까? 과거에 수감자였던 한 사람이 최근 한 이야기는 몹시 경악스러웠다. 페인트칠 작업에 동원되는 이들은 다음날 죽을 예정이라 하더라도 전날까지 그날 분의 우유를 배급받았다는 것이었다. 질병을 예방하기 위해 엄격하게 정해진 독일식 규칙에 따르기 위함이었다.

거대한 비르케나우 수용소 내에는 중앙 수용소가 있고, 그 주변에는 한정된 시기 동안 억류되는 검역 수용소가 있었다. 검역 수용소의 조건은 가장 열악했지만 노역을 피하기는 더 쉬웠다. 1944년 봄, 수용소 관계자들은 차량이 하차하는 경사로가 가스실에 더 가까워지도록 경사로를 연장하기로 했다. 중앙 수용소만으로는 노동력이 부족했기 때문에 우리가 있던 검역 수용소에 있는 수감자들도 연장 작업에 동원되었다. 검역 수용소에 있던 수감자들 대부분이 노역에 가담하여 바위를 옮기고 흙을 쌓아올렸다. 우리는 특정 작업장에 속하지 않았기 때문에 아침 점호에서 빠질 수 있었다. 그런데 우리의 이런 태도는 감히 명령을 거역하지 못하고 친위대원의 보복을 두려워하던 나이 든 유대인들의 노여움을 샀다. 우리 중 일부만 노역에서 면제되었는데, 무용을 좋아하던 수용소의 친위대장을 즐겁게 하기 위해서 무용수들이 차출되었다. 음악가들은 일반적으로 특권을 누렸는데, 내가 탔던 차에 있던 젊은 무용수가 이 지위를 누렸다. 이 무용수는 자기 어머니를 곁에 둘 수 있었고, 둘은 살아남았다.

　수용소에 도착하니 우리는 바깥에서와 비슷한 세대 차이가 이 안에도 존재한다는 것을 알 수 있었다. 나이 많은 이들의 눈에 젊은 이들은 무책임하고 경솔해 보였다. 일하지 않기 때문에 건물에 남아 있던 날 우리가 나누던 수다가 바로 이 차이를 보여주었다. 젊은 여성들은 끊임없이 사랑에 대해 이야기했다. 사랑은 소녀들을 웃게 하는 주제였다. 나는 금세 친구 두 명을 만들었다. 하나는 마르슬린 로히당으로 나와 같은 차에 탔었는데, 나보다 18개월 어린 발랄하고 활발한 소녀였다. 그리고 다른 친구인 지네트는 나와 같은 나이였다. 우리 셋 중 누구도 애인이 없었다. 다른 이들이 연애사에 대해 이야기할 때 우리는 하늘을 바라보았다. 다른 이들은 우리에게 끊임없이 이렇게 말하곤 했다. "아, 너희는 삶이 뭔지 몰라! 너희는 너희가 뭘 모르고 있는 줄도 몰라." 그뿐 아니라 우리는 더 나이 많은 이들이 주는 삶의 교훈을 따라야 하기도 했다. "가리지 말고 다 먹어야 해. 안 그러면 몸이 안 좋아질 거야." 이들 중에는 어머니 또래도 있었는데, 어머니는 결코 그렇게 말하지 않았다. 어머니는 우리 나이대 소녀들을 귀찮게 하는 대신 예뻐했다. 오늘날 마르슬린이나 수용소에서 알게 된 다른 동료들이 어머니에 대해 언급하는 기억에는 늘 온기로 가득 차 있다. 그들은 어머니의 다정함, 존엄함, 애정에 대해서 말하곤 한다. 실제로 몇 달 동안 어머니는 이 모든 어린 소녀들을 보호하고 위로해주었다. 소녀들 중 대부분은 오래 전 어머니를 여의거나 수감 초반에 잃었다. 몇 달이 지난 1945년 1월, 우리가 수용소를 떠나 알 수 없는 목적지를 향해 또 다른 죽음의 행진을 이어가야 한다는 것을 알게 되었을 때 모두를 위로한 이 역시 어머니였다. "걱정하지 마세요. 다들 여기까지 헤쳐왔잖아요. 용기를 잃어서는 안 돼요."

처음에 우리 건물에는 거의 프랑스인들만 있었다. 조금씩 변화가 있기는 했지만 대체로 프랑스인들로 이루어져 있었다. 우리는 '스투보바'라 불리며 우리와 마찬가지로 수감되어 있던, 대체로 폴란드계인 유대인들에게 감시당하고 통제되었다. 친위대원들에게 처벌은 특권과도 같았지만, 스투보바는 우리에게 뺨을 때리지도 주먹을 휘두르지도 않았다. 억류된 동안 이들은 내게 무척 친절했다. 특히 가장 어린 축에 속하는 이들과 함께 있어서 더욱 그러했을 것이다. 오히려 우리는 다른 문제에 부딪혔다. 이들이 너무 적극적으로 다가올 때 경계해야 했던 것이다. 우리 중 대부분은 순진무구했지만 그럼에도 충분히 경각심을 가지고 있었다. 만일 카포가 설탕이 뿌려진 버터 바른 빵을 내민다면 그는 곧 이렇게 말할 것이었다. "우리 둘이 같이 한숨 잔다면 좋겠네." 그렇다면 이렇게 대답할 용기가 있어야 했다. "감사합니다. 괜찮아요. 저는 졸리지 않아요." 성적인 함의가 모호하게 담긴 이런 분위기는 카포인 여성들과 어린 여자아이들 사이를 끊임없이 맴돌았다. 과거 수감자였던 이들이 이 문제를 다룰 것이므로 나는 그저 언급만 할 뿐이다. 이들은 대가가 따르지 않는다 하더라도 어린 소녀들을 보호하는 분위기가 있었기 때문에 살아남았음을 잊는다. 개인적으로 이 부분에 관해서는 어떤 판단도 하지 않겠다.

어쨌거나, 우리는 수용소를 지배했던 끔찍한 분위기에 익숙해져 갔다. 시체가 타면서 나는 악취, 하늘을 항상 뒤덮던 연기, 어디에나 있던 진흙탕, 늪지에서 나오던 습기. 오늘날 그곳에 다시 가 보면 막사와 망루, 가시철사로 장식되어 있지만, 그때의 아우슈비츠를 만들었던 모든 것은 거의 다 사라졌다. 그 자리에 무엇이 있었는지는 볼 수 없으며 상상조차 할 수 없을 것이다. 유럽 모든 나라에서 실려 온 수백만 명의 이들이 학살을 당한 데 비견할 것은 아무것도 없으리라. 비르케나우에 있던 소녀들이던 우리에게는, 헝가리인들의 도착이 우리가 겪고 있는 악몽을 실감케 해주는 사건이었다. 학살이라는 산업이 정점에 달할 무렵이었다. 세 달 안에 40만 명의 사람들이 학살당했다. 건물 전체가 비워져 도착하는 이들을 맞았으나 대부분이 곧장 가스실에서 살해되었다. 바로 그런 연유로 우리는 경사로를 가스실까지 연장하는 노역을 했던 것이다. 5월 초 무렵, 남녀노소를 가리지 않고 헝가리에서 사람들을 실어온 기차가 밤낮으로 이어졌다. 나는 경사로 바로 가까이에 있는 건물에 있었으므로 그들이 도착하는 광경을 볼 수 있었다. 수백 명이나 되는 이 불행한 사람들은 몇 주 전의 우리처럼 옹색하고도 얼빠진 얼굴을 하고 있었다. 대부분은 곧장 가스실로 향했으며 생존자 중 많은 이들은 베르겐벨젠으로 떠났다. 베르겐벨젠은 이곳보다는 느리지만 이곳에서만큼이나 분명한 죽음이 기다리는 곳이었다. 아우슈비츠-비르케나우에 머무는 헝가리인들은 헝가리어라는 언어의 장벽 때문에 고립되어 있었다. 헝가리에서 전쟁은 오랫동안 주변적 사건으로 머물러 있었기에 그들에게는 어떤 전조도 없이 사건이 일어나버렸다. 헝가리 내에서 독일군의 점령은 다른 나라와는 다르게 이루어져, 나치가 유대인을 체포하기 위해서는 헝가리 군대의 동의를 얻어야 했기 때문이었다.

수용소에서 통용되는 논리란 무자비했다. 누군가의 불행이 다른 이들의 불행을 덜어준다는 것이었다. 비르케나우에 헝가리인들이 대거 도착하자 우리는 풍요로워졌다. 도착한 이들 중 많은 수가 시골 출신이었는데 이들은 파테*, 소시지, 꿀, 톱밥으로 만든 빵과는 비교도 되지 않는 검은 빵을 가지고 왔다. 또한 이들은 옷으로 가득한 가방도 가지고 왔다. 막 가스실에 들어간 이들의 옷이 바닥에 흩어진 광경을 볼 때면 참을 수 없는 슬픔이 나를 죄어왔다. 이 모든 소지품들은 한데 모아져 '캐나다'로 보내졌다. 캐나다란 가방이 분류되는 작업장에 붙은 별명이었다. 그곳에서 수감자들은 독일에 보낼 옷가지들을 분류했다. 수용소에 쌓이는 소지품이 늘어날수록 절도도 늘어났다. 캐나다에서 일하던 소녀들이 사는 건물을 지났던 어느 날의 기억이 떠오른다. 그 아이들은 비록 침대 틀 위에서 잠을 잤지만 우리와는 비교할 수 없는 안락함을 누렸고, 멋들어진 속옷을 입고 있었다.

당시를 지배했던 절대적인 궁핍과는 반대로, 캐나다에는 일종의

---

*　페이스트리 반죽으로 만든 파이 크러스트에 고기, 생선, 채소 등을 갈아 만든 소를 채워 오븐에서 구운 요리.

마법 지대가 있었다. 우선 캐나다에서 풍기는 풍요로운 이미지 때문이기도 했고, 또한 그곳이 모든 밀거래의 집결지였기 때문이기도 했다. 밀거래를 하기 위해서는 거래를 할 거리가 필요했는데, 대부분 아무것도 가지지 못했으므로 이 경우에 해당하는 이는 극소수에 불과했다. 이런 밀거래를 통해 외투 혹은 나중을 기약하며 일말의 희망을 가지고 숨겨둔 값나가는 물건들이 모습을 드러냈는데, 숨겨두지 않은 보석들은 물물거래의 대상이 되었다. 금으로 된 결혼반지는 빵과 교환되었다. 수용소 내에서의 가치체계를 잘 보여주는 거래였다. 숟가락 한 개를 원한다면, 당시 우리가 쓰던 용어대로 '정리'를 해야 했다. 숟가락을 얻기 위해서는 이틀 동안 빵을 걸러야 했다. 캐나다 바깥에서도 거래가 있었지만 훨씬 검소한 선에서 이루어졌다. 예를 들어서 누군가 신발 한 쌍이 필요하면 다른 사람에게서 양말을 사기 위해 빵을 굶고는 했다. 좀도둑질도 흔해서 하루 종일 신발을 신고 있었다 해도 밤이 되면 누군가 훔쳐가는 일이 일어나기도 했다.

바르샤바의 게토에서 살아남은 폴란드 건축가를 만났던 것은 수용소에서 머문 지 두 달 정도 되던 때였다. 하수구를 따라 탈출했다가 로츠의 게토로 보내진 뒤 아우슈비츠로 수감된 이들 중 하나였다. 바르샤바의 부르주아였던 그는 프랑스어를 할 줄 알았고 우리는 곧 친해졌다. 내가 넝마를 입고 있는 것을 보면서(수용소에 도착한 우리에게는 넝마밖에 주어지지 않았다. 친위대원들이 우리를 모욕할 더 나은 방법을 찾기 위해 옷을 서슴지 않고 찢었기 때문이었다) 그는 내게 예뻔 옷 두 벌을 주었다. 캐나다에서 '정리'해서 얻은 옷일 게 분명했다. 그 덕에 나는 진짜 옷을 입을 수 있었고, 이는 형용할 수 없는 행복을 가져다주었다. 다른 한 벌은 내가 매일 만나던 친구에게 주었다. 그 친구는 아직도 놀라면서 이렇게 말하곤 한다. "수용소에서 네가 나에게 옷을 주었던 것을 생각만 하면!"

경사로를 연장하는 일이 마무리되고, 친위대원들은 우리를 쇠약하게 만들기 위해 레일을 옮기고, 구멍을 파고, 바위를 운반하는 일 같은 결과도 목적도 없는 일을 시켰다. 우리는 검역 수용소를 나서면 작업장에 배치되리라는 것을 알게 되었다. 어느 작업장에 갈 것인가? 수감자들은 캐나다에 가서 옷을 분류할 수도 있고, 땅을 파거나 레일을 옮기고 구멍을 파는 고된 일을 할 수도 있었다. 누구도 자신이 어떤 일을 하게 될지 몰랐다. 그저 카포와 친위대원의 기분과 자비에 맡겨야 했다.

그러는 동안, 아마도 6월 7일부터, 연합군이 상륙했다는 사실을 알게 되었다. 웅성거리는 소리가 때때로 들려왔다. 노르망디 해변의 지도와 상륙지가 명시된 신문 조각을 땅에서 주운 적도 있다. 나는 우리를 감시하던 친위대원이 그것을 일부러 떨어뜨렸다고 확신한다.

어느 날 아침, 일을 하러 수용소를 나서는데, 수용소 바깥에서는 성판매를 하던 여성이자 다른 수감자들을 무척이나 엄격하게 대하던 수용소 반장 스테니아가 나를 옆에 불러 세웠다. "너는 여기서 죽기에는 너무 예뻐. 널 다른 데 보내줄 거리를 찾아줄게." 나는 그에게 대답했다. "네, 그렇지만 저는 어머니와 언니와 함께 있어요. 그 둘이 같이 가지 않으면 갈 수 없어요." 놀랍게도 수용소 반장은 이렇게 답했다. "좋아. 너와 함께 가게 해줄게." 이 이야기를 들은 모든 사람들은 경악을 금치 못했다. 그러나 그 뒤로도 일은 이렇게 흘러갔다. 내가 수용소 내에서 두세 번밖에 마주친 적 없던 이 여성은 내게 그 대가로 아무것도 요구하지 않았다. 모든 일은 마치 내 젊음과 삶에 대한 의지가 나를 보호해준 것 마냥 진행되었다. 대체 내게 어떤 운이 따랐는지는 모르겠지만 나의 어머니와 언니, 그리고 나를 위해 다른 세상에서 보내준 요정과도 같은 이 폴란드 여성을 통해 다른 세상이 나를 꺼내준 것만 같았다.

반장은 약속을 지켰다. 며칠 뒤 우리 가족은 전부 일이 덜 고된 보브렉에 있는 작업장으로 옮겨졌다. 그곳에서 우리는 지멘스*를 위해서 일했다. 떠나기 전 우리는 의료 검진을 받았는데, 스테니아의 고집이 없었더라면 이미 수용소 내에서 범죄자로 잘 알려진 의사 멩겔레가 어머니의 건강이 쇠했다는 이유로 어머니를 떼어놓았을 것이다. 우리는 비르케나우에서 4~5킬로미터 떨어진 보브렉에서 1944년 7월부터 1945년 1월까지 머물렀다. 우리와 함께 폴란드인 한 명과 프랑스인 두 명으로 이루어진 세 명의 공산주의자가 함께 떠났다. 이 셋은 이전에 의료 실험 건물에 머물고 있었는데, 신체

---

* 1847년에 설립된 독일 기업. 나치 독일의 주요 군수품 생산 업체였으며, 유대인의 노동력을 무임금으로 착취하여 전쟁물자를 생산했다.

에 무해한 검사만을 치렀다고 했다. 공산주의자 여성 의사들이 이들을 보브렉으로 보내준 것인데, 의사들은 그들에게 이렇게 말했다. "우리는 당신들에게 결과를 낼 수 없는 실험을 해야 해요. 상황이 어떻게 변할지 모르니 떠날 수 있도록 할 수 있는 걸 다 해볼게요." 그렇게 세 명의 여성들은 우리와 함께 떠날 수 있었다.

나는 생일이 되기 2~3일 전에 보브렉에 도착했다. 그날 친위대원이 내게 '보너스'라 불리는 빵 한 조각을 주었는데, 히틀러가 공격받기 며칠 전이었다. 시무실에서 일하던 사람들에게 이 소식을 전해들은 우리는 하루 이틀 간 그가 죽기를 바랐다.

작업장에는 250여 명의 사람들이 있었고 그 중 37명이 여성이었다. 우리는 항공기를 만드는 지멘스 공장과 관련된 일을 나누어 맡았다. 그러나 비행기를 본 적은 없었다. 나와 언니는 끊임없이 토지 조성 작업만 했기 때문이었다. 비르케나우에서 했던 일과 마찬가지로 쓸모없는 일이었다. 우리는 순무 밭 근방에 있는 땅에서 돌을 골라내었다. 무슨 목적에서 그래야 했을까? 알 수 없다. 감시는 비르케나우에서보다 덜 철저했다. 나중에는 벽돌 공사에 동원되었는데, 어디에 쓸 수 있는지 영영 모를 벽을 만들어야 했기 때문이었다. 처음으로 벽돌을 올릴 때 흙손을 가지고 하던 작업을 때때로 떠올리곤 한다.

이 기간 동안 어머니, 밀루 언니, 그리고 나는 떨어지지 않을 수 있었다. 어머니는 건강이 약해졌지만 항상 노역을 했다. 우리는 어머니를 보호하기 위해 할 수 있는 일은 다 했다. 아우슈비츠에서보다도 먹을 게 없었지만 일이 덜 고되었기 때문에 삶을 유지할 수 있었다. 나오는 음식은 덜 역겨웠다. 지멘스가 최소한의 생산성을 요하는 일꾼들을 필요로 했기 때문이었을 것이다. 아우슈비츠에서는 고기라고는 찾아볼 수 없고 쐐기풀만 조금 들어간 스프를 주었던 반면, 이곳에서는 말린 야채나 감자로 만든 스프가 나오기도 했다. 보브렉에서 친위대원의 요리를 담당하던 요리사는 독일계 유대인이었다. 그는 친위대원들의 식사에서 빼낸 것이 분명한 재료들로 영양을 더한 스프를 만들어 프랑스인들이 기력을 잃지 않도록 도와주었다. 그는 프랑스에서 붙잡혔는데, 그가 말해준 자신의 이야기는 마치 대서사시와 같았다. 전쟁 전 그는 독일을 떠나 룩셈부르크인인 배우자와 함께 팔레스타인으로 살러 갔으나 결혼이 성사되지 않았다. 1939년에 독일로 돌아온 그는 프랑스로 다시 도망쳤다가 그곳에서 붙잡히고 말았다. 그가 그토록 도망치려던 운명에 붙잡힌 셈이었다. 보브렉에서 그는 여느 이들처럼 가장 나이대가 어린 이들을 기꺼이 도우며 수감자 간에 존재했던 단단한 연대를 몸소 보여주었다. 다른 예로, 부헨발트 수용소에서는 다른 수용소에서라면 도착하자마자 가스실에서 살해를 당하는 대상인 가장 나이 어린 집단을 공산주의자들이 연대의 힘으로 구해내기도 했다.

사소한 실수를 하기만 해도 비르케나우로 돌려보내질 위험이 있기는 했지만, 보브렉에서는 평온한 기운이 감돌았다. 이런 위협이 상시적으로 존재한다는 사실을 떼어놓고 보면, 보브렉에서의 생활

패턴은 비르케나우에서와는 너무나 달라서 보브렉에는 '요양소'라는 별명까지 붙었다. 수감자들은 전부 그곳에 가고 싶어 했다. 게다가 우리가 있는 동안 누구도 죽지 않았다. 여성들은 공장 작업장 위에 있는 다락방에 묵었다. 우리들의 숫자가 별로 많지 않으므로 바깥에서 호출하는 일이 없었다. 친위대원 한 명만 때때로 우리를 확인하러 왔는데, 실제로 안전을 위해 들렀다기보다는 우리가 샤워하는 동안을 기습하고 싶었던 것 같다. 도망을 치기란 불가능했다. 게나가, 도망을 친다면 어디로 갈 수 있겠는가? 이 지역에서 수용소는 몇 킬로미터씩 이어져 있었다. 도망치는 위험을 감수하기란 우리에게 주어진 운명을 기다리면서 머물러 있는 것보다 더 확실히 죽음을 맞이하는 길이었다. 비르케나우에서도 도망을 치는 이는 없었다. 오로지 수감자 한 명만이 일하던 사무실에서 도망을 시도했지만 신속하게 붙잡힌 뒤 교수형에 처해졌다.

갑자기 소련 군대가 진군하면서 독일군은 패닉에 빠졌다. 아우슈비츠에서 항공기 폭격은 점점 더 잦아졌다. 연말부터 우리는 작업장으로 향하는 길에서 혼란스러워하며 후퇴하는 독일군 부대를 보았다. 1945년 1월 18일, 보브렉 작업장을 떠나라는 명령을 받고 아우슈비츠-비르케나우에 위치한 부나 공장으로 향했다. 우리는 아우슈비츠 수용소에 있던 4만여 명의 다른 수감자들과 합류해 기념비적인 죽음의 행렬을 시작했다. 이 행렬은 생존자들에게는 진정한 악몽이었다. 한때 30도가 넘던 기온은 어느새 영하로 떨어졌다.

쓰러지는 이들은 즉시 총살당했다. 친위대원들과 독일 국방군 소속의 나이든 군인들은 마지막 남은 카드로 게임을 하고 있다는 것을 알고 있었다. 러시아군의 진군으로부터 무조건 도망쳐야 했다. 어떤 대가를 치러서라도 그들을 따르는 죽음을 피해야 했다. 결국 우리는 서쪽으로 70킬로미터 떨어진 글라이비츠에 도달했다. 정말로 70킬로미터를 걸어간 것이다. 그곳에서 살아남은 수감자들이 모였다. 소련군이 가까워짐에 따라 독일인들이 광기에 빠진 나머지 우리는 우리가 전부 학살당하는 것은 아닌지 의문을 가져야 했다. 남녀가 섞인 이 수용소에서 우리는 운명을 기다렸다. 수용소에는 아무것도 없었다. 조직도, 음식도, 빛도 없었다. 어떤 남성들은 여성들에게 끔찍한 협박을 하기도 했다. "우리를 이해해줘요. 몇 년 동안 여자라고는 구경도 못 했다고요." 단테가 말한 지옥이 여기 있었다. 무척 점잖았던 한 헝가리 소년이 기억난다. 그는 열세 살이었는데 너무나 혼란스러워 보여서 우리는 안쓰러운 마음에 그를 거두었다. 소년은 이렇게 말했다. "남자들이 나를 버렸어요. 나는 혼자예요. 어디로 가야 할지 모르겠어요. 어떻게 먹을 걸 찾아야 할지 모르겠어요. 더 이상 여자들이 없으면 남자들은 우리로도 만족할 거예요." 심장이 떨어져 내리는 듯했다. 나는 속으로 이렇게 물었다. '이 지옥을 탈출하고 난 아이들은 무엇이 될 것인가?' 이런 참혹한 상황 속에서 만난, 남성들에게 당했던 다른 소년은 전쟁 이후에 눈부신 성취로 학업을 이어나가고 훌륭하게 직업을 이어나가며 아름다운 가정을 꾸렸다. 그러나 이 시기에 대해서 언급하면 그의 부인은 간단히 이렇게 답한다. "그이는 절대로 수용소 이야기를 하지 않아요."

글라이비츠에서 출발한 열차는 다양한 목적지를 향해 갔다. 남성들은 베를린으로 향했다. 폭격으로 어마어마한 피해가 발생해 노동력이 필요했기 때문이었다. 다른 이들은 군수공장으로 향했다. 여성들은 우선 마우트하우젠으로 실려갔으나 수용소가 가득 차 자리가 없었다. 우리는 먹지도 마시지도 못한 채 여드레간 실려갔다. 우리는 그릇을 꺼내 들어 눈을 받아 마셨다. 우리 차량이 프라하 성벽을 건니갈 때, 프라하 주민들은 신송장 같은 우리 모습에 충격을 받고 창문으로 빵을 던져주었다. 우리는 할 수 있는 한 손을 뻗어 빵을 주웠으나 대부분의 빵조각들이 땅에 떨어졌다.

왜 나치들은 유대인들을 그 자리에서 죽이는 대신에 도망치는 길에 그들을 싣고 갔을까? 답은 간단하다. 흔적을 남기지 않기 위해서였다. 우리를 만일의 경우 화폐처럼 쓰려는 것도 아니었다. 그저 우리를 가장 은밀하게 사라지도록 만들기 위함이었다. 신속하고 은밀하고 완전한 학살을 꾀했던 것과는 달리 우리는 아우슈비츠 수용소가 너무 붐빈 덕을 본 셈이었다.

우리 차량은 부헨발트 작업장인 도라 수용소까지 갔다. 추위와 식량난 때문에 우리들 중 적지 않은 수가 길 위에서 숨을 거두었다. 우리는 도라를 지나간 유일한 여성들이었다. 도라는 남성들이 머물던 수용소였는데, 그곳 수감자들은 그 유명한 V2 미사일을 만들기 위해 터널에서 일을 했다. 살아남은 수감자의 수는 무척이나 적었다. 이틀 동안 새로운 불안감과 불확실성을 마주하고 나서, 우리가 속했던 여성 집단은 독일 북부, 함부르크와 하노버 사이에 위치한 베르겐벨젠으로 떠났다. 이 지역은 연합군이 무척 늦게 도착한 지역이었다. 나치들은 우리 차량에 보다 전에 체포된 집시들을 함께 실었다. 패배의 기운이 감돌았지만 독일인들의 광기어린 체포는 계속 이어졌다. 지리학적 상황을 고려하면, 베르겐벨젠은 동쪽에 위치한 모든 수용소에서 온 수천 명의 수감자들이 모이는 곳이었다. 여기에는 레지스탕스도 포함되어 있었고, 뤼벡에 수감된 유대인 사관과 부사관의 부인인 프랑스 여성들도 있었다. 우리는 1월 30일 베르겐벨젠에 도착했다.

베르겐벨젠에서, 억류된 이들은 일을 하지 않았다. 이전까지는 특별한 지위의 수감자만을 맞아들이던 수용소는 모든 곳에서 밀려온 이들로 가득 찼다. 삶의 조건이라는 말을 쓸 수 있을지 모르겠지만, 그것은 실로 끔찍했다. 행정적 기틀, 음식, 최소한의 의료 조치 그 어떤 것도 없었다. 심지어 수로 대부분이 터져 물도 부족했다. 음식을 찾아 배회하는 뼈만 남은 유령들로는 부족했던지 티푸스마저 돌았다. 기근에 더해서 질병 때문에 사망률이 심각하게 높아졌다. 시체를 처리하는 일이 더 이상 불가능해지니 죽은 자와 산 자가 섞여 있게 되었다. 마지막 몇 주 동안에는 심지어 식인 행위까지 나타났다. 독일 전역을 감싸던 패전의 기운에 충격을 받은 데다 오염의 위협까지 받은 친위대원들은 독일 전역에서 끊이지 않고 유대인들의 행렬이 이어지는 수용소를 지키고 있을 뿐이었다. 이런 친위대원 몇 명을 제외하고, 독일인들은 더 이상 수용소를 담당하지 않았다. 베르겐벨젠은 수감의 공포와 독일의 고뇌가 동시에 담긴 이중 상징이었다. 세계를 호령할 꿈을 꾸던 이들은 그들이 직접 만들어 낸 피해자와 똑같이 약해지고 말았다.

베르겐벨젠에서, 나는 비르케나우에서 내 목숨을 살려주었던 이를 우연히 다시 만나게 되었다. 그는 이전 수용소가 무너지자 베르겐벨젠의 수용소 반장이 되었다. 그는 나를 이내 알아보았고 다음 날 동이 트기 전에 만나자고 했다. 나는 그의 말을 따랐다. 그는 나를 친위대원의 부엌에 배치해주었는데, 이러한 조치 덕에 다른 이들이 겪던 아사를 피할 수 있었다. 이 여성이 내게 보였던 호의는 오늘날까지도 내게 의문으로 남아 있다. 해방 이후 나는 그가 영국인들에 의해서 교수형에 처해졌다는 소식을 들었다.

하루 종일 나는 손에 피가 맺힐 때까지 감자 껍질을 깎아야 했다. 부엌에서 쫓겨날 것이 무엇보다도 두려워 마지막 힘을 짜내어 일을 했고, 겁 많고 어색한 성정에도 어머니와 밀루 언니를 위해 음식을 빼돌렸다. 한 번 설탕을 훔치다가 친위대원에게 붙잡힌 적이 있는데, 그는 내게 준엄하게 다그치는 것으로 만족해 풀어주었고, 설탕은 빼앗지 않았다.

부엌에서 하는 일은 수용소에서의 삶만큼 힘들었다. 끊임없이 경보가 울리는 탓에 매일 두세 시간밖에 자지 못했다. 부엌에서 너무 늦게 나오는 바람에 걸으면서도 잠을 잤다. 폭격은 점점 더 잦아졌고, 잠잘 곳으로 돌아오면 누울 자리는커녕 앉을 자리도 없었다. 우리는 동이 트기 전에 일어나 작업장으로 향했다. 잠이 모자라 기진맥진했지만 어떻게 해서라도 티를 내지 않았는데, 그 이유는 친위대원의 부엌에서 일하는 것만이 이 상황에서 굶어 죽지 않게 해줄 희박한 보험이었기 때문이었다.

어머니는 이미 억류되면서, 그리고 폴란드와 체코슬로바키아 공화국, 독일을 지나는 고통스러운 여정 때문에 몸이 무척이나 쇠약해져 있어 티푸스에 걸리고 말았다. 어머니는 할 수 있는 한 최대한의 용기를 내어 싸웠다. 어머니는 분별력과 판단력을 똑같이 유지했고, 사람이 다른 사람에게 견디도록 강제한 것들에 똑같이 경악했다. 밀루 언니와 내가 보살폈고, 조금이나마 음식을 훔쳐와 드렸지만, 어머니의 상태는 빠르게 악화되었다. 약도 의사도 없는 상황에서 어머니를 치료하기란 불가능했다. 하루가 지나게 그가 쇠약해지는 모습이 보였다. 세상에서 가장 사랑하는 이가 느리지만 분명하게 힘을 잃어가는 모습을 지켜보는 것은 견딜 수 없는 일이었다.

어머니는 3월 15일, 내가 부엌에서 일하던 중에 사망했다. 저녁에 일을 마치고 돌아오자 밀루 언니는 내게 부음을 전해주었다. 나는 언니에게 이렇게 답했다. "티푸스 때문에 돌아가셨지만 이미 기력이 다 쇠하셨어." 60년이 지난 지금도, 나는 어머니를 잃은 일을 받아들일 수가 없다. 어떤 의미에서는 어머니를 잃었다는 사실을 받아들이지 않고 있다. 매일같이 어머니는 내 곁에 계시고, 나는 내 삶에서 이루어낼 수 있었던 많은 것들이 어머니 덕분이라 생각한다. 나를 북돋고 내게 행동할 의지를 쥐어준 이는 어머니였다. 내가 어머니만큼 너그럽지 못하다는 사실을 분명히 알고 있다. 어떤 부분에서 어머니는 나를 엄격하게 판단하기도 했다. 어머니는 내가 다른 이들에게 친절하지 않고 협조적이지 않다고 지적했는데, 그것은 사실이었다. 이 모든 이유에서 어머니는 나의 롤모델이었다. 어머니는 중용을 견지하면서도 강한 신념을 간직했기 때문이었다. 어머니는 내가 영영 따라갈 수 없을 것이 명백한 지혜를 품은 분이셨다.

4월 초부디, 우리는 결말이 가까워짐을 느꼈다. 하루가 지날수록 폭격이 심해졌다. 밀루 언니의 상태는 좋지 않았는데 언니 역시 티푸스에 걸렸기 때문이었다. 나는 할 수 있는 한 최선을 다해서 그를 위로했다. "언니, 기운을 내고 버텨야 해. 곧 해방될 거야." 일에서 돌아올 때면 나는 그에게 반복해서 말했다. "봐, 내일이면 그렇게 될 거야. 조금만 더 버티자." 그리고 매일 밤, 경보 때문에 조명이 꺼지고 잠자리로 돌아갈 수 없을 때면 공포에 사로잡히곤 했다. 밀루 언니가 살아 있을까? 어머니를 잃은 후에 언니마저 프랑스로 함께 돌아갈 수 없을지 모른다는 생각이 나를 괴롭혔다. 나는 힘을 내야 했다. 티푸스 증상 몇 가지를 느꼈지만 정신을 차렸다. 수용소에서 해방된 뒤에 의사가 진단하기로 나는 티푸스에 걸린 게 맞았으나 이후에 빠르게 회복했다.

베르겐벨젠은 4월 15일에 해방되었다. 수용소 내에 친위대원이 있었지만 영국군은 최소한의 저항조차 마주치지 않았다. 사실 독일과 영국은 2~3일 전에 협정을 맺은 상태였다. 티푸스의 위협이 독일인을 괴롭게 했기 때문이었다. 그러나 해방일은 이 길고 긴 시기 가운데 가장 슬픈 며칠 중 하루로 남아 있다. 그날 나는 외딴 건물에 있는 부엌에서 일을 하고 있었다. 영국인들은 도착하자마자 가시철사로 수용소를 둘러싸 고립시켰다. 그래서 나는 언니를 만날 수가 없었다. 언니와 함께 기쁨과 안도를 나눌 수 없었던 것은 추가적인 시련이었다. 우리는 떨어지지 않은 채 열세 달을 견뎠다. 그런데 있을 수 없는 행운이 찾아오고 악몽이 끝나던 바로 그날에 우리는 서로 떨어져 지내야 했던 것이다. 서로를 만나 얼싸안는 데까지는 하루가 더 필요했다.

우리는 해방되었지만 자유의 몸이 되지는 못했다. 수용소로 돌아오니 영국인들은 자신들의 눈앞에 펼쳐진 광경에 당황한 상태였다. 시체들이 무더기로 쌓여 있고 그 틈 어딘가에 뼈만 남은 생존자들이 있었다. 이 지옥도에는 전염병의 확산이라는 위협까지 더해진 상태였다. 수용소는 즉시 검역 처리 대상이 되었다. 전쟁은 아직 끝나지 않았고 연합군은 어떤 위생상의 위험도 짊어지고 싶어 하지 않았다.

영국인들은 티푸스를 막기 위해 가건물을 불태우고 우리를 친위대원들의 막사로 옮겼다. 그리고 모두가 잘 수 있도록 땅바닥에 추가 매트리스를 깔았다. 우리가 덮고 자던 이불은 독일인들이 쓰던 것이었으나 개의치 않았다. 우리가 보기에는 호화로운 사치품 같았기 때문이다! 그러나 영국인들은 군수식량만을 가지고 있었기 때문에 믿기지 않겠지만 기근은 계속되었고 우리는 병에 걸렸다. 책임자였던 영국인 장군은 이 상황에 너무나 질겁한 나머지 아무런 수단 없이 수용소를 지키느니 전투에 다시 나가겠다고 요청했다고 한다. 바깥으로 나가는 일은 금지되어 있었지만, 나는 명령을 어기고 주변 농장으로 가서 포로에서 풀려난 프랑스 군인들이 우리에게 가져다준 담배와 식량을 맞교환했다. 우리는 국적대로 다시 모였고, 프랑스 장교가 우리 신분을 확인했다. 몇 달 만에 처음으로 우리의 진짜 이름으로 불린 순간이었다. 우리는 더 이상 번호가 아니었다. 우리는 천천히 정체성을 되찾았으나, 프랑스 당국이 우리를 찾는 데 그리 서두르지 않았기 때문에 한 달을 더 그곳에서 보내야 했다. 풀려난 프랑스 군인들의 대부분은 우리를 이런 지경에 내버려두고 가는 데 유감을 표했으나 이윽고 비행기로 송환되었는데, 그중 의사 한 명은 우리의 건강을 지켜보겠다고 고집해 우리와 함께 남았다. 우리가 프랑스로 돌아갈 수 있을지 소식이 전해지지 않은 채 며칠이 흘렀고, 우리가 트럭을 타고 돌아가야 한다는 설명을 들었다. 이 소식은 치욕스러웠다. 당국은 군인을 실어 나를 비행기를 찾을 수는 있었어도 우리를 위해서는 그러지 않았다. 심지어 유대인 생존자의 수는 그리 많지도 않았다. 조국이 우리의 운명에는 별다른 주의를 기울이지 않는 것 같았다. 많은 동료들이 그렇게 말하곤 했다.

독일과 네덜란드 국경 사이에 위치한 숙박 시설로 향하는 데는 닷새가 걸렸다. 나는 그곳에서 기운을 차리고 건강을 되찾았지만 밀루 언니는 건강이 무척이나 나빠졌다. 모두가 조수석에는 언니가 앉아야 한다는 것을 두말없이 받아들일 정도였다. 중심부에 도착해서는 아우슈비츠에서 만났던 동료들과 재회했다. 수용소를 떠났던 이들 중에서는 베르겐벨젠이 아닌 라벤스브뤼크로 간 이들도 있었다. 한 소녀가 내게 이렇게 말했다. "너 시몬 자코브니? 라벤스브뤼크에서 네 언니 드니즈를 봤어." 이 말을 들은 내 얼굴을 보고 그는 내가 아무것도 모른다는 사실을 알아차렸다. 새로운 소식은 너무나 잔인했다. 우리는 항상 드니즈 언니가 수감되지 않기를 바랐다. 불시에 신경쇠약이 찾아오고 발작적으로 울음이 터져 나왔다. 해방 이후 라벤스브뤼크에 대해서 들은 이야기들은 너무나 고약했다. 최후의 순간에 총살을 당한 수감자들이 많다고들 했다. 그러나 이 소식은 근거가 없는 헛소문이었다. 라벤스브뤼크에서 다른 수용소보다 더 끔찍한 일이 일어난 것은 아니었다.

마침내 우리는 프랑스로 돌아왔다. 밀루 언니는 앰뷸런스에 실려 기차를 탔고, 기차 안에 마련된 의료 칸에 눕혀졌다. 우리는 발랑시엔을 거쳐 파리로 갔다. 다음날인 5월 23일, 베르겐벨젠에서 해방을 맞은 지 한 달 뒤 우리는 드디어 루테티아 호텔에 도착했다. 수감되었던 모든 이들이 모이는 곳이었다. 우리는 즉시 드니즈 언니의 이름을 찾았고 언니가 프랑스에 이미 도착했음을 알게 되었다. 언니는 마지막에 라벤스브뤼크에 있던 것이 아니라 마우트하우젠으로 옮겨졌다. 수용소가 해방된 후 수송대가 생존자와 병자들을 스위스를 지나 파리로 데려갔다. 마지막 며칠간을 제외하고는, 언니는 그나마 운이 좋게도 우리보다는 덜 비인간적인 대우를 받았다. 라벤스브뤼크에서의 생활 여건은 물론 끔찍하기는 했지만 유대인들이 겪던 다른 상황보다는 오히려 나았다. 학살을 목적으로 하지 않은 강제수용소였기 때문이었다. 게다가 라벤스브뤼크에서 드니즈 언니는 신문을 볼 수 있었다. 1년 넘게 연필도 종이도 책도 구경할 수 없었던 밀루 언니와 나와는 달랐다. 나는 심지어 해방 소식을 들었을 때 내가 앞으로 글을 읽을 수 있을지, 학교 공부를 따라갈 수 있을지 의문스러워했다.

연합군들은 수용소를 폭파시켰어야 했을까? 적의가 물러간 뒤 우리는 이 문제를 두고 이야기했지만 신기하게도 한 번도 답이 내려진 적이 없었다. 지나가듯 덧붙이는 말이지만, 나는 때로 높은 자리에 있는 이들이 나치가 일으킨 끔찍한 강제수용을 비난하기보다 루스벨트와 처칠의 '죄스러운' 기권에 손가락질을 하는 일에 더 많은 관심을 두는 것 같다는 인상을 받는다.

연합군의 전략적인 결정을 비판하는 일에는 단호함보다는 온건함이 요구된다. 가스실을 폭파하는 데 찬성하는 주장이 무척 많았지만, 나는 이 부분에서 말을 아끼고자 한다. 아우슈비츠에서 연합군이 작전을 실시했을 때, 그들은 큰 것을 얻어내지 못했다. 드니즈 언니는 종전이 끝나기 8일 전, 마우트하우젠에서 있었던 공군의 기습 공격으로부터 살아남았다. 7명의 다른 동료들과 함께 언니는 이전에 있었던 폭파로 망가진 철로를 치우고 있었다. 경보가 멈추었을 때 대피할 시간을 확보하지 못하는 바람에 그들 중 5명이 폭격으로 사망했다. 그러니 폭격은 비효율적이었던 동시에 치명적이었다는 두 가지 결론으로 동시에 수렴했다. 비효율적이었던 이유는 실제로 수용소의 책임자들을 우려스럽게 만들지 못했기 때문이고, 치명적이었던 것은 나치보다 수감자들을 더 많이 죽였기 때문이었다. 내 눈에는 이 주제를 두고 왈가왈부하는 것은 사건이 지나간 뒤 논쟁으로 치러야 할 비용도, 감수해야 할 위험도 없는 상황이 되었을 때, 탁상공론만을 즐기는 이들에게 먹잇감을 제공하는 것으로밖에 보이지 않는다.

개인적으로 나는 연합군이 적대의 종식을 최우선 과제로 삼을 만했다고 생각한다. 만일 수용소에 대한 정보가 누설되었다면 여론은 그들을 해방시키라는 압력을 가했을 것이고, 이미 어렵게 이루어진 연합군의 진군이 더 늦어졌을 것이다. 첩보 기관이 독일의 신무기에 대한 정보를 입수한 참이었다. 어떤 참모도 나치 독일의 몰락을 늦출 위험을 감수할 수는 없었다. 연합군 당국은 침묵과 효율성을 택했다. 수용소에서 일어나는 일을 가장 잘 알고 있던 미국과 무척이나 보호주의적인 미국계 유대인 공동체 역시 망명자가 쏟아져 들어올 것을 두려워하면서 별다른 의사표명을 하지 않았다.

더욱이 나는 연합군의 침묵에 대해, 악의 평범성이나 집단적 책임을 말하는 한나 아렌트와 같은 지식인 마초이스트들과는 달리 부정적인 의견을 갖고 있지 않다. 이들의 비관주의는 나를 거북하게 만든다. 나는 심지어 이것이 손쉬운 속임수라고도 생각하는데, 누구에게나 죄가 있다는 말은 누구에게도 죄가 없다는 뜻이기 때문이다. 이는 자신의 나라를 살리기 위한 방편을 백방으로 찾기 위해, 나치의 책임을 보편적 책임에 녹여내어 더 이상 아무런 의미도 갖지 못하는 비인격성을 부여하고자 했던 절박한 독일인이 찾아낸 해결책이다. 양심의 가책이 일반화되면 개인적으로는 선한 마음을 가졌다는 이유로 스스로를 용서한다. '내게는 책임이 없어. 모두가 그렇듯이.' 수많은 저서에서 역사의 비극이 닥쳐올 때마다 모두가 죄인이며 책임자이기 때문에 누구도 어떤 것도 할 수 없었고, 인간의 야만성에서 예외란 존재할 수 없었다고 주장하는 이를 상징적인 인물로 추대해야 할까? 그렇게 생각하지 않는다. 특히나 아이히만 재판에 대해서 아렌트가 남긴 말에 대해 생각해보면 더더욱 그렇다.

악의 평범성을 신봉하는 이들의 기본적인 비관주의를 무너뜨리는 것은 우선적으로 그들 자신의 비겁함인 동시에 당시 의인들이 무릅썼던 위험이다. 이들은 어떤 것도 기대하지 않았고, 오히려 일이 어떻게 흘러가는지 몰랐으면서도 자신이 알지 못하던 사이인 유대인들을 돕기 위해 모든 위험을 감수했다. 그들의 행위는 악의 평범성이란 존재하지 않음을 입증해주었다. 의인들의 공로란 우리가 그들에게 진 빚만큼이나 실로 어마어마하다. 어떤 개인들을 구함으로써 그들은 인간됨의 원대한 크기를 증언해주었다.

어딘가에서 수용소 내부에서 사람들이 잘못된 행동을 일삼았다는 구절을 읽을 때면 나는 즉시 덤벼든다. 신만이 우리가 어떤 조건에서 살아남았는지, 우리의 일상이 얼마나 참혹했는지 아시리라(사실은 신도 몰랐으리라 생각한다). 자기 자신의 목숨을 구하고, 쓰러져 다시는 일어날 수 없는 이웃의 시체를 보고도 휩쓸려버리지 않는 것을 잘못된 행동이라는 말로 일컬을 수 없다. 이와는 반대로, 고통 속에서 사람들을 이어준 연대에 대한 공산주의자의 연설 역시 내게 과하게 느껴지기는 마찬가지다. 이런 연대는 분명 존재했지만 특정한 공산주의자들에게만 존재했었다. 아우슈비츠로 향하던 한 공산주의자 차량에 탑승했던 여성이 이 주제에 대해서 흥미로운 이야기를 남겼는데, 책 속에서 그는 공산주의자들이 관리자격 인물을 구해내는 일을 중요하게 여기던 모습에 얼마나 충격을 받았는지 서술했다. 마르슬린 로히당과 나는 어느 날 비르케나우에서 어떤 프랑스 공산주의자들과 이야기를 하려다가 '더러운 유대인'이라는 모욕을 당한 적도 있었다!

수용소에서 돌아와서 우리는 무례할 뿐 아니라 심지어 불쾌한 말들을 들었다. 쉬운 판단들과 지정학적인 분석은 성급할 뿐 아니라 속이 비어 있었다. 그러나 듣기를 원치 않았던 말을 듣는 것만이 끝이 아니었다. 우리는 마치 투명인간이라도 된 양 우리를 노골적으로 바라보는 시선까지 감당해야 했다. 사람들이 얼마나 많이 이렇게 말했는지 모른다. "잠깐만, 그들이 돌아왔다고? 그렇다면 그렇게까지 나쁜 상황은 아니었다는 거잖아." 1950년인지 1951년인지에 대사관에서 초청을 받은 적이 있다. 그때 만난 한 프랑스 고위 공무원은 내 팔뚝에 새겨진 수형번호를 손으로 가리키면서 그것이 내 사물함 번호였냐고 물었다. 그 일이 있고 나서 몇 년 동안 나는 소매가 긴 옷만을 입었다.

더 일반적으로 말해보아도, 전후 시기에 사람들은 끔찍한 말들을 내뱉었다. 우리는 누군가가 드러냈던 비굴한 반유대주의를 잊었다. 냉소주의는 내 성미에 맞지 않지만 1945년부터 나는 모든 환상을 벗어 던졌다. 영화, 증언, 이야기가 쏟아져 나왔음에도 불구하고, 쇼아*는 절대적인 구체성을 띠며 차마 다가갈 수 없는 현상으로 남았다.

1959년에 나는 법무부 소속 교정행정국 법관이었다. 국장이 어느 날 한 은퇴한 법관에게 가석방 위원회를 주재해달라는 부탁을 받았다. 그는 받아들였지만 자리를 옮길 시간이 없었기 때문에 자기 대신 다른 법관을 보내겠다고 전했다. 그 사람은 나였다. 푸아티에 법원의 법원장은 이렇게 답했다. "뭐? 여자에 유대인? 그럼 받아들일 수 없네!" 다른 예도 있다. 몇 년이 지나 민사국으로 발령이 난 나는 충격적인 결정을 알게 되었다. 폴란드계 유대인 여성과 프랑스인 남성 간에 일어난 이혼 사건이었다. 남성에게 열대여섯 살 난 딸의 양육권이 주어진 재판의 판결문은 다음과 같이 시작했다. "부인이 폴란드계 유대인이며 남편이 가톨릭임을 고려하여……." 이 판결문은 당시 법조계에서 유명하던 법관의 서명을 받았다. 법무부 장관이던 장 푸아이에는 이 걸작을 보고 경악하여 징계를 내렸다.

이것은 수감자들이 본국으로 송환된 뒤 몇 년간 겪어야 했던 일의 몇 가지 일화들이다. 오랫동안 이들은 고통받았다. 같은 나라의

---

* 홀로코스트의 히브리어.

국민들은 우리가 결코 우리와 우리의 삶에서 떼어낼 수 없는 사건을 잊기 위해서 온 노력을 기울였다. 우리는 말하고 싶었으나 그들은 우리의 말을 듣지 않았다. 밀루 언니와 내가 돌아왔을 때 내가 느꼈던 심정도 그랬다. 누구도 우리가 어떤 상황에서 살아 돌아왔는지 알고 싶어 하지 않았다. 반면 드니즈 언니는 레지스탕스라는 영예와 함께 귀국했으므로 몇 차례 강연을 맡았다.

그렇기는 하지만 전후 초기 몇 년을 다룬 중요한 책들이 여러 권 나와 있다. 이 책들을 통해 모두가 사실을 이해하고 그 사실이 지니는 의미를 분석할 수 있어야 한다. 나는 관련된 책들을 많이 읽었다. 여기에 그것을 전부 인용할 수는 없지만, 그중에 프리모 레비의 『이것이 인간인가』가 있다. 나는 이 책이 1947년에 출간되자마자 무척 빠르게 읽고 이렇게 말했다. "어떻게 이런 책을 이렇게 빠르게 쓸 수 있지?" 그가 남긴 업적은 여전히 내게 불가사의하게 남아 있다. 프리모 레비는 즉각적으로 완전한 명료함에 다다랐으나 이 명료함은 그를 자살로 몰고 갔다는 점에서 비극적이기도 했다. 제르멘 티용의 『라벤스브뤼크』와 같은 해에 출간된 로베르 앙텔므의 역작 『인류』도 있고, 다비드 루세의 『집단수용소라는 세계』, 『우리의 죽음의 나날들』 역시도 엄청난 작품이다. 1948년쯤 다비드 루세는 내게 엄청난 감명을 준 책, 『광대는 웃지 않는다』를 출간했다. 저자들은 각자의 방식대로 이 사건을 경험하고, 각자 특별한 운명을 살아냈다. 그들의 증언은 무척이나 중요하고, 그들의 저서는 엄청난 성공을 거두었다. 그럼에도 우리는 주변에서 이름은 없지만 우리의 삶을 영원히 고통스럽게 만드는 배척을 경험하며 살았다.

폴란드의 게토를 다룬 이야기들도 생각난다. 이야기 속에서 우리는 몇 달 동안 주민들을 짓눌렀던 불안의 무게와, 끔찍한 삶의 조건들과, 피할 수 없던 비관주의와, 그럼에도 존재했던 결속과 상호 간의 도움을 살펴볼 수 있다. 엑소더스의 비극*은 처음에는 책으로, 나중에는 영화로 다루어졌고, 넓은 범위의 대중에게 다가가고자 했던 만큼 많은 이들에게 새로운 발견을 가능하게 해주었다. 이야기 속에서는 강제수용, 수용소, 유대인이라는 현상을 마주한 서구의 위대한 민주주의가 느낀 거북함이 자세히 묘사되어 있다. 나는 이 이야기를 일반 소설을 읽듯 읽었지만 무척이나 흥미롭게 여겼다. 충격적인 사실은 담겨 있지 않았지만 감정은 강력했다. 책을 읽으면서 다음과 같은 질문이 떠올랐다. 영국인들이 발포까지 할 수 있었던, 상륙을 허락받지 못한 이 사람들은 어떻게 되었을까? 당시에 나는 이스라엘에 대해서 거의 몰랐지만 연구를 하던 동료들이 말해주었다. 특히 많은 폴란드인과 슬로바키아인들이 그곳에 가서 살고 싶다는 희망을 품었다. 무척이나 감동적이었다.

강제수용에 대해 너무 많이 말하는 쪽이든 너무 말하지 않는 쪽이든, 좋은 방편을 찾기는 어렵다. 많은 이들은 너무 많이 상처를 받

---

* 2차 세계대전 중 활동했던 유대인 지하 민병조직 하가나는 홀로코스트에서 살아남은 유대인 생존자 4,500여 명을 엑소더스호에 태워 팔레스타인으로 이주시키고자 했다. 그러나 팔레스타인 내 유대인 유입을 통제하던 영국 해군이 상륙을 막으려 하자 엑소더스호가 저지선을 돌파하려 시도하면서 충돌이 일어났다. 이 배에 탔던 유대인들 중 3명이 사망하고 수십 명이 부상당했으며, 모두 팔레스타인 땅은 밟아보지 못하고 독일로 이송되었다.

아 그에 대해 절대 이야기하지 않는다. 나의 아들은 어느 날 내게 친구와 강제수용되었던 어머니들의 이야기를 하다가, 친구가 눈물을 터뜨리며 이렇게 고백하더라고 전해주었다. "우리 어머니는 절대 말하지 않으셨어." 이 침묵은 내게 불가해하게 남아 있다. 나의 시부모님 역시도 우리가 강제수용에 대해서 이야기하는 것을 견디지 못했다. 남편과 내 아들 역시 그랬다. 내가 앞서 언급한 책들을 예로 들자면, 남편은 그 책 내용을 궁금해하지 않았다. 내가 그 책들을 읽는 것조차 견디지 못했다. 신혼 시절에, 언니들과 이전의 기억을 이야기하면 그가 나타나서 말을 끊고 다른 이야기를 했는데 그게 그가 자신을 보호하는 방법이었다. 그러나 그 방법은 내 편에서도 견디기 어려운 것이었다.

쇼아에 대해 말한다면 어떻게 말할 것이며, 말하지 않는다면 왜 말하지 않는가? 이는 영원한 문제다. 이스라엘 소설가 아하론 아펠펠트는 여러 편의 경이로운 소설을 썼는데, 특히나 『인생 이야기』에서 그는 열 살 되던 해에 수용소를 탈출해 우크라이나 숲에서 3년간 숨어 있던 이야기를 한다. 그는 이스라엘어로 한 연설 세 편을 출간하기도 했다. 홀로코스트를 피해자들이 절대로 빠져나올 수 없는 것으로 분석하는 놀라운 책이다. 그의 연설에서 나는 우리가 이 기억과 함께 영원히 살아가리라는 것을 깨달았다. 누군가는 언급하기를 꺼려하는가 하면 다른 이들은 말할 필요를 느낀다. 어느 쪽이든 모두 그것과 함께 살아간다.

아펠펠트는 우리가 왜 이 기억을 던져버리지 못하는지 그 이유를 설명한다. 그 끔찍한 이유란 수감자와 레지스탕스를 구분 짓는 기준이다. 레지스탕스는 영웅의 위치에 놓인 이들이다. 이들의 전투는 그들이 수감되었던 시절마저도 영광으로 감싸놓는다. 이들은 운명을 선택했다. 그러나 우리는 아무것도 선택하지 못했다. 우리는 그저 수치스러운 피해자이며 문신이 새겨진 짐승들에 지나지 않는다. 그러니 이 기억과 함께 살아가야 하고 다른 이들은 이 사실을 받아들여야 한다.

우리가 홀로코스트에 대해서 말하고, 쓰고, 찍는 모든 행위는 아무것도 몰아낼 수 없다. 쇼아는 여전히 어디에나 존재한다. 어떤 것도 지울 수 없다. 차량, 노역, 감금, 막사, 병, 추위, 수면부족, 배고픔, 모욕, 실추된 명예, 주먹질, 고함소리……. 어떤 것도 잊힐 수 없고 잊혀서는 안 된다. 그러나 이 모든 참상을 넘어 중요한 건 오직 죽음이다. 아이들, 여자들, 노인들, 습진에 걸리고, 절뚝거리고, 낯빛이 좋지 않았던 이들이 들어가야 했던 가스실, 그리고 천천히 죽어간 다른 이들. 추방되었던 7만 8천여 명의 프랑스계 유대인 중에서 오직 2,500명이 살아남았다. 그런 일을 벌인 것은 쇼아뿐이었다. 비르케나우 화장터에서 느꼈던 분위기, 풍기던 악취, 내가 보았던 연기를 나는 결코 잊을 수 없다. 독일과 폴란드 평원의 헐벗은 공터에는 이제 침묵만이 길게 늘어져 있다. 그것은 망각이 감히 채울 수 없는 공백이 지닌 둔중한 무게다. 살아남은 이들은 그때의 기억을 언제까지나 가져갈 것이다.

4

그래도 인생은 계속된다

전쟁은 끝났다. 언니들과 나는 살아남았다. 그러나 다른 이들처럼 우리 가족 역시 나치의 광기 때문에 무거운 대가를 치러야 했다. 우리는 아버지와 오빠를 볼 수 없다는 것을 빠르게 깨달았다. 어머니는 병을 감당하지 못했다. 뼈만 남았던 밀루 언니는 부스럼을 앓고 티푸스 때문에 몸이 쇠잔해졌다. 드니즈 언니와 내가 그나마 제법 몸이 덜 상한 채로 프랑스에 돌아왔다. 우리 집은 망가져 버렸으나 우리는 젊었다. 우리에게는 재건해야 할 삶이 있었다.

이내 바이즈만 이모와 이모부가 우리를 맞아주었다. 그들은 해방을 맞아 스위스에서 돌아와 독일인이 약탈했던 집을 찾았다. 그들의 스무 살 난 아들 앙드레는 이공과대학에 다니다가 부활절 방학을 맞아 집에 돌아오려다 카를스루에에서 살해당했다. 이 모든 것이 무거운 슬픔을 자아냈다. 우리는 할 수 있는 한 서로를 위로하며 밀루 언니를 살려내는 데 전념했다. 이모와 이모부는 언니를 입원시키기를 머뭇거렸다. 이모부는 병원의 일반의였기 때문에 조카에게 해줄 수 있는 치료가 무엇인지 잘 알고 있었다. 적절한 치료와 영양 보충을 하고 언니가 고립되어 쇠약해지지 않도록 이모부는 언니를 집에 두기로 했다. 이모부는 가능한 최선의 치료를 해주었고 언니는 천천히 기운을 차렸다. 당시 많은 수감자들은 티푸스 때문에 살아남지 못했다. 그 해 내내, 한 친구가 밀루 언니에게 브리 농장에서 나는 우유, 버터, 야채와 같은 신선한 식재료를 구해다 주었다.

드니즈 언니는 언제나처럼 독립적이었기 때문에 안시와 리옹 부근에서 연결망 내에 있던 동료를 찾아 빠르게 떠났다. 나는 밀루 언니를 보살피며 밖에 거의 나가지 않았다. 우선은 내가 외출할 생각이 없기 때문이기도 했고, 나중에 몇 번 되지 않는 대화에 참여해보니 사람들은 우리가 겪은 일을 거의 알고 싶어 하지 않기 때문이었다. 우리가 돌아온 것에 놀라지 않는 사람들이 있다고는 해도, 이들을 만난다는 것은 파렴치한 언설을 견뎌야 한다는 뜻이기도 했다. 몰이해와 비난을 겪어내는 일은 고통스러웠다. 그리고 바이즈만 가족 내의 분위기는 어두웠다. 이모는 사랑하던 언니와 자신이 희망을 걸었던 아들을 잃은 슬픔을 견딜 수 없어 했다. 이모는 자신이 쏟던 애정을 내게로 돌렸다. 니스에 살고 계셨고 체포를 피했던 할머니는 우리를 파리에서 다시 만났다. 할머니는 이 불행을 사촌이 갓 낳았던 증손녀를 예뻐하며 위로하고자 했다.

내 경우 귀환 이후 몇 주간의 기억이 불명확하게 남아 있다. 간단한 실생활에서조차 원래의 리듬을 찾기란 어려운 일이었다. 예를 들어서, 나는 침대에서 자던 버릇을 잃어버려서 한 달간 바닥에서 자야 했다. 게다가 다른 이들과 관계 맺는 일도 문제를 일으켰다. 나는 6월이 되자마자 친구들을 보러 니스를 찾았지만, 내 삶이 더 이상 니스에 없다는 것을 깨닫고 금세 돌아왔다. 파리에서, 적은 기회나마 어딘가에 초대되면 압도당하는 기분이 들었다. 그래서 커튼 뒤에나 창가에 숨어 아무에게도 말을 걸지 않았다. 모든 것이 내게 너무나 비현실적으로 느껴졌다. 이런 감각은 몇 년이나 계속되었고 신혼 초기에도 비슷한 기분을 느꼈다.

나는 수감 생활을 함께 한 동료들을 만났다. 그들 중 두 명은 보브렉의 공산주의자였다. 드랑시에 머물렀던 이들의 이야기는 주목할 만한 데가 있다. 한 친구의 남편은 나치 독일 점령 동안 총살을 당했고, 친구는 다른 공산주의자와 함께 붙잡혔다. 베르겐벨젠에서 그는 폴란드계 프랑스인 보석 세공사를 알게 되었다. 그 역시 공산주의자이자 젊은 파리지앵이었다. 그는 아우슈비츠에서 부인과 네 아이를 잃었어도 유머러스하고 다감한 구석이 있었다. 전쟁이 끝나고 그는 드랑시에서 이 두 친구를 재워주었다. 남편을 잃은 친구는 딸을 키웠고, 다른 친구는 의류업에서 일하던 남편과 세 아이를 다시 만났다. 보석 세공사의 이층집에서 만난 이들은 몇 년간 공동체 생활을 했다. 공산주의적 신념을 공통적으로 가지고 있었기 때문이기도 하고, 그들이 지나온 기억 때문이기도 했다. 이들은 무척 좋은 사람들이었기에 나는 종종 이들을 만나러 갔다. 나는 수용소에서의 이야기를 해야 했고 오직 그들과만 이야기를 할 수 있었다. 아이들이 자라고 공동체는 흩어졌지만, 두 친구 중 한 명은 몇 년 전 숨을 거둘 때까지 드랑시에서 살았다. 그 친구는 나보다 나이가 훨씬 많았지만 우리의 우정은 절대 식은 적이 없었다.

여름이 왔다. 라벤스브뤼크에서부터 제네비에브 드골*과 연결되어 있던 드니즈 언니는 내게 스위스 니옹에서 8월 한 달을 보내라고 했다. 수감자였던 이들이 쓸 수 있는 호수 근처 별장에서 건강을 회복할 수 있으리라는 것이었다. 반가운 초대였기에 나는 주저 없이 그것을 받아들였다. 그러나 불행하게도 스위스인들은 프랑스인들보다도 더 무슨 일이 일어났는지 이해하지 못했다. 주변 공기는 무거웠다. 게다가 나는 갓 열여덟 살이 되어 제일 어렸기에 혈기왕성한 레지스탕스들에게 둘러싸여서 질문 공세를 받아야 했다. 그들은 분별없는 질문을 던졌다. "정말 친위대원들이 개를 데리고 여자들을 임신시켰어?" 일상의 모든 부분이 나를 숨 막히게 했다. 예를 들어서 별장은 개신교인들이 운영하고 있었기 때문에 식사 전에 기도를 해야 했다. 별장의 주인인 여성들은 우리에게 일어난 일 때문에 삶이 어려워질 것이라 예견하고, 일을 하기 위해서 타자나 영어를 배우라고 권해주었다. 갓 지옥에서 탈출한 모든 나이대의 여성들을 향해 주어진 이런 조언은 때로 부적절하고 때로 우스꽝스러웠다. 어느 날 저녁, 우리는 동료들과 춤을 추러 갔다 왔다. 문은 밤 10시

---

*　레지스탕스 운동가로 샤를 드골의 조카.

에 잠겼고, 우리는 15분 늦게 돌아왔다는 이유로 열두 살 짜리에게 하듯 꾸중을 들었다. 이렇게 엄격하고 우리를 어린애 취급하는 도덕주의를 내가 얼마나 싫어했는지 굳이 말할 필요도 없을 것이다.

어느 날, 걸칠 게 없었던 나는 별장 관리인의 옷장을 열어 보았다. 한 여성이 내게 가까이 오더니 내가 막 꺼낸 옷을 보면서 이렇게 말했다. "내 딸 옷이라 잘 알아보겠네!" 자선의 개념이 참으로 이상했다. 나는 한 마디 말도 하지 않고 옷을 제자리에 가져다 놓고, 로맹 롤랑의 소설을 떠올렸다. 부르주아 가족의 아이들이 자신들이 물려준 오래된 반바지를 입은 하녀의 어린 아들을 놀리는 대목이었다. 전부 다 기상천외하고 모욕적이었다. 너른 날개 밑에 우리를 품어주었던 다른 후원자들이 우리에게 얼마나 너그러웠는지 생각하면서 그들에게 무한한 감사를 느꼈다.

어떤 날에는 실제로 그때 쓰였던 말 그대로 '허락'을 받아 로잔에 갔다. 하지만 혼자 갈 수 없었다. 로잔에 있는 한 가족이 우리를 데리러 와서, 고역스럽게도 안내를 받으며 가게를 돌아다녀야 했다. 그때마다 우리가 겪은 일에 대한 부적절한 질문이 쏟아졌다. 그때 레지스탕스 수감자였던 오데트 모로가 진열대에 놓인 멋진 빨간 가방을 보고 사고 싶어 하자 샤프롱이 퉁명스럽게 이렇게 대답했다. "가방을 왜 두 개나 가지려고?"

다행히 제네바에 살던 사촌이 나를 초대했다. 스피레 가족의 친절은 다른 모든 것과는 달랐다. 그 집의 네 딸들과 함께 우리는 제네바의 상점을 거덜내다시피 했다. 모든 것을 잊을 만큼 행복이 차올랐다. 관대한 그들 덕에 나는 프랑스에서는 아무것도 없던 시절이었음에도 언니들과 내 옷을 살 수 있었다. 그러나 이 이야기의 결말은 그렇게 유쾌하지만은 않다. 며칠 뒤 국경을 넘었을 때, 나는 골칫거리를 안게 되었다. 조그마한 고급 손목시계와 새 신발 한 쌍 때문에 수입세로 500프랑을 내야 했던 것이다. 내게 돈이 더 이상 한 푼도 없다고 설명하고 수감자 카드를 보여주며 세관원에게 나와 언니의 사정을 설명했지만, 질투심 많은 공무원들은 유연하게 굴지 않았다. 규칙은 규칙이라는 것이었다. 처음부터 끝까지 스위스에서의 여정은 불유쾌한 기억으로 남아 있다.

수용소에서 돌아오고 나서, 나는 체포되기 직전인 1944년 3월에 쳤던 바칼로레아 시험에서 통과했음을 알게 되었다. 이 모든 게 비현실적으로 느껴지지만 이 소식은 즐거웠다. 그리고 밀루 언니와 나의 머릿속에 떠돌던 질문에 대한 답의 첫머리가 되었다. 우리는 이제 무엇을 해야 할지 고민하고 있었다. 공부를 시작할까, 아니면 곧장 생계를 꾸리기 위한 일을 해야 할까? 드니즈 언니는 이미 이 문제를 해결했다. 이모와 이모부에게 얹혀살고 싶지 않았던 드니즈 언니는 스물두 살부터 이미 독립을 선언하고 친구들과 함께 살면서 런던에서 일했다. 우리에게는 여전히 이 문제가 떠올랐는데, 어머니가 우리에게 '진짜 직업'을 가져야 할 필요성을 항상 강조했기 때문이었다. 우리는 어머니가 공부를 마치지 못하고 남편에게 경제적으로 의존하면서 상처 입은 모습을 보았기에 똑같은 운명을 따라가고 싶지 않았다. 어머니의 명령은 여전히 귓가에 맴돈다. "진짜 직업

을 찾으려면 공부해야 한다." 바이즈만 이모부와 이모 역시 우리의
숙식을 보장해주면서 공부를 하도록 격려했다. 이보다 더 너그러울
수가 없었다. 우리는 장학금을 받으며 공부를 시작했다.

나는 항상 머릿속에 법을 공부해서 변호사가 되겠다는 목표가
있었다. 스위스에서 돌아온 뒤에 나는 별다른 문제없이 법학과에
등록했다. 그리고 주변에서 정치과학대학을 이어받아 신설된 파리
정치대학(시앙스포)에 대해서 이야기하는 것을 듣고, 생 기욤 가로
직접 가보았다. 나는 공부에 대한 강렬한 욕망과 스스로를 돌볼 필
요를 동시에 느꼈다. 나는 여학생들에게만 요구되는 입학시험이 이
미 치러졌지만, 내 사정을 고려해 전쟁 동안 문제를 겪었던 학생들
을 따로 모아둔 강의를 들을 수 있도록 허락해주겠다는 소식을 들
었다. 반에는 부모가 수감되거나, 전쟁 포로거나, 영국이나 프랑스
에서 레지스탕스였던 학생들이 있었다. 전부 다 강력하고 특별한
이야기를 가진 이들이었는데도 그들은 나를 마치 외계인 보듯 바라
보았다. 나는 수감자였을 뿐만 아니라 여학생이었기 때문이다!

나는 시앙스포에 빠르게 적응했지만 법학과에는 거의 드나들지
못했다. 당시 모든 이들이 그러하듯이 유인물을 가지고 공부하느라
바빴기 때문이었다. 학교에서는 다양한 배경에서 풍부한 경험을 가
진 이들의 강의를 듣는 것에 열정을 느꼈다. 대부분의 교수들은 전
쟁 때 갖가지 이유로 잃어야 했던 자리에 막 복귀한 참이었다. 이들
중에는 미셸 드 부아시유라는 남성이 있었는데, 그의 강의를 들으
며 곧장 강한 흥미를 느꼈다. 그는 무척이나 위풍당당했다. 전쟁 직

전 고등사범학교 시험을 통과한 그는 프랑스 회계감사원에 있었다. 휴전 이후에 몽펠리에로 돌아온 그는 유대인 지위가 인정된 바로 그날 카헨 양과 공개적으로 결혼을 하고 온 세상에 그 소식을 알렸다. 그리고 그는 피에르앙리 테이트겐*의 태도에 반해 레지스탕스에 합류했다. 그가 삶에서 겪은 이 경험은 그의 교육을 더 풍부하게 만들어주었다. 나와 같은 많은 학생들이 그가 학교 바깥에서 전해준 가르침에 매료되었다. 그의 수업을 열정적으로 들은 덕분에 그 시절이 행복하고 강렬한 경험으로 남았다. 미셸 드 부아시유는 나뿐 아니라 남편에게도 중요한 인물로 남았는데, 그가 남편에게 직업을 주선해주었기 때문이다. 우연히도 그는 그의 부인과 함께 나와 남편이 사는 건물 위층에 살았다. 그들은 우리의 가장 오래되고 절친한 친구였다.

학교 밖을 나서면 나는 시앙스포 학생들과 거리를 두었다. 당시 학생들은 카페로 가거나 생 제르맹 데 프레에 있는 지하 클럽에 가곤 했다. 나는 아버지의 비극적인 죽음에 크게 영향을 받고 있던 클로드 피에르브로솔레트나 미셸 골데, 장 프랑수아퐁세, 마크 알렉상드르와 같은 동료들과 소규모로 어울렸다. 그들이 아니면 나는 감히 내게 말을 붙이지 못하는 이들과 딱히 어울리지 않았다. 그들은 내가 어떤 삶을 살아왔는지 분명 묻고 싶어 했다. 내가 강의 초반이 지나간 뒤에 합류했기 때문에 그들은 모두 내가 수감자라는 사실을 알고 있었다. 하지만 나는 스위스에서 이미 한 차례 겪었던 종

---

* 1908~1997. 주요한 레지스탕스 운동가로 변호사, 교수, 정치인을 지냈다.

류의 말들을 두려워하고 있었다.

　그리고 나는 정치적인 토론을 그리 즐기지 않았다. 토론의 강도가 학교라는 장소를 떠올릴 때 일어나는 강도보다 훨씬 덜했음에도 그랬다. 일반적으로 강의 중에 토론이 시작된다 해도, 동료들은 별다른 의견을 꺼내지 않았다. 아직 치유되지 않은 상처가 너무나 많았다. 교수들 역시도 비슷하게 신중한 태도를 유지했다. 페탱주의자였던 이들이나 고전적인 우파들은 꼬리를 내렸다. 눈부신 지식인이자 엄격한 교육자였던 우리의 역사 교수, 피에르 르누뱅이 좌파가 아님을 우리 모두 알았지만(이렇게가 우리가 말할 수 있는 최소한이었다) 모두 역사학자로서의 그의 엄밀함을 존중했다. 프랑스가 부역자와 레지스탕스라는 양쪽으로 나뉘어 골이 패인 상황은 무의미한 논쟁을 불러일으키면서 사람들의 상처를 후벼 팠다. 내가 당시 토론에 대해 간직하고 있는 얼마 되지 않는 기억 중에 하나는 정교분리(라이시테)에 대한 것이었다. 공화국을 재건하던 시기에, 우리 교수들이 우리에게 당시에는 지금보다 훨씬 더 엄격하고 고고한 이념이던 정교분리를 가르치는 방식에 놀랐다. 예를 들어서 당시에는 1905년 법이 내리막길을 걷게 되리라고는 아무도 감히 생각하지 못했다. 프랑스는 페탱주의에서 벗어나고 있었고, 제3공화국의 정교분리 원칙은 의미를 되찾아가고 있었다.*

＊　1870년 프로이센-프랑스 전쟁에서 패한 나폴레옹 3세 황제를 폐위하고 수립된 제3공화국은 1940년까지 존속했다. 1894년 유대인 출신 장교 알프레드 드레퓌스가 독일에 군사기밀을 유출했다는 혐의로 체포되어 종신형을 선고받는 사건이 일어난다. 민족주의가 발흥하며 반유대주의가 팽배했던 당시 사회 분위기 때문이었다. 이후 진범이 잡히기는 하

어쨌든 간에 나는 대학 공부를 시작하던 무렵에 대해서 좋은 기억을 가지고 있다. 삶은 제 흐름을 따라갔다. 저녁에 나는 책을 많이 읽었다. 즐거움을 위해서이기도 했고 학교 공부 때문이기도 했다. 사람은 여전히 덜 만났는데, 수용소 동료들이 각자 다른 여정을 향해 흩어졌기 때문이었다. 어떤 이들은 공산당과 같이 무척이나 정치적인 노선을 따랐다. 다른 이들은 파리를 떠나 다른 지역으로 갔다. 어떤 이들, 특히 남성들은 일을 하면서 공부를 했다. 대다수가 가족을 잃었기 때문에 많은 이들이 경제활동에 곧장 맹렬히 뛰어들어야 했다. 재앙에서 살아남은 이들은 자신을 나쁘게 대한 사회에 설욕을 하고 싶어 했다.

비록 당시에 유대인 공동체에 거의 드나들지 않았지만, 나는 유대인 공동체가 쇼아로 망가진 가족들이 바라는 물질적이거나 정신적인 원조를 해줄 수 없으리라는 마음을 갖고 있었다. 다만 유대인 아동 원조 단체가 나치 점령기와 그 이후에 부헨발트 생존자 아동이나 수감자였던 부모가 사망해 고아가 된 아이들을 효율적이고도 적극적으로 돌보고 있었음을 알게 되었다. 수용소에서 살아남은 많

였으나 프랑스는 자유주의적 지식인, 사회당 등과 교회, 군부 등 두 쪽으로 나뉘어 갈등의 골이 깊어졌다. 이 사건의 영향으로 1905년 라이시테laïcité법이 제정되었다. 사적인 영역에서 종교의 자유를 보장하되 공적인 영역에서는 종교의 자리를 엄격히 배제한다는 것으로, '프랑스 공화국은 비종교적 국가'라는 프랑스 헌법 1조에도 이 내용이 반영되어 있다. 1940년 필리프 페탱이 나치 독일에 굴복하여 괴뢰국 비시정부의 수반이 됨으로써 제3공화국은 끝이 났으며, 이후 독일의 유대인 절멸 정책에 협력하며 라이시테 원칙을 크게 훼손시켰다.

은 아동들은 완전한 고독과 어려움으로 점철된 시기를 살아가고 있었고, 성인은 집이나 일자리 문제를 겪고 있었다. 주변의 도움을 받지도 못하고 사회에 자리를 잡기 어려운 상태였다. 나는 공동체가 이들을 도우려 손을 내밀었다고 생각하지 않는다. 많은 이들은 고립되고, 무시되고, 궁핍한 상태였다.

송환된 뒤에 아우슈비츠 모임이 만들어졌다는 소식을 듣고 모임을 통해서 당시 동료들을 만나볼 수 있으리라는 생각에 그곳을 찾아갔다. 그러나 나는 그 모임이 공산주의자들의 차지가 되었음을 금세 알게 되었다. 모임은 약 10여 년 동안, 마리클로드 바이양쿠튀리에*가 살아 있는 동안 계속해서 그렇게 유지되었다. 모임의 책임자들은 공산주의자가 아닌 몇몇 이들을 모아 이 단체가 보편적인 연대로 이루어진 듯한 인상을 주도록 했다. 그러나 그 인상이란 그렇게 믿고 싶어 하는 이들에게만 적용되는 것이었다. 당시에 나는 특별히 정치적인 신념을 가지고 있지는 않았지만, 내가 공산주의자가 아님은 알고 있었기에 한 번 모임에 갔다 오고 나서 두 번은 가지 않았다.

내 첫 번째 정치적 경험은 공산주의에 대한 거부였다. 이 거부란 다른 이들처럼 집안 전통에 반하면서 나타난 것은 아니었다. 아버지를 제외하고 내 주변은 대체로 좌파였다. 어머니는 이모와는 다르게 공산주의자와 가까이 한 적이 없었다. 나는 전쟁 동안 레지스탕스나 공산주의자에 대해 특별한 의견을 가지고 있지 않았다. 수

---

* 1912~1996. 레지스탕스 일원이었던 프랑스의 정치가이자 코뮤니스트.

용소에서 돌아왔을 때, 그리고 보브렉에서 알게 되고 드랑시의 작은 집에서 만나던 두 명의 여성들과 우정을 쌓기는 했지만, 나는 공산주의자들의 스탈린식 파벌주의에는 우려를 표했다. 나는 그것을 견딜 수 없었고 지금도 여전히 그렇다.

사순절 방학이 다가오자 미셸 골데는 내게 자신의 다른 학교 친구인 앙투안 베유와 스키를 타러 가자고 제안했다. 몇 년 만에 처음 맞는 방학이었으므로 그 제안을 즐거이 수락하고, 앙투안의 부모님이 살았던 그르노블에 샀다. 그리고 나는 내가 잃어버린 일부를 떠올리게 하는 멋진 가족의 모습을 보았다. 베유 가족은 자코브 가족과 같은 사회문화적 배경을 가지고 있었다. 세속 유대인이고 소양이 풍부하며, 프랑스를 사랑하고 프랑스의 유대인 동화에 빚을 진 마음을 가지고 있다는 점에서 그랬다. 그들은 내 가족만큼이나 편안했고, 나의 부모님만큼 예술을 사랑했으며, 특히 음악을 좋아했다. 딸 셋과 아들 하나로 이루어진 네 아이들 가운데서 피어오르는 다정함은 내가 유년기와 사춘기를 보냈던 분위기를 떠올리게 했다. 나는 그들 모두에게 반해버렸다. 그리고 그들 역시도 내게 친절히 대해주면서 우리는 애틋한 사이가 되었다.

할머니와 함께 파리에서 살고 있던 앙투안은 나와 같이 시앙스포에서 수업을 들었지만 그때까지 거의 만나본 적이 없었다. 하지만 그르노블에서 만난 뒤로 일은 일사천리로 진행되었다. 우리는 몇 주 뒤 약혼을 하고 1946년 가을 결혼을 했다. 나는 열아홉 살이었고 앙투안은 스무 살이었다. 첫째 아들 장은 1947년 말에 태어났다. 둘째 니콜라는 13개월 뒤에 태어났다. 피에르프랑수아는 한참 뒤인 1954년에 태어났다. 아이를 일찍 낳는 일의 장점이란 이런 것이다. 우리는 이제 결혼 60년차에 지금은 열두 명의 손주와 몇 명의 증손주들을 두고 있다.

남편의 가족들은 뫼르트에모젤에 있는 블라몽에 자리를 잡고 면직물 공장을 운영하고 있었다. 나의 아버지만큼이나 애국자였던 그의 아버지는 1914년 제1차 세계대전이 일어났을 때 대위 자리에 올랐다. 제2차 세계대전 당시, 베유 가족은 스위스로 가기 전에 그르노블로 피난을 갔는데, 그르노블은 앙투안이 이미 살고 있던 지역이었다. 그는 해방이 되고 나서 다시 군 입대를 했다가 동원이 해제된 뒤 시앙스포에 들어갔다. 앙투안의 가족들은 로렌 지역으로 떠났다가 낭시에 자리를 잡았다. 시부모님은 근검절약하는 분들이었으나 인간적이고 사랑이 넘쳤다. 가족 중에서 딸 한 명이 아우슈비츠에 수용되었다가 갓 돌아왔음에도 거북해서인지 수치스러워서인지 언급을 하지 못하고 침묵하기는 했지만, 우리는 서로를 무척 아끼고 사랑하는 사이였다. 남편의 가족들을 통해 나는 가족을 되찾았다. 나는 시아버지의 엄격한 도덕성과 지적인 호기심을 존경했고, 시아버지 역시 나와의 지적 교류를 즐거워했다. 그는 나의 분석과 의견을 흥미로워했다. 또한 남편의 할머니와도 가깝게 느꼈고 심지어는 그를 내 할머니보다도 더 좋아했다. 이 사랑은 상호적이었다. 근심이 있을 때면 나는 파리로 시할머니를 찾아가서 이야기를 나누었다.

시앙스포에서 우리를 가르쳤던 미셸 드 부아시유 교수는 전쟁 이후 정보부 장관을 거쳐 법무부 장관이 되었다가 1947년 내각 부의장을 역임한 피에르앙리 테이트겐의 비서실장이 되었다. 우리 부부를 좋아했던 미셸 교수는 우리를 도와주기 위해서 남편에게 당시에는 공화국 의회라 불렸던 지금의 상원에 담당관 자리를 제안했다. 앙투안은 즉각 자리를 수락했다. 지방 출신의 스무 살 새신랑은 무척이나 돌연하고 예상치 못했던 방식으로 정계에 입문해 의회 부의장을 수행하며 상원 복도를 서성거리게 되었다. 헌법 교수였고 레지스탕스의 핵심 인물이었으며 오늘날 '가톨릭 좌파'라 부르는 지적 계보에서 걸출하게 두드러졌던 피에르앙리 테이트겐을 앙투안은 무척이나 존경했다. 테이트겐 일가는 무척 유쾌하고 개방적이었으며 소박한 삶을 살아가고 있었다. 당시에 프랑스 공화국은 의원과 장관들에 대한 처우가 박했기 때문에 오늘날과는 영 다른 검소한 생활수준을 이어갔다. 권력을 가진 이나 일반 시민이나 가진 게 없기는 매한가지였으나 그것은 그리 중요한 문제는 아니었다.

삶의 흐름은 가속도를 탔다. 여전히 파리 생활에 약간의 위압감을 느끼기는 했으나 외출도 자주 했고 남편은 별 문제 없이 적응해 나갔다. 대화는 풍요로웠고, 모든 이들이 새로운 프랑스를 건설하겠다는 희망에 부풀어 있었다.

1947년 초, 정치 상황은 격렬해졌다. 제4공화국은 몇 달 전 성문화되었으나 아직 본격적으로 출범하지는 않은 상태였다. 1년 전 드골 장군이 돌연 사임하면서, 세 주요 정당(공산당, 기독교민주당, 사회당)으로 이루어진 삼당체제가 나라를 '관리'했고, 그 뒤에 있었던 2차 국민투표를 통해 드골과 지지자들이 강력히 비난한 의원내각제가 채택되었다.

1947년은 모든 것이 명확해지는 해가 될 예정이었다. 한편으로는 동서를 가르는 철의 장막으로 인한 결과 때문에 삼당체제가 붕괴될 것 같았다. 또 한편으로는 드골주의자들이 '정당 체제'에 대한 투쟁을 증폭시켰다. 제4공화국이 살아남기 위한 길은 역설적이게도, 연합을 무너뜨리기 위해 연합한 공산주의자와 드골주의자들의 공격에 맞서는 길뿐이었다.

이 모든 혼란에도 불구하고, 그리고 대부분의 국민들이 가졌던 생각과는 반대로, 나는 1946년 1월 드골의 사퇴가 국가적 재앙이라고 생각하지 않았다. 그는 실제로 나치 독일 점령기를 지나며 미처 청산되지 못했던 프랑스 국민 간의 화합을 원했다. 페탱 재판과 마찬가지로 라발 재판에서, 강제수용에 대한 말은 한 마디도 나오지 않았다. 유대인 문제는 완전히 은폐되어 있었다. 나라의 위아래를 통틀어 누구나 똑같은 태도를 견지하며, 누구도 유대인들이 겪은 일에 대해서 자신과 관련된 문제라 여기지 않았다. 쇼아 때문에 존재가 무너진 모든 이들에게 이것이 얼마나 충격적이었는지 상상할 수 있을 것이다.

나중에, 나는 드골의 정치적 의지가 이와 같은 '망각'을 넘어서는 무엇임을 깨닫게 되었다. 그는 유대인 문제뿐만 아니라 프랑스인들을 분열시키는 모든 것들을 뒤로 미루어 두고자 했다. 거기에는 '자유로운' 프랑스인과 음지의 레지스탕스 간의 소리 없는 대립과 민주주의가 존재하기 위해서 필수불가결한 정당 간의 잡음까지도 모조리 포함되었다. 이 모든 것은 그가 좋아하지 않았던 프랑스 공화국을 떠올리게 했다. 드골의 의심과 거부는 계속해서 이어졌다. 1940년 6월 런던에서 다시 만났으나 정치적으로 같은 노선을 따르려는 충성심을 보이지는 않았던 르네 플레방과 같은 지지자들이나 자유로운 사상을 가졌던 레몽 아롱 등과 드골은 어려운 관계를 유지했다. 그는 자기 주위로 모여드는 이들을 필요로 했다. 드골에게 의회 생활이란 피할 수 없는 의례지만 관리 감독해야 할 대상이었다.

1948년 여름, 앙투안은 처음 제안받은 일자리만큼이나 흥미로운 다른 기회를 얻었다. 피에르앙리 테이트겐이 정부를 나서면서 알랭 포에르가 재무부 차관이 되었는데, 의회 담당관이었던 남편은 알랭 포에르가 재무위원회 총서기관일 때 그를 알게 되었다. 그는 남편에게 자신의 비서실에서 일하자는 제안을 했고 남편은 기쁘게 수락했다. 그 사이 독일 및 오스트리아 담당으로 발령을 받은 포에르가 1년 뒤 그를 독일로 보내기 전의 일이었다. 남편에게는 뜻밖의 행운과도 같은 일이었다. 그리고 포에르는 남편이 관심을 가지고 있던 국립행정학교의 입학시험을 준비할 시간을 주기 위해서 그에게 영사직을 주었다. 내 경우 독일에서 사는 것은 문제가 되지 않았다. 주변인들이 내 결정을 이해하기 어려워하며 놀랐으나, 나는 이것을 우리의 미래를 준비할 기회로 보았다.

1950년 1월, 우리는 비스바덴으로 향했다. 비스바덴은 라인 부근의 온천 마을로, 헤센주의 주도이며 미국의 점령지였다. 비스바덴에서는 2년을 머물고 다음 해에는 슈투트가르트로 향했다. 마찬가지로 영사관으로 발령을 받아 근무하기 위해 간 것이었다. 그리고 남편은 국립행정학교 입학시험을 통과해 우리는 1953년 프랑스로 돌아왔다.

피에르앙리 테이트겐에 이어 알랭 포에르가 우리의 두 번째 후견인이 되었다. 나는 그를 일뿐 아니라 타인에게도 충실했던 이로 기억한다.

독일에서의 3년은 유쾌했다. 독일에서 사는 것이 거북하지 않았던 이유는 단순했다. 미국인들의 방식대로 모든 것을 스스로 했기 때문이었다. 근처의 수영장도 상점도 미국식이었다. 우리는 편안했고 자유로웠다. 공연을 보기 위해서 슈투트가르트에서 뒤셀도르프까지 가는 일도 귀찮지 않았다. 우리는 알랭 포에르를 보러 뒤셀도르프로 가기도 했다. 그가 살던 작은 성은 우리에게 약간의 인상을 남겼으나 그 이상의 감동을 주지는 않았다. 오히려 중앙계단의 난간을 타고 내려오던 이들에게 충격을 받았던 기억이 난다.

우리는 금세 친구를 사귀었다. 특히 때때로 독일에서 머물던 로제 스테판, 《르몽드》의 통신원이던 알랭 클레망을 포함해 집에 며칠씩 들러서 묵던 이들이 있었다. 때때로 우리는 이토록 금쪽과도 같은 막간이 지나가면 삶이 어디로 흘러가게 될지 자문하곤 했으나, 앙투안은 국립행정학교 시험을 준비하고 있었고 나는 그리 많은 시간을 쏟지 않으면서 그저 막연하게 법학 시험을 칠 준비를 하고 있었다. 나는 여전히 어린 나이에 두 아이들을 돌보고 큰 집을 관리해야 했다. 게다가 나는 앙투안에게 필기를 정리해주거나 서류를 요약해주면서 그의 일을 도와주고 있었다. 나는《르몽드》의 기사를 잘라두었다. 르몽드는 그 당시에 자료의 성서로 여겨지곤 했는데, 차를 타고 갈 때면 잘라둔 기사를 그에게 읽어주었다.

불행히도 독일에서의 우리의 생활은 비극으로 막을 내렸다. 이모부가 잘 치료해준 덕분에 밀루 언니는 정상적인 삶을 되찾고 심리학 공부를 했다. 결혼을 하고 난 뒤에 나는 언니와 무척이나 가까운 사이가 되었고 서로 계속 왕래를 했다. 내게 밀루 언니는 제2의 어머니와도 같았다. 우리 세 가족이 함께 보낸 과거는 우리를 강력한 애정으로 묶어주었다. 그랬던 언니와 헤어져야 했기 때문에 비스바덴으로 떠나기가 그토록 고통스러웠던 것이다. 정작 언니는 내가 떠나는 것을 응원해주었는데도 그랬다. 우리는 물리적인 거리가 우리를 갈라놓지 못하도록 매주 서로에게 편지를 썼다. 언니는 언니와 마찬가지로 심리학을 공부하는 친구와 결혼을 했고, 아들 뤽을 낳았다. 언니 내외는 1951년 여름 우리를 보러 비스바덴으로 왔다. 무척이나 기쁜 일이었다. 남편과 형부는 금세 잘 지냈고, 다시 만난 밀루 언니와 나는 끊임없이 서로 이야기를 나누었다. 다음해 여름에는 새로운 행복이 찾아왔다. 언니네 세 식구가 슈투트가르트로 와서 보름간 묵었던 것이다. 언니가 머물던 기간은 무척이나 멋지게 흘러갔다. 한 살을 갓 넘긴 뤽은 우리의 정원에서 첫 걸음마를 떼었다. 8월 중순, 언니네 가족은 형부가 새로 장만해 뿌듯해하던 4마력짜리 소형 자동차를 타고 집으로 돌아갔다. 그러나 다음날 파리에 가까워진 그들은 끔찍한 자동차 사고를 당했다. 밀루 언니는 그 자리에서 사망했고 운전을 했던 형부는 다치지 않았다. 소식을 전해받은 우리는 즉시 언니에게로 달려갔다. 병원에서, 뤽은 아무데도 다치지 않은 듯 보였으나 내가 그를 품에 안은 순간 숨을 거두었다. 진단에 나오지 않은 두개골 골절이 사인이었다. 동시에 날아든 이중적인 충격이 나를 강타했다. 우리를 악착스럽게 따라다니는 운명에게 또 한 번 얻어맞으며 부당함에 몸서리쳤다. 나는 이제야 남편과 두 명의 예쁜 아이들과 함께 재건의 꿈에 부푼 유럽에서 젊고 활기찬 친구들과 교류하는 평온한 삶을 이어나가던 참이었다. 하지만 내 주변을 서성이는 죽음을 도저히 막을 수 없는 것 같았다. 그때부터 지금껏, 밀루 언니를 잃은 고통과 조카가 돌연히 숨을 거두었던 끔찍한 이미지는 나를 한 번도 떠난 적이 없다.

이후 집요하면서도 한층 누그러든 삶의 속도는 제자리를 찾았다. 앙투안은 국립행정학교 입학 허가를 받았고 우리는 프랑스로 돌아왔다. 1953년 상반기에 모로코로 발령이 났기에 사피로 갔다. 7월부터는 앵드르 도청으로 발령이 난 남편을 따라 샤토루로 가서 온 가족이 두 달간 살았다. 일상은 차분하면서도 무척 지루했다. 이

수맹의 젊은 군수인 앙드레 후슐레와 친구로 지냈는데, 저녁이면 우리는 비서실장도 끼워서 함께 브리지 게임을 했다. 낮에는 앙드레와 함께 골동품점을 구경했다. 프랑스 공화국의 고위 공무원이 자유시간을 즐기던 별난 시대였다. 낮에는 아이들과 군청에 있던 공원을 걸었다. 그러나 내 마음 속 깊은 곳에는 이런 생활이 한순간일 뿐이라는 생각이 있었다. 남편이 공부를 마치면 나는 직업을 가질 예정이었으므로, 때를 기다리며 법학 과목을 대충 훑어보았다.

앙두안이 국립행정학교를 다니던 동안 나는 셋째인 피에르프랑수아를 낳았다. 이윽고 남편에게 이렇게 말할 때가 되었다. "변호사협회에 등록할 거야." "말도 안 돼." 놀랍게도 남편은 이렇게 답했다. 나는 가만히 있지 않았다. "뭐야? 당신 일이 궤도에 오를 때까지 기다리고 나서 일하기로 했잖아. 당신은 하고 싶은 일을 하고 있잖아. 국립행정학교에 가서 잘 되고 있잖아. 내가 일하는 걸 막을 수 있는 건 아무것도 없어." 나는 이렇게나 부정적인 답이 돌아오리라고는 생각하지 못했다. 하지만 당장 내 아버지가 어머니에게 그랬던 것처럼, 내 남편 역시도 내가 직업을 갖는 것을 거북해한다는 걸 알게 되었다. 게다가 그는 법의 엄밀성과 힘을 믿었으되 변호사라는 직업을 그리 존중하지 않았다. 내가 변호사라는 직업에서 피고인과 피해자를 바라보는 데 반해, 그는 돈을 낼 수 있는 의뢰인의 입맛에 따라 태도를 바꾸는 변덕스러움만을 보았다. 나는 타협 없는 정의라는 이 모든 것이 그의 심기를 거슬렀다고 생각했다. "우리는 변호사들과 어울리지 않아. 그 직업은 여자를 위한 직업이 아니야."

말싸움은 격했지만 결국 서로 타협점에 이르렀다. 운 좋게도 앙투안의 정치계 내의 인맥 가운데 한 원로 판사가 이렇게 말한 것이다. "여자들도 판사 자리를 얻을 수 있어. 시몬이 한번 생각해볼 만 해." 실제로 1946년부터 여성들에게 법관 시험에 응시할 자격이 주어졌다. 남편과 타협점을 찾은 나는 변호사가 될 생각을 버리고 그 대신 판사가 되기로 했다. 이는 훨씬 시간을 덜 쓰는 길이기도 했다. 그리고 남편은 아이를 돌보고 저녁을 차리기 위해 집에 있지 않겠다는 내 말을 받아들였다.

그러기 위해서는 2년간의 수습 기간이 필요했다. 시험도 준비해야 했고, 아이 셋을 돌보고 집안일도 해야 했다. 여정은 무척이나 험난했다. 나는 한 번의 장애물에 포기하는 사람이 아니었지만 장애물이 한둘이 아니었다. 셋째 피에르프랑수아가 수두에 걸려 우리 문제에 항상 관심을 가지고 도와주는 시어머니가 낭시에서 아이를 돌봐주러 오셨다. 아이가 어려움을 겪을 때 시어머니가 해결해주던 아름다운 시대였다. 나의 시부모님, 특히 시아버지는 일을 하고자 하는 내 열망을 강력히 지원해주었다. 수두에 걸린 아이가 내 앞길을 막지 않게 하는 데 그들보다 적절한 이들은 없었다.

1954년 5월, 나는 나를 좌절시키려는 숱한 시도들로 가득 찬 논쟁을 거친 끝에 검찰청 보좌관에 수습으로 지원했다. 파리 검찰청 비서실장과 조수는 이렇게 외쳤다. "기혼녀잖아요! 아이가 셋에다 그중 하나는 젖먹이라고요! 게다가 남편은 국립행정학교를 졸업할 거고! 어째서 일을 하려는 거요?" 나는 그들에게 이것이 오로지 내 문제라고 설명했다. 그들은 친절하지만 집요한 태도로 나를 좌절시키기 위해 모든 시도를 했다. "수형자에게 교수형을 내려야 하는 상황이 온다면 어떻겠소!" 나는 답했다. "그런 일이 일어나고 제가 선고를 내린 검찰의 일원이라면, 책임을 받아들이겠습니다." 굴하지 않는 결단 앞에서 그들은 결국 나를 받아들이고 이렇게 말했다. "어차피 할 거라면, 우리 곁에서 수습을 거치쇼."

스물일곱 살의 나는 그 즉시 제안을 수락했다. 학위 여럿, 남편 하나, 아이 셋, 지리 하나. 나는 이윽고 삶으로 접어들고 있었다.

5

교정행정국의 특이한 판사

1954년에는 국립사법관학교가 아직 없었다. 판사가 되기 위해서는 주로 검찰청에서 수습을 거치고, 2년간 시험을 준비한 뒤에 응시해서 선발되어야 했다. 내가 판사가 되기 위해 택한 경로 역시 같았다. 내게 수습 기간 동안 가르침을 준 두 법관은 파리 부장검사를 돕는 중요한 직책을 맡고 있었기에 난 운이 좋은 편이었다. 그들은 서류를 철저히 준비하는 법을 알려주었고 내게도 일을 시켰다. 이것은 실용적일 뿐만 아니라 좋은 훈련이 되었다. 두 법관은 예의를 갖추어 나를 대했고, 함께 지내기에 유쾌했으며, 내가 하는 모든 질문에 답해줄 준비가 되어 있었다. 가정을 꾸리기에는 어려운 시기였지만, 이때의 일들은 가장 좋은 기억으로 남아 있다. 낮에는 일을 하느라 바빴고, 저녁에는 남편과 세 아이를 보러 집으로 돌아갔다.

당시에 우리는 돈이 없었고 독일에서와 같이 도움을 받을 방편이 딱히 없었다. 앙투안은 국립행정학교 학생 월급을 받고, 나는 수습 기간에 주어지던 보수를 받았지만, 둘의 수입을 다 합쳐도 얼마 되지 않았다. 따라서 우리 가족은 여느 프랑스인들처럼 스페인에서 휴가를 보냈다. 프랑스 내에서 장소를 빌리는 것보다 그게 더 저렴했기 때문이었다. 더 나중에 앙투안이 장관실에서 일을 하면서 휴가를 낼 수 있는 기간이 짧아지자, 휴가가 끝나면 나 혼자 아이들을 차에 태워 집으로 돌아가곤 했다. 이동하던 도중에 숙박업소에 묵어가곤 했는데, 아들들이 상기시켜주기로 별 3개짜리도 되지 않는 호텔에 묵었다고 한다. 아버지의 부재를 느낀 아이들은 더 짓궂게 놀았다. 어느 날은 한 아이가 자동차 열쇠를 우물 안에 던져버리기도 했다. 하지만 내가 볼 때 그건 그렇게 큰 일이 아니었다. 세상에는 그보다 중요한 일이 더 많았다. 일, 아이들의 미래, 그리고 더 나은 비전을 가지고 문제를 해결하려 하는 정치인이 거의 없는 와중에 국가 내에서 끊임없이 일어나던 문제들처럼.

고만고만한 정권들이 교체되던 중에, 짧게 재임했던 망데스 프랑스 내각*은 나에게 열정을 불러일으켰다. 당시 대중공화운동**과 가까웠던 남편보다 내가 더 이 인물에게 관심이 있었다. 나는 남편보다 더 좌파였고, 공약과 인물에 따라 때때로 사회당에 표를 주기도 했다. 약간의 차이는 있었지만 앙투안과 나는 둘 다 시사 문제에서 의견이 비슷했다. 여느 비드골주의자처럼 우리는《렉스프레스》

---

* 피에르 망데스 프랑스는 사회자유주의, 중도주의 정당인 프랑스 급진사회당의 지도자로 1954년부터 1955년 8개월간 총리를 지냈다.
** 프랑스의 기독교 민주주의 정당으로 1944년에 설립되어 1967년에 해산했다.

지의 창간을 상징으로 하는 새로운 사상이 출현함으로써, 그때까지만 해도 너무 이분화되어 있다고 생각하던 정국에 제3의 세력을 등장하게 해주리라는 희망을 품었다. 또한 우리는 레몽 아롱과 같이, 양극에 서 있는 이들과는 다른, 독자적이고도 명료한 지적 노선을 추구하는 이들을 가깝게 느꼈다. 당시 정세에서, 한편에는 엄격하고 자국 주권주의를 주장하며 냉혹하고 때로는 증오를 품은 듯한 우파가 있었다. 다른 한편에는 여전히 장 폴 사르트르를 대표적인 사상가로 내세우며 마르크스를 신봉하는 좌파가 있었다. 레몽 아롱은 이런 기존의 양극단 위에서 문제 분석력과 개혁에 대한 개방적인 태도를 견지하며 등장했다. 탈식민 문제를 예로 들자면, 그는 《피가로》지에 독자들의 심기를 거스르기를 마다하지 않고 알제리 독립을 지지하는 의견을 내놓았다. 아롱은 또한, 프랑수아 미테랑이 이로부터 15년 뒤 항상 꿈꾸었던 승리를 거머쥐기 위해 공산당과 함께 선거 연합을 만드는 것에 찬성하지 않았던 소수파 사회주의자들의 마음을 사로잡기도 했다.

당대 우리가 가졌던 가장 확고한 신념은 유럽방위공동체 계획이었다. 우리는 프랑스가 이 조약에 서약하지 않은 것이 너무나 큰 실수라고 보았다. 남편은 충격에 빠졌고, 망데스를 무척 원망했다. 나는 개인적으로 이 계획을 실행하기에는 아직 때가 되지 않았다고 생각했다. 우리 모두 유럽공동체 건설의 꿈을 숨기지 않았지만, 그것이 미국과 굳은 관계를 맺는 일과 배치된다고 여기지 않았다. 제2차 세계대전의 승자가 독일과 빠르고 완전한 화해에 이르지 않는다

면 이미 동서로 갈라진 유럽의 상처는 절대로 치유되지 않고 세계
는 이전에 일어난 사건보다 끔찍한 새로운 분쟁에 휘말릴 것이라고
확신했다. 전쟁에서 직접 피해를 입은 많은 이들 역시 프랑스와 독
일 간에 협약을 맺어야만 그들이 살아나온 공포의 시대를 매듭지을
수 있다고 생각했다. 그러나 프랑스 내에서 이러한 관점은 득세하
지 못했다. 정치계는 심각하게 양분되었다. 한쪽에는 드골주의자와
공산주의자들이 유럽에 적대를 표했다. 드골주의자는 자국주권주
의자였고 공산주의자는 소련에 매여 있었다. 다른 편에는 대중공화
운동과 사회주의자가 유럽 통합에 찬성했다. 물론 다시 집권한 드
골은 몇 년 뒤 로마 조약에 동의했지만, 이 동의란 최소한이었으며
실제로 유럽 주권을 믿지는 않았다. 유럽을 거부한다고까지는 할
수 없지만 유럽 통합에 보이는 이런 냉담함은 나에게 드골주의자에
게는 표를 줄 수 없는 걸림돌로 작용했다.

　다른 질문 역시 논쟁을 불러일으켰다. 바로 식민주의에 대한 것
이었다. 우리에게는 프랑스가 베트남을 빨리 떠나야 하는 것이 자
명한 일이었다. 디엔비엔푸 전투*라는 재앙이 일어나기 전부터 우
리의 신념은 이러했다. 내 눈에는 망데스 프랑스만이 그렇게 할 수
있었지만 안타깝게도 진창에서 나오자마자 프랑스는 또 다른 난관

---

*　베트남 북부의 디엔비엔푸에서 프랑스군과 베트남독립연맹군 사이에 벌어진 전투. 태평
　양전쟁이 끝난 후 일본으로부터 해방된 베트남은 1946년 다시 돌아온 프랑스인들의 식민
　통치를 받게 되었다. 호찌민이 결성한 베트남독립연맹은 공화국 정부 수립을 선언하고 모
　든 외국군 철수를 요구했다. 이에 프랑스는 베트남의 독립을 인정하지 않으며 제1차 인도
　차이나 전쟁을 일으켰다. 전쟁은 8년간 이어졌고 프랑스는 디엔비엔푸 전투에서 패하여
　인도차이나 지배에 종지부를 찍게 되었다.

에 봉착했다. 바로 지중해 부근 북아프리카에서 또 다른 분쟁이 일어난 것이다. 이 갈등은 전형적인 식민 분쟁은 아니었지만 프랑스인 사이의 내전을 불러일으킬 위험이 있었다. 우리는 알제리 문제에 신중하게 접근했다. 다른 시민들처럼 확신을 가지기보다는 의심하고 염려했다. 최소한 이론상으로도 프랑스 본토의 세 개의 데파르망에 필적하는 알제리는 프랑스의 다른 해외 영토와는 지위가 확실히 달랐다.

그러나 1954년 11월 오레스에서 첫 전투가 일어난 뒤, 나는 알제리에서 프랑스의 존재가 얼마나 오래갈 수 있을지 의심하게 되었다. 나는 제르멘 티용*을 잘 알고 있었고, 이 주제에 대한 그의 풍부한 식견을 주의 깊게 경청했다. 그는 내 눈을 뜨게 해주었으며 어디에나 만연한 식민의 현실과 알제리인들의 정당한 요구를 알려주었다. 그 사이 무렵인 1957년, 젊은 재무부 감사였던 남편은 감사를 위해 알제리로 떠났다. 그가 돌아와 내게 들려준 이야기는 알제리와 프랑스 본토 사이를 벌려 놓은 간극을 확연히 느끼게 해주었다. 우리는 인도차이나에서의 비극을 되풀이해서는 안 된다는 결론에 빠르게 도달했다. 정부가 연달아 내놓는 조정안은 알제리인들의 기대에 부응하기에는 너무나 소극적이고 무능해 보였다.

군대가 하루살이와도 같던 정권에 가하는 압력을 더해가면서 결말은 드골이 다시 집권하는 것에 이르렀다. 대부분의 프랑스인들이

---

* 1907~2008. 프랑스의 인류학자. 레지스탕스 활동을 하다가 게슈타포에 체포되어 라벤스브뤼크 수용소로 보내졌다. 알제리 전쟁에서 프랑스군의 고문 행위를 규탄했으며 알제리와 프랑스 간의 평화에 기여했다. 레지옹 도뇌르 훈장을 받았으며 팡테옹에 안장되었다.

그렇듯이 두려움과 주저함을 동시에 느꼈다. 1958년 봄, 프랑스는 내전 발발의 위기에 직면했다. 많은 이들이 알제리 문제를 해결할 수 없다고 생각했고, 쿠데타를 향해 가고 있다고 느꼈다. 그래서 드골의 귀환은 희망이 될 수 있어 보였다. 그러나 우리는 로제 스테판 같은 친드골 세력에서 나온 발언에 민감하게 반응했다. 그 유명한 '당신을 이해했다'*를 듣고도 그들은 드골이 알제리를 독립으로 이끌기를 원한다며 우리를 확신시키려 했다. "만일 그게 정말 그가 원하는 거라면 그런 말을 하면 안 됐잖아." 나는 로제 스테판을 비난했다. 그는 물러서지 않았지만 나는 계속 의심했다. "그런 말을 하는 자는 사람들을 속이기 쉬워. 이나마도 좋게 말한 거야." 오늘날 드골주의자들은 미셸 드브레처럼 친드골 세력 중에서도 프랑스령 알제리를 지지하던 이들이 압력을 가했음에도 드골이 상황을 잘 파악했으며, 그의 결단은 신속하고 옳았다고 주장한다. 그러나 그들은 시간이라는 엄혹한 현실을 간과한 것이다. 그가 집권한 뒤 평화가 정착되기까지 4년이라는 긴 시간이 필요했다. 치러야 할 대가가 무척이나 컸다. 인명의 손실, 갑작스런 이주와 망가진 삶, 특히나 그 쓰라림은 비극이 일어난 지 반 세기가 지난 지금까지도 지워지지 않는다.**

* 1958년 6월 4일 드골은 알제리에서 "당신을 이해했다"는 연설을 했다. 그의 연설은 내용이 모호해서 일부는 드골이 프랑스령 알제리를 지지한다고 생각했고, 일부는 모든 사람들 사이의 권리의 평등과 심지어 알제리의 독립을 인정하는 것이라고 생각했다.

** 알제리 전쟁은 1954년부터 1962년까지 8년에 걸쳐 일어났다. 알제리에서 출범한 민족해방전선(FLN)은 알제리에서 무장봉기를 일으키는 동시에 독립 문제를 이슈화하기 위해 프랑스 본토의 카페 등을 테러했다. 프랑스는 프랑스령 알제리를 주장하는 우파와 알제리

2년간 수습 기간을 거친 끝에 나는 시험을 통과하고 교정행정국에 배치되었다. 교정행정국에서 1957년부터 1964년까지 총 7년을 근무했다. 일이 쉴 새 없이 밀려들었지만 무척이나 흥미로웠다.

대부분의 시간은 교정 시설을 살펴보는 데 썼다. 나라를 방방곡곡 돌아다니면서, 미처 상상도 하지 못했던 절박한 현실을 눈으로 보았다. 처음에는 일시적으로 과잉 수용이 이루어진 탓에 감옥의 시설이 이렇게나 열악하다고 생각했다. 그러나 내가 틀렸다. 해방 이후 수많은 이들이 체포되었지만 대부분이 10년 뒤 풀려났기에 감옥 내 상황은 특정한 시기 때문에 만들어진 것이 아니었다. 행정 실무에 포진한 무능과 무관심 때문에 일어난 문제였다. 문제가 어느 정도로 심했는가 하면, 감옥을 돌아다닐 때마다 마치 중세시대로 빨려 들어간 기분이 들었다. 수용 시설의 물질적 조건은 도저히 말로 다 할 수 없을 만큼 끔찍했다. 예를 들어서 베르사유의 소년원에 방문했을 때, 수감자들은 '난방실'이라는 이름이 붙은 한 방에 빽빽이 모여 있었다. 그 방에만 난방이 들어왔기 때문이었다. 수감자들

독립을 주장하는 좌파가 대립하며 심각한 정치 위기가 발생했다. 이러한 불안정한 정국 속에 드골이 돌아왔다. 드골은 군사탄압을 강화하면서도 한편으로는 정치적 교섭을 벌였다. 1962년 에비앙 협정으로 전쟁은 끝이 났고 알제리는 국민투표를 거쳐 독립하게 되었다. 그러나 프랑스가 철수하면서 위기가 발생했다. 프랑스령 알제리를 지지하는 육군비밀조직(OAS)은 드골과 사르트르의 암살을 기도했으며, 알제리와 고국 양쪽에서 독립을 저지하기 위해 폭탄 테러와 살인을 저질렀다. 90만 명의 피에누아르(1830년부터 1962년까지 프랑스령 알제리에 있던 유럽계 사람)는 FLN의 보복을 두려워하며 프랑스로 피난했는데, 프랑스 정부는 이런 사태에 전혀 준비가 되어 있지 않아 엄청난 혼란을 야기했다.

은 밤에 각자의 감방으로 돌아가기 전까지 그곳에서 하루를 보냈다. 난방실의 중앙부는 화장실로 쓰였고 때때로 마차가 들러서 오물을 치웠다. 소름이 끼쳤다.

이런 문제를 해결하는 데는 선의만으로는 충분하지 않았다. 잔인하리만치 부족한 재정 문제가 우리를 가로막았기 때문이다. 의원들을 움직이게 하려면 대중 여론을 조성할 필요가 있었다. 그래서 교정행정국은 당시 유명하던 법률 기자에게 프랑스 감옥의 실상을 취재하게 하자는 발상을 내놓았다. 이 일을 위해 필요한 허가를 전부 다 받아둔 다음 기자에게 교정 시설 몇 군데를 둘러보게끔 했다. 그의 취재는 인권 국가라는 이름에 어울리지 않게 프랑스의 실상은 불명예스럽다는 결론을 뒷받침해주었다. 그러나 우리는 우리가 바라던 방향과는 정반대로 여론이 움직일 거라고 미처 상상조차 하지 못했다. 많은 구독자들이 수형자들이 너무 편안한 삶을 살고 있다면서 분개했던 것이다. 한마디로 말해, 프랑스가 범죄자보다 선량한 시민을 돌보는 데 힘써야 한다는 것이었다. 프랑스 교정 체계를 적절하면서 존중받을 만한 수준으로 만들기 위한 긴 여정에서, 이러한 선량한 의지는 예산 제약보다도 더 어려운 장애물을 맞닥뜨렸으니 바로 여론이었다. 나는 당황할 수밖에 없었다. 이어진 사건들은 안타깝게도 이러한 사실을 다시금 확인케 해주었다. 개혁을 할라 치면 앞선 종류와 같은 저항을 마주해야 했다. 이제는 프랑스인들이 교정 시설 개선을 위해 세금을 낼 의향이 있는지 두고 보아야 할 것이다.

강제수용을 겪었기 때문에 당연하게도 나는 인간사에서 타인의 존재를 모욕하고 격하시킬 수 있는 모든 것에 극도로 민감해졌다. 신체적으로 밀착하는 것만큼이나 정신적인 소외를 싫어하게 되면서, 나는 스스로를 마치 감옥 내의 투사처럼 여길 수밖에 없었다. 내가 느끼는 이러한 감정은 법관들 사이에서 널리 공유되었다. 나는 내가 할 수 있는 선에서 시간도 힘도 아끼지 않고 일했다. 특히 여성 수감자들의 처지를 무척이나 걱정했는데, 여성 수감자의 수는 남성 수감자보다 훨씬 적었지만 그들에게 놓인 조건은 훨씬 엄격했다. 사회가 교도관이라는 매개를 통해서 이들을 처벌하기만 하는 게 아니라 모욕하려 하는 것 같았다. 렌에 있는 신설 교정 시설에서 나는 소름끼치는 상황을 보고 놀라움을 금치 못했다. 수감자들은 개인실에서 생활했고 시설은 나쁘지 않았지만, 감독자는 제약 조건을 부과하는 걸 넘어서 그들의 존재를 망가뜨리고자 했다. 감독자는 이 여성들이 대체로 중범죄자이고 사회에 진 빚을 갚아야만 한다고 말했다. 동성애에 집착하던 이 감독자는 자신의 가혹 행위를 지속하기 위해 가장 무해한 변명을 늘어놓은 것이다. 동료에게 설탕을 한 덩어리 넘겨주기만 해도 수감자는 처벌을 받곤 했다.

이런 맥락에서 수감자들의 건강은 실제적인 문제가 되었다. 1959년, 법무부 장관으로 임명된 에드몽 미슐레의 친구이며, 의료 자문을 맡은 의사로 과거 레지스탕스이자 다하우에 수감된 적이 있던 조르주 폴리는 수감자들의 열악한 건강 상태와 결핵 위험을 법무부 중앙행정처에 알렸다. 그 결과 모든 교정 시설에 방사선차가 왔고, 이어 심리의료센터가 들어섰다.

동시에 교정행정국은 도서관 몇 곳과 소년범들을 위한 교육 시설을 설치할 만한 재정을 확보했다. 그러나 마음 좁은 이들은 자신들 중 누군가는 분명 소년범들의 아버지가 될 수 있음에도 이른바 '3성급 감옥'을 짓는 데 반대했다.

그로부터 약 반세기가 지나 글을 쓰는 현재, 법조계에서는 경범죄와 성범죄를 포함한 문제들이 끊임없이 계속되는 데 주목하고 있다. 그때 수감 상태 조사를 제외하고 내가 맡았던 임무는 매주 각부 공동위원회에 가석방 서류를 제출하는 것이었다. 시간이 흘러 하는 말이지만 나는 가석방 절차의 탈중앙화가 과연 진보인지 확신할 수 없다. 가석방에는 수형자의 품행과 경험을 면밀히 조사하는 과정이 포함되어 있었는데, 그 과정에서 나는 성범죄가 얼마나 많은지 발견하고 놀랐다. 성범죄 가운데서는 근친상간이 가장 흔하고 평범했다. 또한 재범률이 높은 데에도 놀랐다. 그리고 법관과 의사들은 위험한 범죄자들을 너그럽게, 안일하게, 어쩌면 포기한 채 사회에 자유로운 몸으로 돌려보냈다. 소아를 대상으로 한 성추행, 혹은 강간은 당시에 제대로 이해되지 못했다. 오늘날에는 인터넷이 소아성애의 주요 매개체라는 것에 두려운 마음이 든다.

이번에는 새로운 동시에 더 특수한 사건이 내게 주어졌다. 내가 부임한 이후에 상부에서는 알제리 죄수에 대한 우려가 높아지고 있었다. 이 무렵은 책이나 기사를 통해 군의 가혹 행위, 고문, 반식민지 운동단체 펠라가에 대한 공권력의 대응 등을 두고 비난이 시작되던 때였다. 이 비난을 반대편의 공작으로 일축한 미셸 드브레 총리와는 달리, 에드몽 미슐레는 제르멘 티용의 조언을 받아들여 상황을 파악한 뒤 조제프 로반*을 위촉해 알제리 감옥에 대한 전체 조사를 계획했다. 그 과정에서 누군가 내 이름을 언급했다. "강제수용되었던 젊은 여자가 있는데, 교정행정국 판사로 감옥 일을 많이 맡았다고 합니다. 알제리로 파견하기에 적임자예요." 그렇게 나는 부처에 상황을 보고하기 위해 혼자 알제리로 떠났다. 그곳에서 환대를 받았다고 하면 거짓말일 것이다. 어딜 가나 너무나 불청객 취급을 받아서 현지 교정당국 담당자에게 타자를 맡기는 대신 직접 보고서를 작성하기로 결심해야 했다.

내가 마주한 문제는 무척이나 심각했다. 500~600명의 사형수가 받은 선고가 이미 1958년 드골에 의해서 중지되었는데 이들을 알제리 감옥에 두어야 할까? 극단주의자들이 무력으로 감옥에 잠입해 '정의를 구현'하고자 한다는 소문이 돌았고 나는 이 말을 무척이나 심각하게 받아들였다. 사회적인 불안을 고려할 때, 최악의 상황을 두려워할 필요가 있었다. 수감자들은 신속히 본토로 송환되었고, 그들의 앞날에 대한 걱정은 해소되었다. 다른 끔찍한 기억도 있

---

* 1918~2004. 독일 출생의 프랑스 철학자이자 정치가, 역사가. 레지스탕스 활동을 했으며 게슈타포에 체포되어 다하우 수용소에 있었다. 헬무트 콜과 자크 시라크의 고문을 지냈다.

다. 구금된 이유는 정당하지만, 치욕적이고 정당화될 수 없는 환경에 놓인 어린 테러리스트 수감자를 만난 것이었다. 나의 태도는 기본적으로 인도주의에 입각하지만 그게 전부가 아니었다. 이들이 곧 풀려날 것이라는 간단한 이유로 테러리스트를 이런 환경에 두는 것은 정치적으로 자살행위나 다름없었다. 이들이 순교자가 되어서는 안 되었다. 결국 나는 이들 중 일부를 본토로 송환시켜 훨씬 납득될 만한 조건에서 형기를 살게 했다.

돌아온 뒤에 나는 본토로 송환된 알제리인들의 환경에 관심을 가졌는데, 특히 알제리인 여성 수형자들에게 집중했다. 과제는 막중했다. 할 수 있는 한 환경을 개선하기 위해 최선을 다했고, 감독관과 교도관들에게 경각심을 고취시켰다. 특히 이들을 한 시설에 모아놓고 학업을 지속할 수 있도록 했는데, 이 일을 해낼 수 있었던 것은 형벌적용과 부국장인 앙드레 페르드리오의 신임을 얻은 덕이었다. 그는 법관으로서 직무를 유능하게 수행할 뿐 아니라 인격적으로도 훌륭한 사람이었다. 우리는 같은 생각을 가지고 있었는데, 감옥은 수감자들을 단순히 처벌하는 공간이 아니라 그들을 지적으로 발전시키는 데에도 힘써야 하는 공간이라는 것이었다.

나는 투쟁을 멈출 생각이 없었다. 비록 국가가 교정 제도를 개선할 자금을 마련해주지 않았다 할지라도, 제도의 기능과 역기능을 알아내고자 하는 나를 막을 수는 없었다. 할당된 예산은 아주 적었기에 다른 방도를 찾아야만 했다. 예를 들어 스페인으로 휴가를 떠나던 길에, 나는 님의 감옥을 살피기 위해 이 지역을 거쳐갔다. 님에 소재한 감옥에는 장기 복역수들이 수감되어 있어 환경이 특히 더 황폐했다. 남편과 아이들은 내가 그곳에서 몇 시간이나 머무는 데 항의했지만, 나는 끄떡도 하지 않았다. 다음 해에는 똑같은 이유로 모작에 들렀다.

알제리 전쟁이 끝난 이후에는 인간이 놓인 가장 고통스러운 상황을 맡아야 했다. 우리 행정국에도 도움 요청이 들어왔다. 알제리 수감자들은 에비앙 협정을 적용함으로써 사면되었고, 그 가운데에서는 장기 복역이 예정되었던 이들도 있었다. 리옹의 몽뤽 교도소에는 장송 기관* 소속인 두 여성과 한 남성이 여전히 복역 중이었다. 이들은 알제리인이 아니라 프랑스인이었기 때문에 사면 대상이 아니었던 것이다. 그들의 심리 상태를 상상할 수 있었기 때문에 이들을 안심시키기 위한 방도를 긴급히 찾아야 했다. 세 사람은 자신들의 사상적 아버지인 장폴 사르트르를 만나고 싶어 했고, 만나도 된다는 허가가 떨어졌으나 사르트르는 오지 않았다.

넓게 보자면, 교정 시설의 비참함은 우리 사법 체계의 전반적인 문제와 이어진다. 1958년 가을 법무부 장관이 된 미셸 드브레는 법관의 처우 개선, 사법 체계 쇄신, 형사소송 현대화를 위해 힘썼다. 이런 정책이 가능하려면 그에 걸맞은 예산이 보장되어야 했지만 물론 그렇지 못했다. 미셸 드브레의 후임자들은 의지 혹은 정치력이 부족했거나 필요한 예산을 집행하기 위해 충분한 시간을 확보하지

---

* 사르트르의 제자인 프랑시스 장송이 조직한 기관으로, 알제리 분쟁에서 활발한 정치 활동을 펼쳤다.

못했다. 다른 한편으로 판사들은 예산 집행자를 고용하는 일을 끔찍이도 싫어했다. 관련 장관들 또한 법정 체계가 문제로 떠오르는 것을 원치 않았다. 대중 역시 적절한 사법 체계를 유지하려면 비용이 든다는 사실을 듣고 싶어 하지 않았다. 50년이 지난 지금도 이러한 장애물이 사라졌는지에 대해서는 확신하지 못하겠다.

나는 7년간 내가 맡은 일에 엄청난 열정을 가지고 임했다. 기력은 줄어들지 않았다. 다른 일을 여러 번 제안받기도 했는데, 특히 법무부에서 일하라는 제안을 받았으나 거절했다. 남편은 내가 프랑스 전역의 수감자 처우를 개선하기 위해 뛰어다니는 것이 불만이었다. "이봐, 감옥은 나아지고 있어. 집에서까지 이야기하지 마. 감옥 이야기라면 지긋지긋해! 더 이상 듣고 싶지 않아." 아이들도 불평을 했다. 가족들의 항의를 들으면서 이 생활을 끝낼 때가 왔다고 생각했지만, 교정행정국만큼이나 흥미로운 일을 찾기 전까지는 이곳을 떠나고 싶지 않았다.

어느 날, 새로운 기회가 찾아왔다. 국회 법위원회를 주재하던 르네 플레뱅이 두 개의 검토 위원회를 신설하고 싶어 한 것이다. 하나는 정신질환자에 대한 것이고 다른 하나는 입양에 대한 것이었다. 그는 내게 두 위원회의 서기직을 맡아달라고 했다. 남편은 무슨 일이 있어도 내가 그 일을 맡기를 바랐고, 르네 플레뱅은 그 일이 내가 서 있던 곳에 변화를 줄 계기라고 여기게끔 했다. 나는 오랜 시간 고

민했지만, 아직은 교정행정국에서의 일을 끝낼 때가 아닌 것 같았
다.

　결국 새로 부임한 법무부 장관인 장 푸아예가 나를 민사국에 배
치했다. 보수파인 장 푸아예는 에드몽 미슐레만큼의 카리스마는 없
었지만 걸출한 법관이었다. 그는 취임하자마자 상법, 부동산법, 가
족법을 비롯한 민법 개정을 추진했다. 나폴레옹 법전이 만들어진
이래로 이런 개혁이 이루어진 적은 없었다. 그는 여성과 남성 간의
사법적 평등, 아동과 재산에 대한 권한을 도입했다. 저명한 법학 교
수이자 사회학자인 장 카르보니에의 주도로 개혁이 이루어졌다. 그
와 함께 일하면서 나는 법에 사회적 현실을 담아내는 일이 얼마나
중요한지를 보다 잘 이해하게 되었다. 그러나 카르보니에 교수는
입양에 우호적이지 않았기 때문에, 아이들이 이 가족 저 가족으로
떠도는 비극을 막게 하기 위해서 이 영역에서 반드시 필요한 법안
의 초안은 내가 작성하게 되었다.

　이러한 개혁 말고도 다른 부처에 법적 지원도 했다. 정신질환자
의 권리와 구금 및 보호에 대해 보건부 산하 고위공무원들과 교류
하면서 나는 그들과 무척이나 소중한 관계를 쌓았다. 이 분야는 다
른 영역과 마찬가지로 관련 법이 19세기 수준에 머물러 있었다. 쿠
르틀린의 소설을 연상케 하는 토시를 낀 동료와 함께 일하는 구식
환경 속에서, 그리고 종이에 자꾸만 '프랑스 비시 정권의…'라는 말
을 쓰게 되는 이곳에서 법을 현대화한다는 것은 무척이나 기괴해

보였다.

　그러나 이곳에서 보낸 5년간의 시간은 풍요롭고도 다채로웠다. 사회의 맥박과 맞닿아 있다고 느꼈기 때문이다. 사회가 기대하는 바가 무엇이고, 중요하고 필수적이지만 늦추어지는 개혁이 어떤 역할을 해야 하는지 더 잘 이해하게 되었다. 사회의 흐름에 비해 너무나 뒤떨어진 법이 사회와 보조를 맞출 수 있도록 그 속도를 빠르게 따라잡아야 했다. 그렇기 때문에 1968년 5월에 일어난 68혁명*은 내게 놀라움을 넘어 열정을 불러일으키는 사건이었다. 혁명에 참여한 이들은 수직적인 위계를 문제 삼았다. 특히 학자나 지식인보다도 공무원 내부에 있는 문제를 지적했다. 다른 이들과는 달리 나는 젊은이들이 틀렸다고 생각하지 않았다. 우리는 실제로 정지된 사회를 살아가고 있었다. 68혁명은 대학, 의료계, 정부 부처, 기업 등에서 자신이 마치 신권을 얻었다고 여기는 고위관료들을 상대로 맞선 것이었다. 이 움직임을 통해서 소르본, 오데옹 등 여러 곳에서 말하고자 하는, 들리고자 하는 커다란 요구가 표출되었다. 우파 거물들이 이야기하던 것과는 반대로 이 혁명은 좌파주의적 망상이 아니었다. 무언가를 움직이게 하겠다는 젊은이들의 실제적인 욕망이 분출된 것이었다.

---

*　1968년 3월 프랑스 파리에서 베트남전 반대를 외치며 《아메리칸 익스프레스》 사무실을 습격한 8명의 학생이 전원 체포를 당하자, 같은 해 5월에 이들의 석방을 요구하는 대규모 항의시위가 발생했다. 여기에 노동자 총파업이 겹치면서 프랑스 전역에 권위주의와 보수체제 등 기존의 사회질서에 강력하게 항거하는 운동이 일어났고 이는 남녀평등과 여성해방, 학교와 직장에서의 평등, 미국의 반전, 히피운동 등 사회전반의 문제로 확산됐다.

당시 우리는 당통 가와 생앙드레데자르 광장 사이에 있으며, 바깥에 발코니가 둘러져 있는 건물에 살고 있었다. 이 건물은 시위 광경을 보러 왔지만 길에서 직접 공화국 보안 기동대에게 야유를 하러 가지는 않던 우리 아이들과 아이들의 친구들에게 인기가 많았다. 사실 보안 기동대가 그런 취급을 받을 필요는 없었다. 그들은 당시에는 여전히 대거 학생 시위로만 보이던 이 무질서를 진압하기 위해서 할 수 있는 일을 한 셈이었다. 이후에 세 아이들 중에서는 니콜라가 시위에 가장 열심히 참여했다. 니콜라는 끊임없이 시위에 나갔고 '만다린', 즉 거물들에게 항의하며 플린 공장으로 시위를 하러 떠나 경찰에게 잡히곤 했다.

초기에는 모든 것을 흥미롭게 지켜보았다. 특히 전통적으로 저항을 하지 않는 분야에서도 열띤 토론이 이어졌기 때문이었다. 법무부에서도 마찬가지였다. 채용이 어렵고, 보수가 나쁘고, 최소한의 변화도 두려워하며, 타성에 젖어 활기를 잃은 이 직업에도 현대화를 향해 갈 순간이 찾아온 것일까? 많은 이들이 이렇게 주장했지만, 낡은 관점을 견지하는 보수주의자들과 대립해야 했다. 보수주의자의 태도는 나를 분노하게 했다. 그래서 나는 판사 조합이 생기자마자 바로 가입했다. 이 일을 계기로 하여 우리가 사는 세상에 법을 적응시키자고 생각하는 이들이 한둘이 아니었다. 또한 진화하는 사회 속에서 법안뿐 아니라 판사의 역할에 대한 인식 역시 변화할 수 있을 것이라 생각했다.

그러나 안타깝게도 원칙은 항상 기대하는 효과를 불러오지 못했다. 나는 금세 조합이 사법개혁보다도 정치적인 위치를 취하는 문제에 더욱 관심이 있으며, 조합주의의 편안함에 젖어 게으름을 피우고 있다는 것을 깨달았다. 예를 들어 나는 어떤 판사들이 조합에 사건을 어떻게 판결해야 하는지 물어보는 모습에 실망을 금치 못했다. 이토록 치졸한 파벌주의는 많은 이들이 기대하던 것과 정반대 모습을 보여주었고, 결국 개혁 정신은 영향력을 행사하는 세력을 만들고 끝이 났다. 좌파의 보수주의는 우파의 보수주의로 바뀔 뿐 실제로는 아무것도 변하지 않았다. 다른 식업군에서도 마찬가지였다. 다양한 분야의 지도자들은 거대한 혼란으로 축약될 수 없던 68혁명의 결과를 자신을 홍보하는 수단으로 유용하게 활용할 뿐이었다.

드골 장군이 언급했던 '아수라장'은 금세 거리를 뒤덮었다. 쇄신을 불러왔어야 할 움직임은 시위대가 법 위에 서는 동안 정치인들의 셈과 계략에 빠져버렸다. 나는 '보안 기동대는 친위대원이다'와 같은 슬로건이나, 생미셸 가의 플라타너스 나무를 베어버리는 것이나, 점점 더 폭력적이 되어가는 대치도 달갑지 않았다. 젊은이들은 공권력에 대해 점점 더 심하게 대항했고, 동요 역시 거세졌다. 그러나 우리는 마치 세상의 종말을 살아가고 있는 것처럼 느끼는 이들만큼 공포에 떨지는 않았다. 직장 생활과 사회생활은 전과 같이 흘러갔다. 때로는 판사증을 가지고도 폴리스라인을 돌파할 수 없을 때도 있었다. 라틴 지구 바깥에서 친구를 만날 때면 친구들이 이렇게 말하는 것을 듣고 놀라곤 했다. "너희 동네는 완전히 불타고 있잖아, 정말 끔찍해!"

그리고 파업이 일어났다. 나라는 서서히 마비되었고, 정부는 얼버무리는 태도를 보였다. 이곳저곳에서 도움을 주려는 제안이 밀려왔고, 우려는 끊임없이 높아졌다. 질서를 되찾아가면서 안도하기도 했지만, 우리는 샹젤리제를 뒤덮었던 친정부 시위에 참여하지 않았다. 시위는 씁쓸한 뒷맛을 남겼다. 학생들이 너무 멀리 갔다는 사실이 그들에게 똑같이 보복해야 할 이유가 되지는 못했다.

드골이 퇴임한 다음 해에 나는 그다지 유감스럽지 않았는데, 투표에서 반대표를 던졌기 때문이다. 상원 개혁은 다른 프랑스인에게 그러했듯 별 문제가 되지 않았고, 그보다는 드골이 국민투표를 자신의 정당성을 위해 활용하였다는 연유에서였다.

드골 퇴임 이후 치러진 대선에서, 나는 주저하지 않고 조르주 퐁피두에게 표를 던졌다. 총리 시절 그가 펼친 정책 가운데 반대하는 게 없었기 때문이기도 하고, 68혁명에 너무나 잘 대처해서 드골이 위기감에 그를 해임할 정도였기 때문이었다.

나의 여정에서 퐁피두의 당선은 하나의 변곡점이 되었다. 이미 함께 일을 한 경험이 있었던 르네 플레뱅은 법무부 장관이 되었고, 내게 기술고문 자리를 제안했다. 일흔 살이 된 나이에도 그는 강력한 영향력을 행사했다. 의장을 포함해 제4공화국에서 요직을 맡은 후로, 그는 시대의 흐름에 잘 적응했다. 국회 법위원회장을 맡았던 당시에는 이전까지 계류되어 있던 법안을 실제적인 진보로 이끌었다. 법무사와 변호사 개혁을 해낸 것이 일례다. 그는 항상 부처를 관리했고 그의 부처에서는 일이 끊이지 않았다. 함께 1년밖에 일을 하지 않았지만 내내 막중한 일을 했다. 내가 맡은 일은 기술적인 일이었다. 부처 내에서 정치적인 역할은 부처의 장에게 맡겨져 있었지만, 내가 맡은 일 때문에 나는 거의 알지 못하는 의회라는 세계에서 온 몸으로 부딪혀야 했다.

그때 당시 아이들은 아직 집에 살고 있었다. 이전까지는 아이들을 보기 위해 낼 수 있던 자유 시간을 일이 잡아먹어서 밤 10시나 11시가 되어야지 집에 돌아올 수 있었다.

1년이 지나고, 한숨 돌리기 위해서 나는 퐁피두 대통령이 제안한 최고사법관회의 서기관직을 수락했다.

나는 퐁피두 대통령을 좋아했다. 그의 시선은 온화했으며 타인에게 예의가 바르고 세심한 태도를 보였다. 현대미술에 대한 열정역시 그의 매력을 더해주었다. 그는 일을 많이 시킨다는 소문이 자자했지만 함께 일하기에 좋은 사람이었다.

퐁피두 대통령이 취임한 뒤, 퐁피두 부인은 내게 자신이 갓 만든 장애인 및 노인 재단의 사무총장이 되어 달라고 했다. 그 제안을 나는 기꺼이 수락했고, 40여 년이 지난 지금도 여전히 그 자리를 맡고 있다. 클로드 퐁피두는 놀라운 인물로, 유능하고 절도 있게 이사회를 운영했다. 그는 지칠 줄 모르고 일했으며 기금 마련에 열심이었다.

최고사법관회의에서 일하면서 나는 정기적으로 대통령을 만났고, 우리는 심각한 이야기를 많이 나누었다. 예를 들어서 나는 사형선고가 내려진 경우에, 대통령의 권한인 사면권을 쓸지 판단하는 데 도움을 주곤 했다.

당시에 최고사법관회의가 하던 일은 많지 않았다. 사형제가 폐지되면서 나중에는 낡은 업무가 된 사면 적용 지시를 제외하면, 판사의 업무 관리가 다였다. 법관들이 와서 승진에 대한 희망을 표하고, 재능을 보여주고, 바라던 대로 승진이 되지 않으면 당황스러움을 드러내는 창구, 일종의 고충처리기관이었다. 이 체계가 행사하는 정치적 비호는 문제가 되었다. 사실대로 말하자면 이 기관에서 3년간 일하면서 나는 정치가 아닌 기업의 질서를 따르고 있는 게 문제라고 보았다. 부장판사가 자신의 사람들을 키우기 때문이었다. 이런 모습은 몇 년이 지나 병원 쪽에서 목격한 것과 같았다.

최고사법관회의에서 보낸 시간이 가장 힘든 시간이라고 말하기는 어렵다. 물론 일의 위신은 높았지만, 법조계 다른 영역에서 일할 때보다는 유용하게 쓰이고 있다는 느낌을 덜 받았다. 나는 경계를 밀어붙일 수 있는 일을 맡았을 때에만 일이 의미 있게 느껴졌다. 즐겁기보다는 회한을 느끼며 고백하건대, 당시 나의 업무는 너무나 가벼워서 오후에 영화를 보러 갈 수 있을 정도였다. 심지어 그곳의 운전기사들은 군의 징집병이었는데, 이들 역시 업무량이 너무나 적어 해당 보직은 이상적인 보직이라는 소문이 나 특히 인기가 많았다. 그렇기는 하지만 맡은 일에는 성실히 임해야 했다. 법무사의 아들이었던 한 기사는 너무나 경솔하게 일했던 나머지 크리스마스 동안임에도 한 달간 군복무 기간이 추가되었다. 독자들을 안심시키기 위해 말하건대, 내가 항상 영화관에 간 것은 아니었다. 보다 널널했던 이 시간 동안 나는 유럽평의회 위원회에서 법무부를 대표해 국가의 시민권 화합과 같은 열띤 주제들을 다루면서 보냈다.

조르주 퐁피두 대통령의 요청으로, 나는 국가를 대표해 프랑스 국영 라디오 텔레비전 방송국의 이사로 임명되었다. 나는 이사회 최초의 여성이었고, 비슷한 시기에 임명된 프랑스 재단에서도 똑같이 최초의 여성 일원이 되었다. 당시 퐁피두 대통령은 남성 독점을 깨기 위해서 2주 간격을 두고 주어졌던 목록에서 남성 두 명을 빼고 내 이름을 넣었다고 전해주었다. 그럴 법했다. 그는 그런 방식으로 일했다. 퐁피두는 사람 좋은 모습 뒤로 자신이 밀어붙이는 일에는 강력한 결단력으로 임했다.

프랑스 국영 라디오 텔레비전 방송국은 당시 어려운 시기를 지나고 있었다. 이사회와 국장인 장자크 드 브레송 사이에 갈등이 있었는데, 장자크 드 브레송은 확고한 원칙에 기반한 보수주의자의 전형으로 이사회 일에 개입하고자 했다. 결국 국장 자리는 훨씬 역동적이고 도시적인 아르튀르 콩트에게, 이어서는 마르소 롱에게 빠르게 넘어갔다. 마르소 롱은 명석한 고위 공무원이었으나 나중에 그가 부임한 정부 일반사무국이나 최고행정법원보다는 이 자리를 덜 편안하게 여겼다. 당시의 프랑스에서 이 배는 몰기가 어려웠다.

공영방송은 68혁명의 상흔에서 아직 회복하지 못한 채였고, 공영방송이라는 임무와 국가의 통제에서 독립하고자 하는 열망 사이에서 좌충우돌하고 있었다. 사회 내부의 갈등이 범람하고 파업이 반복되던 무렵이었다. 발레리 지스카르 데스탱 대통령이 몇 년 뒤 문제를 해결한 방식은 통제할 수 없는 괴물이 된 방송국을 여러 개로 쪼개는 것이었다. 이사회는 다양한 기술적 업무를 해결해야 했는데, 보수, 고용, 인사이동 문제 등이 있었다. 물론 정치인들은 계속해서 다른 조합 사이에서 중재를 하며 끊임없는 알력다툼을 했다. 과로에 시달리는 가운데 참석했던 회의가 다같이 기력만 소진된 채 끝나던 기억이 난다.

1970년대 초는 처음으로 이스라엘에 향했던 때이기도 했다. 그러고 나서는 시몬 페레스*가 설립한 중동평화재단 활동 차원에서 모임을 갖거나 콜로키움에 참여하게 되었다. 첫 번째 이스라엘 방문은 내 삶에서 중요한 단계를 마련해주었다.

그 후 막내아들 피에르 프랑수아가 이스라엘로 갔다. 이스라엘에서의 경험에 매료되었던 그는 몇 달을 키부츠 공동체에서 살았고, 체류를 연장하겠다고 했다. 나는 이 생각을 달갑게 여기지 않았는데, 가족들이 떨어져 사는 것이 마음에 들지 않았기 때문이다. 아

---

* 1923~2016. 중동 문제에 있어 온건하고 타협적인 정치인으로, 총리, 재무장관, 외무장관, 대통령 등을 역임했다. 1993년 외무부 장관으로서 이스라엘과 팔레스타인의 평화 공존을 모색한 오슬로 협정 체결에 결정적인 역할을 했다. 그리하여 1994년 라빈 이스라엘 총리, 아라파트 팔레스타인해방기구 의장과 함께 노벨평화상을 받았다.

들은 키부츠에 합류하기 전에 내 이스라엘 친구 집에 머물렀지만, 내 친구는 내가 이해하지 못하던 아들의 결정을 부추길 만한 행동을 전혀 하지 않았다. 사실 나는 이스라엘에서 살고 싶다는 생각을 한 번도 해본 적이 없었다. 언제나 뼛속까지 프랑스인이었기 때문에 가정으로라도 그런 결정은 고려해본 적이 없었던 것이다.

하지만 이스라엘이라는 나라의 명운과 그곳에 사는 사람들에게는 항상 관심을 가지고 있었다. 강제수용소에 있는 동안, 히브리 국가를 건설하겠다는 발상에 앞서 나는 사람들이 팔레스타인에 가졌던 희망을 감지하고 있었다. 수용소에서 살아 나갔을 때 어떻게 될까 걱정하던 폴란드인과 슬로바키아인들을 기억한다. 일부는 가족이 미국에 있었고 가족과 다시 만나기를 희망하고 있었지만, 그런 이들의 수는 무척 적었다. 공산주의의 찬란한 미래를 꿈꾸던 일부 공산주의자들을 제외하고는, 다들 어디로 돌아가야 할지 몰랐다. 반유대주의가 그렇게나 끔찍하게 드러났던 나라로 돌아가고 싶다는 생각을 하는 사람은 아무도 없었다. 그런 그들에게 팔레스타인은 한 줄기 희망과도 같았다. 전쟁 이후, 어떤 이들은 수용소에 남아서, 배를 타고 간 사람들이 이탈리아를 거쳐 몰래 중동을 향할 때까지 기다렸다. 그들은 유대인 국가를 원했다. 언제 생길지는 몰라도 그곳이 바로 그들이 가고자 하는 곳이었다. 다른 이들과 마찬가지로 1947년에 벌어진 엑소더스 사건에 대해 듣게 되었다. 처음에는 희망을 가지고, 나중에 영국인들이 배가 팔레스타인에 정박하기를 거절하는 모습을 보았을 때는 우려스럽게 지켜보았다. 우리는 선박에 탄 수천 명에게는 그들의 선조의 땅이 삶을 되찾을 수 있는 유일한 희망이라는 것을 알고 있었다.

그러나 나는 비록 공감을 할 수는 있었지만 이 모든 일에 계속해서 이질감을 느낄 수밖에 없었다. 이들이 품은 꿈과 모험은 강렬하기는 했지만 내게 직접적인 영향을 주지는 못했다. 팔레스타인이라는 먼 땅에 시선을 둔 이들의 운명은 나의 운명과는 달랐으며 나는 종교적인 시선으로 세상을 바라보지 않았다. 그런 관점에서의 미래의 이스라엘은 나와 상관이 없었다. 내게 이것은 집을 갖지 못한 이들에게 집을 만들어주고, 가족 없이, 집 없이, 직업 없이 떠도는 사람들에게 평화로운 은신처를 제공하고, 그들에게 마침내 뿌리 내릴 수 있는 땅을 마련해주는 문제였다.

그렇기 때문에 이스라엘의 탄생 이전에 있었던 비극을 마주하고, 망명자에 대해 영국이 잘못을 인정한 뒤에 이스라엘과 아랍 사이에 갑작스럽게 발생한 분쟁은 나를 놀라게 했다. 나는 양측이 유엔이 분할한 대로 받아들이리라고 순진하게 생각했다. 그래서 1948년 일어났던 첫 번째 전쟁*을 무척이나 우려스럽게 바라보았다. 이어 1956년 수에즈 위기**가 발생했을 때는 아랍의 국가주의에 대해

---

* 제1차 아랍·이스라엘 전쟁(제1차 중동 전쟁). 2차 세계대전이 끝나고 영국과 미국은 팔레스타인을 아랍인과 유대인 거주 구역으로 분리하고자 했다. 아랍은 이를 받아들이지 못했고 전쟁이 발발했다. 10개월간의 전쟁 끝에 이스라엘은 처음에 할당되었던 지역보다 더 넓은 지역을 점유하게 되었다.

** 수에즈 운하는 프랑스와 이집트가 공동으로 투자해 개통되었는데, 1875년 재정난에 처한 이집트 정부로부터 영국이 지배권을 사들였다. 1956년 이집트 대통령 나세르가 수에즈 운하 국유화를 선언했고, 영국과 프랑스는 이스라엘을 끌어들여 수에즈 운하 관리권을 이집트로부터 강제로 빼앗으려 했다. 그러나 미국의 압력으로 영국, 프랑스, 이스라엘의 무

서 깨닫게 되었다. 하나는 명명백백했다. 이스라엘에 이집트는 주된 위협이라는 것이었다. 당시에 팔레스타인인들은 전투를 시작할 만한 역량을 갖추고 있지 못했고, 오직 이집트인만이 유대인 국가를 제압할 수 있었다. 시간이 훨씬 지나 유럽의회 의장이 되었을 때, 사다트 대통령*이 유럽의회에 방문한 적이 있었다. 우리는 오래 대화를 나누었는데, 그러면서 이집트와 이스라엘 양국의 관계가 무척이나 바뀌었음을 이해하게 되었다. 그가 보기로 2년 전 이루어졌던 캠프 데이비드 협정**은 종잇장에 지나지 않았다. 안타깝게도 그는 몇 주 지나 살해당했고, 사건은 우리가 꿈꾸던 대로 평화롭게 진행되지 못했다.

이스라엘에 갔을 당시에는 비극적인 사건이 아직 일어나기 전이었다. 그때 사람들은 드골이 유대인들에게 했던 경악스러운 말을 기억하고 있었다. 1967년 이스라엘의 공격***이 일종의 정당방위였기

력행사는 수포로 돌아갔고 수에즈 운하는 이집트가 소유하게 되었다.
* 안와르 사다트(1918~1981). 군인 출신 정치가로 나세르 대통령이 사망한 후 그 뒤를 이어 제3대 이집트 대통령으로 취임했다. 이스라엘과의 평화 없이 이집트의 재건은 힘들다고 생각한 그는 1977년 이스라엘을 방문하여 중동 평화의 길을 열었으며, 1978년 이스라엘 총리 베긴과 함께 노벨평화상을 수상했다. 1981년 이슬람 과격집단에게 암살당했다.
** 1978년 미국의 카터 대통령이 이집트와 이스라엘의 평화 교섭을 위해 사다트 대통령과 베긴 총리를 대통령 별장인 캠프 데이비드로 초청했다. 이에 기초하여 이스라엘이 1967년 6일 전쟁에서 점령한 시나이 반도를 이집트에 돌려주고 가자 지구에서 팔레스타인인들의 자치를 허용한다는 내용의 평화조약이 조인되었다. 이 협정은 오랫동안 갈등을 빚어왔던 아랍과 이스라엘 간에 이루어진 최초의 평화적 접근으로 평가받는다. 하지만 이후에도 중동 지역의 분쟁이 계속되면서 협정의 의미가 퇴색되었다.
*** 6일 전쟁. 수에즈 전쟁 후 이집트 대통령 나세르가 일방적으로 티란 해협을 봉쇄하고 이스라엘 선박 통과를 금지시켜서 일어난 전쟁으로, 이스라엘은 상대가 공격하기 전에 먼저 공격하는 예방전쟁을 내세워 6일 만에 이집트, 요르단, 시리아를 차례로 격파했다.

때문에 그 언사는 더욱 부당했다. 세 진영에서 이스라엘이 거둔 승리는 경계를 느슨히 하고 새로운 땅을 정복하게끔 했다. 이스라엘이 모두를 살리기 위한 해결책을 찾기 위해 최선을 다해야 했다고 생각했으나 안타깝게도 기회는 오지 않았다. 이어서 양쪽 다 평화를 향한 기회를 놓쳤다. 협소한 부지 때문에 영토 내에서 타협이 용이하게 이루어지지 못했다. 지리적으로 너무 작은 공간에 너무 많은 역사가 담겨 있었다. 게다가 이스라엘이 지역 내의 유일한 민주주의 국가라고 하지만, 비례대표제는 정부의 안정성을 유지해주지 못했다.

어쨌든 간에, 오늘날에도 상황은 여전히 교착상태로 남아 있는 듯 보인다. 이유는 다양하나, 각자가 자신의 정치적 성향에 따라서 그 이유 간의 중요도를 다르게 매긴다. 그리고 이들은 세대를 그다지 고려하지 않는다. 만일 팔레스타인 문제가 50년 전에, 지금같이 첨예하게 나타났다면, 많은 이스라엘인들이 양보했을 것이다. 그들 중 많은 수가 유대 국가를 만들기도 전에 팔레스타인에 정착해 키부츠를 만들었고, 그런 그들의 태도에는 어떤 헤게모니도 배어 나오지 않았다. 오랫 동안 시몬 페레스 같은 사람이 이러한 민감성을 대표하고 나섰다. 그리고 유럽의회를 주재할 때, 나는 보수파 지도자인 베긴*을 여러 차례 만났다. 그는 사다트보다는 통찰력이 적

---

* 메나헴 베긴(1913~1992). 폴란드에서 태어나 바르샤바대학을 졸업하고 시오니즘 운동에 참가했다. 1942년 영국 통치 하에 있던 팔레스타인으로 이주하여 대영 테러를 주도하였으며, 1973년 우익연합인 리쿠드의 당수가 되었다. 1977년 이스라엘 제6대 총리로 취임한 후 이집트와 화평 교섭에 힘썼으며 1978년 노벨평화상을 수상했다.

어 보였으나 그 역시 협약의 중요성을 이해했다. 이 말인즉슨 이스라엘인들 간의 생각의 차이가 다양하지만, 그럼에도 불구하고 이들 역시 양보를 수락했으리라는 점이었다. 이후 세대는 광적인 애국주의에 사로잡혀 같은 태도를 취하지 않았다.

첫 이스라엘 방문으로 돌아가면, 나는 이스라엘에서 4, 5일밖에 머물지 않았다. 텔아비브에 있는 친구 집에서 머문 뒤에, 나는 막내아들이 머무는 키부츠로 그를 보러 갔다. 그는 열심히 히브리어를 배우고 있었고 무척이나 행복하게 지내고 있다고 했다. 그는 열여섯 살이었고, 나는 아들이 공부와 유럽에서의 삶을 포기하는 것을 차마 받아들일 수가 없었다. 나는 아이에게 다시 생각해보라고 했고, 이 조언은 결실을 거두었다. 다른 두 아들은 이런 걱정과 거리가 멀게 살고 있었다. 맏이인 장은 법 공부를 끝냈고, 니콜라는 의학을 공부했다.

이스라엘에 짧게 머물면서, 나는 더 먼 곳으로 떠나는 여행의 즐거움을 발견했다. 나는 친구 자클린 오리올과 같이 여행했는데, 우리는 각자의 이점을 활용했다. 자클린은 에어프랑스에서 일했고, 나는 남편이 항공수송연맹을 관리하고 있었기 때문이다. 우리는 때로 3~4일 정도 파리를 벗어났다. 우리는 아시아나 아프리카와 같이 기후 조건이나 숙소 여건이나 건강상의 위험 같은 문제를 전혀 알 수 없는 곳으로 멀리 여행을 떠나고는 했다. 어느 해 3월 말, 카메룬과 차드 국경에서 해가 쨍쨍 내리쬐는 가운데 몇 킬로미터나 걸었던 적도 있다. 우리를 은자메나로 데려다주기로 했던 차가 오지 않았기 때문이었다. 우리를 지나치던 차에 탄 이들의 표정을 보자니 그들이 어떤 생각을 하고 있는지 어렵지 않게 추측할 수 있었다. '미친 게 분명한 저 두 백인 여성이 어째서 강을 따라 걷고 있는 걸까?' 이런 일탈은 무척이나 멋졌지만, 일을 충분히 하고 있지 않은 상태를 채우지 못했다. 나는 머릿속으로 어떤 운명이 나를 기다리고 있는지 생각하곤 했다.

6

여성 장관의 과업

1974년 3월 말, 자클린 오리올과 네팔을 방문할 무렵, 가슴 속에는 교정행정국에 대한 그리움을 가지던 그때, 어떻게 내가 두 달 뒤 발레리 지스카르 데스탱 대통령 취임 이후에 시라크 정부의 일원이 될 줄 알았겠는가? 당시에는 모두들 퐁피두 대통령의 건강이 나쁘다는 것을 알고 있었다. 코르티손 때문에 그는 살이 쪄갔다. 그가 얼마나 고통받는지는 알고 있었지만, 우리는 그의 상태가 얼마나 심각한지를 과소평가하고 있었고, 그 역시도 자신의 상태에 대해서 극도로 말을 아꼈다. 압도적인 풍경에 반했지만 히말라야 정상이 구름에 가려져 보지 못해 조금 실망한 채로 네팔에서 돌아오는 길에, 대통령의 서거 소식을 들은 나는 충격에 빠졌다.

예고도 없이 곧바로 대선 선거운동이 시작됐다. 자크 샤방델마스는 너무 빠르게 입후보해 첫 발을 헛디뎠다. 나와 남편은 고민하지 않고 '새로운 사회'의 아버지인 자크 샤방델마스를 지지했는데,

세 후보 중 그가 진정으로 개혁을 할 수 있을 인물 같았기 때문이다. 발레리 지스카르 데스탱은 세련된 우파지만 이데올로기적으로나 사회학적으로나 너무나 보수적이었다. 좌파로 돌아선 프랑수아 미테랑은 우리에게 어떤 신뢰도 주지 못했다. 사회개혁, 민주주의, 국민과의 대화를 지지하며 정계에 정통한, 그리고 드골주의를 헤치고 나아갈 수 있는 인물은 보르도의 시장, 샤방뿐이었다.

그러나 예상과는 달리 기대주는 힘을 잃었다. 샤방은 카메라 아래서 힘을 잃었고 나라의 현실과 어긋나는 연설을 한 반면, 상아탑을 떠난 지스카르는 점점 더 옳은 이야기를 했다. 샤방은 점점 더 낡은 인물이 되어갔다. 앙드레 말로가 진행했던 한 텔레비전 토론회에서 샤방이 경련 때문에 거의 알아들을 수 없는 말투로 대답하면서 유세에 치명타를 가해 표를 다 떠나보냈던 기억이 난다. 그때부터 지스카르는 결선에 올랐고 미테랑을 이길 수 있을 것 같아 보였다. 놀라운 것은 지스카르가 전통적으로 좌파의 영역인 수사에서도 미테랑을 이겼다는 점이었다. '마음을 독점할 수는 없다'는 그의 말은 오늘날까지도 남아 있다.

샤방의 유세에 실망한 나는 그의 패배에 놀라지 않았다. 그러나 지스카르를 가까이에서 볼 기회가 없었기 때문에 그의 성격을 파악할 기회도 없었다. 나는 결선에서 기권표를 던질 생각이었다. 막내를 데리고 투표소로 향했는데, 막내는 아직 어려서 선거권이 없었지만 그에게 결정을 내리지 못했다고 말하니 아이는 놀라움을 금치 못했다. "이해가 안 돼요. 선거에서 절대 하면 안 되는 게 있다면 기권이에요. 둘 중에 나은 사람을 고르고, 절대 마음에 들지 않는 사람을 빼면 되잖아요. 어쨌든 투표는 해야죠." 단순함의 미학이 있는 주장이었다. 그래서 나는 지스카르를 뽑았다. 일종의 오해와 더불어 내가 가진 개방적인 이미지 때문에 사실은 그렇지 않음에도 사람들은 나를 좌파로 보았기에, 당연히 내가 미테랑을 뽑았다고 생각했다. 나는 그들이 가진 정치적 일관성에 대한 생각을 누그러뜨려 주고자 지스카르를 뽑았다고 말했다. 그때까지만 해도 나는 그의 정부에 들어갈 줄 꿈에도 모르고 있었다.

유세 동안 지스카르는 정부에 여성 인사를 등용하겠다는 이야기를 했고, 이 말은 당시의 시대정신에 잘 맞았다. 그보다 몇 달 전 여성지인 《마리클레르》 연말호에서 오로지 여성으로 구성된 정부에 대한 파격적인 기사를 내놓았는데, 기사 속에서 나는 난데없이 총리가 되어 있었다. 이전까지 나는 대중에게 알려지지 않았고 선출직이나 장관직을 맡은 적도 없었던 만큼 이 기사는 더욱 특이했다. 이 가상의 정치계를 만드는 데 기자들이 참고했을 정치계에 나는 일절 소속되지 않았기 때문이다. 물론 프랑수아 지루*는 가상의 연단에서 가장 빛나는 자리를 차지했다. 나만 이 가정에 놀란 게 아니었다. 하루는 남편이 전부 이공계열이었던 부부 동반 모임에 참석한 적이 있었는데, 특히 지루했던 식사 자리에서 부인들은 갑자기 반색하며 짓궂게도 내게 《마리클레르》에 이름을 거는 데 얼마를 주

---

* 프랑스 최초의 여성 시나리오 작가이자 감독, 최초의 여성 신문사 편집국장 등을 맡았던 여성 언론인.

었느냐고 물었던 것이다. 그리고 지스카르가 당선되었다. 며칠 뒤 신임 대통령이 다른 여성들보다도 나를 고려하고 있다는 소문이 돌았다. 총리가 내 이름을 거론한 것 같았다.

이미 나는 자크 시라크와 가까이 할 기회가 있었다. 남편은 그를 권력에 가까운 정계에서 마주친 적이 있었다. 그는 놀라운 에너지로 나를 매료시켰다. 그는 화기애애하고, 따뜻하고, 보편적이자 종파적이고, 좌파가 아니라는 데 일말의 후회를 가진 것도 같았다. 간단히 말하자면 매력적이었다. 그리고 나는 그의 주요 조언자인 마리프랑스 가로*와 안면이 있었다. 가로는 나처럼 판사였다. 우리는 그이가 장 푸아예의 특사이던 1962년부터 1967년까지 만날 기회가 있었다. 그리고 나서 우리는 피에르 주이에**와 함께 조르주 퐁피두의 후임이었던 자크 시라크를 지지하기로 결정할 무렵에 제법 가까워졌다. '새로운 여성 정치인'을 찾는 신임 대통령의 요청에 따라 자크 시라크에게 내 이름을 말한 이가 가로라는 걸 나중에 알게 되었다. 새 행정부에 대한 그림을 섬세하게 그려가던 와중에 나를 둘러싼 소문은 점점 더 구체적이 되어갔다. 나는 기자와 의원 친구들을 통해 이것이 정치를 하는 방식이라는 걸 알아냈다. 무작위로 이름을 던지고 여론의 반응을 보는 것이다. 이런 식으로 시험을 거치면 누군가는 권력의 정점에 오를 수 있었고, 이에 가까워 보였던 누

* 1970년대 프랑스에서 가장 영향력 있는 여성으로 여겨진 인물로, 퐁피두 대통령, 자크 시라크 총리, 프랑수아 미테랑 대통령의 개인 고문이었다.
** 1921~1999. 퐁피두를 비롯한 대통령과 총리의 정치 고문이었다.

군가는 멀어지게 된다. 레몽 바르*가 말했듯 파리라는 작은 세계 안에서 마음은 요동치고 소문은 쑥덕댄다.

어느 날 저녁에 친구들과 저녁을 먹고 있었는데, 주인이 내게 잠시 나가보라고 했다. 누군가 나와 긴급히 이야기를 나누고 싶어 한다는 것이었다. 자크 시라크였다. 내게 기회가 주어진다면 정부에 합류하고자 하는지 물어보고자 한 것이었다. 그는 하루 동안 생각하고 다음 날 연락을 달라고 했다. 남편은 내가 그날 저녁 얼마나 차분한지 보고 놀랐다. 솔직히 말하자면 내 앞에 무엇이 기다리고 있을지 그저 모호하게 느껴졌다. 호기심을 느낀 내가 결정을 내리는 데 오랜 시간이 걸리지는 않았다. 다음날 보건부에 도착한 나 자신을 보면서, 나 같은 신출내기는 금방 실수를 저질러 다시는 이곳에 얼씬도 하지 못할 것 같다는 생각을 했다. 그런데 대통령은 왜 관련 경력이 없는 나를 보건부 장관으로 임명했을까? 아마 그가 약속했던 임신중단 수술 합법화를 염두에 두었기 때문이 아닐까? 의심의 여지가 없었다. 나는 유일한 여성 장관이었고, 다른 여성 인물들은 모두 차관급이었다. 애니 레쥐르는 교육부, 엘렌 돌락은 법무부, 프랑수아 지루는 여성부에 몸담고 있었다.

처음 정부에 발을 들였을 무렵, 처리해야 할 정부 서류와 업무 때문에 일과가 꽉 채워졌다. 전부 신임 대통령의 성격에 영향을 많이 받는 부분이었다. 대통령의 민첩한 사고와 업무 능력은 그의 당당

---

* 1924~2007. 파리정치대학 교수를 지낸 정치인으로 1959년부터 드골 정권 정부 요직에 있었고, 유럽공동체 경제담당 부위원장, 총리 겸 경제장관을 지냈다.

한 풍채와 높은 이상과 맞물려 그를 무척이나 인상적인 인물로 만들어주었다. 그래서 나와 같은 신임 장관들은 마치 살얼음판을 걷듯이 아슬아슬하게 지내야 했다. 회의 동안에 누군가가 중얼거리거나 필기를 뒤적거리면, 대통령은 금세 눈썹을 찌푸렸다. 자크 시라크는 상냥하게도 신참을 구원하기 위해 이렇게 등장했다. "대통령님, 모 장관님께서는 이 사건을 무척이나 잘 처리하고 할 수 있는 최선을 다했다고 말씀드리고 싶습니다." 그러면 대통령은 조용히 동의하며 회의가 재개되었다. 총리는 원만한 수습을 위해 노력했다. 당시 테이블에는 첨예한 정적들이 함께 앉아 있었다. 예를 들면 기존 드골주의자가 지스카르 지지자들과 한데 앉아서, 지스카르 지지자들이 5년 전 국민투표에서 반대표를 던져 드골을 퇴임시켰던 일을 비난하는 광경이 벌어지곤 했다. 다른 중도파 지도자들도 예외는 아니었다. 나와 같은 신입들은 대통령이 발언권을 줄 때까지 말하지 않는다는 관습의 덕을 보며 침묵을 지켰다. 어떤 경우에서든 자신의 신념을 단조롭지 않으면서 우아하게 전하기란 쉬운 일이 아니었다. 2년 뒤 대통령이 유럽 통화 체계 계획에 대한 관점과 동의 여부를 모두에게 돌아가며 물어보던 순간 어찌나 긴장했던지.

이런 형식에도 불구하고, 장관 회의는 우리 모두에게 무척이나 강렬한 순간이었다. 이 모임은 정부 각 인사들로 하여금 국가에서 집행되는 국정 전반을 이해할 수 있도록 해주었다. 당시 오가던 발언은 굉장히 수준이 높았지만, 당시 외무부 장관이 습관적으로 개입할 때마다 우리는 때때로 아연실색하곤 했다. 장 소바냐그는 장관직보다 외교직을 훨씬 훌륭하게 수행한 인물이었다. 그는 한 번씩 독특한 주장을 했는데, 그래도 그의 발언은 간략한 편이었다.

정부를 구성하는 인사 중 이전에 내가 알던 이는 마르셀 블뢰스테인블랑셰의 가택에서 만난 프랑수아 지루밖에 없었다. 지루가 여성부에 등용된 만큼 그와 함께 일하는 게 정상적으로 보였고, 나는 업무를 맡자마자 그에게 함께 일하자고 제안했다. 지루가 여성들의 요구를 수집하고 그에 대해 이야기를 나누면, 내가 소속된 부처가 그에게 예산을 지원하면 되었다. 여성부는 예산이 궁핍했기 때문이었다. 프랑수아는 내 말을 정중하게 들었지만, 며칠 뒤 나는 《렉스프레스》지에 그가 쓴 무척이나 풍자적이고도 불쾌한 사설을 보았다. 나는 그런 기사를 쓴 여성에게 무언가를 제안하는 일이 시간 낭비라는 결론을 내렸다. 그는 여성의 대의에 신경을 썼을까? 그렇게 생각하지 않는다. 지루는 명석한 성격에 명문장가였으며 톡 쏘는 문장들을 가지고 놀 줄 알았다. 샤방 대선 캠페인 때 유명했던 그의 문장, "구급차에는 총을 쏘지 않는다"를 기억할 것이다. 그러나 그는 언론에서 보이는 바와는 다르게 운동에 실질적으로 참여하는 정도가 훨씬 낮았다.

반대로, 전혀 다른 배경과 정치적 발상을 가진 한 남성과는 즉각적으로 신뢰 관계를 쌓게 되었는데, 바로 미셸 포니아토프스키였다. 발레리 지스카르 데스탱과 거의 유일하게 절친한 사이이며 제2의 총리와도 같아 자신이 맡은 직책, 즉 이미 핵심적인 자리인 내무부 장관 이상으로 영향력을 행사하던 그는 무척이나 붙임성 있었다. 우리는 정권 교체식 때 가까워졌다. 미셸 포니아토프스키는 퐁피두 전 대통령 재임 당시 메스메르 정부에서 보건부 장관을 지내면서 나라 안에서 음성적으로 일어나는 임신중단 문제의 심각성을 파악했다. 나는 그가 이렇게나 큰 신념을 가지고 이렇게 말하게 될 줄 몰랐다. "빠른 시일 내에 임신중단이 합법화되어야 해요. 그렇지 않으면 플락MLAC*이 어느 날 아침에 장관실에서 낙태를 하는 꼴을 보게 될지도 모른다고요!" 나는 할 말을 잃었다. 문제가 심각하다는 것은 알고 있었지만, 지스카르 주변에 이렇게나 날카로운 생각을 가진 정치인이 있을 줄은 몰랐다. 그들 중 많은 이들은 플락의 압박을 국가에 대한 부당한 도발이라고 생각했다. 지스카르는 이 문제를 무척이나 진지하게 고려했다. 국가 권위를 무척이나 주의 깊게 바라보았던 그는 공권력을 이렇게나 문제 삼게 되는 데 충격을 받았다. "우리는 여성들이 버스와 기차를 타고 국외로 낙태를 하러 가는 걸 용인할 수 없어요." 그는 측근에게 이렇게 말했다. 실제로 어떤 약국에서는 외설적인 광고가 붙기도 했다. "모일 모처에 버스 출발 예정." 이 모든 이유로, 대통령이 흔히 생각하는 법무부에서가 아니라 보건부에서 이 문제를 다루리라는 것을 이해했다. 법무부 신임 장관 장 르카누에는 임신중단 법제화의 긴급성을 제일 확신한 인물은 아니었기에 안타깝게도 그는 직접 법안을 제출하지 않았다. 그러므로 우리 부처와 나는 우리 앞에 놓인 작업에 빠르게 착수했다.

---

* 임신중단과 피임에 관한 해방운동 단체.

나는 운 좋게도 환상적인 동료들과 협업을 할 수 있었다. 내 곁에는 우선 훌륭한 두 법률 고문, 차후 파리 고등법원장으로 부임한 미리암 에즈라티와 국가 고문 콜레트 멤이 있었다. 그리고 르네 플레뱅과 함께 일할 때 만났던, 지적으로나 인간적으로나 뛰어났던 국가 고문 도미니크 르 베르가 부처 실장을 맡았다. 르 베르는 내가 정부에서 머물렀던 1974년부터 1979년까지와 1993년부터 1995년까지, 총 7년간 함께 일했는데, 동료들은 당시 그를 두고 훌륭한 실장 가운데 하나라거나, 혹은 가장 훌륭한 실장이라고 전했다. 슬픈 사실은 내가 정부를 떠난 후 얼마 지나지 않아 그가 숨을 거두었다는 점이다. 이 시간 동안 그가 없었다면 내가 무엇을 할 수 있었을까?

이런 경험을 해본 사람에게는 평범한 설명이겠지만, 다시 언급하자면 장관으로서의 생활은 무척이나 격렬했다. 새로운 직책은 한시도 빼놓지 않고 매 순간 시간, 의지, 에너지를 요구했다. 매일 무척이나 다양한 주제에 대해 결정을 내려야 했고, 일주일에 몇 번씩 의회에 가서 법안을 방어해야 했다. 이 중에서는 중요한 가족법도 포함되어 있었다. 매주 수요일마다 의회의 질문에 답해야 했으며, 장관실로 오는 편지를 처리하는 것도 중요한 일이었다. 동료들은 내게 정기적으로 편지 내용을 전해주었고, 저명한 이들이 끊임없이 어떤 일이 얼마나 중요한지 내게 상기시켜주었다. 또한 장관으로 부임하자마자, 장 베르나르 교수와 공통으로 알고 있는 친구가 저녁식사 자리를 만들었다. 교수가 나를 가능한 빨리 만나고 싶어 한다는 것이었다. 나는 거절할 수가 없었다. 그는 내게 내가 전혀 알지 못하던 '절대적 긴급 상황'에 대해 설득하고자 했다. "곧 병원에 간호사가 남아나지 않게 될 거예요. 이미 모자라요. 간호사 채용을 미루어서는 안 됩니다. 그렇지 않으면 공립 병원이 더 이상 제 기능을 하지 못하게 될 거예요." 나는 신임 장관이 즉각적인 답을 내주기를 사람들이 얼마나 기대하는지 이해하게 되었다. 그러나 돌연히 등장하는 과업의 규모는 나와 같은 신참이 충격을 받을 만했다.

일을 밀어붙이기 위해서 처리해야 할 서류도 산더미였다. 우선 정부는 노인을 위한 시설 전면 개보수에 착수했다. 인구는 고령화되고 있는데 국가 시설의 수가 턱없이 적고, 있는 시설마저 부적절하다는 것을 알게 되었기 때문이다. 또한 까다롭고 긴급한 예산 문제도 빠르게 처리해야 했다. 당시에 병원은 많이 지어지고 있었지만 대부분은 실제 수요와 균형이 맞지 않았다. 그러니 계획 중 대부분은 재고되어야 했다.

나의 업무가 더 무거웠던 이유는 의료계 전반이 나를 받아들이는 데 주저했기 때문이었다. 무척이나 보수적인 업계에서 내 결점은 세 가지나 되었다. 우선은 여성이라는 점, 임신중단 합법화에 찬성한다는 점, 그리고 유대인이라는 점이었다. 로베르 불랭*이 몇 년 앞서 만든 의사 고문단을 처음 만났을 때, 그들은 나를 무척이나 차갑게 맞았다. 아마 나를 죽일 수만 있다면 죽였을 것 같았다. 나는 시간 낭비를 한 게 확실하다고 생각하면서 5분간 머물렀다. 그 후

---

* 1920~1979. 여러 정부에서 재정부, 보건부, 노동부 등 다양한 장관직을 맡은 프랑스 정치인.

고문단이 해산되기 전까지 그들을 소집한 경우는 가끔밖에 없었지만, 그들은 이 사실에 개의치 않는 것 같았다.

사회보장제도는 미셸 뒤라푸르 장관이 맡고 있는 노동부 일이었기 때문에 내 산하에서 다루어야 할 문제는 아니었지만, 국가 재정이 처참한 수준이라는 걸 금세 알아차렸다. 2년 뒤 레몽 바르가 자크 시라크에 이어 총리로 임명되었을 때였다. 그동안 경제 위기는 계속해서 상황을 긴장 상태로 몰아넣었고, 신임 총리가 단행하는 조치에도 불구하고 적자를 최소한으로 유지하는 데 어려움을 겪었다. 당시에 보건부 지출이 어떤 의회 토론의 주제가 되지 못했던 만큼, 별다른 통찰력 없이도 지출이 치솟으리라는 것을 알 수 있었다. 나는 의사들이 모인 자리에서 그들에게 경각심을 불러일으키기 위해 이렇게 말했다. "의료에는 대가를 치러야 하지만 비용도 듭니다. 이 점을 유념해야 합니다." 그러나 그들은 내 말을 하나도 이해하지 못한 것 같았다.

얼마 지나지 않아 나는 난데없이 스포트라이트를 받았다. 우선은 뤼시앙 뉴워스*의 노력에도 불구하고 무척이나 제한적이었던 피임의 적용을 전면 확대하는 첫 번째 법안이 투표되었기 때문이었고, 두 번째로는 여름에 임신중단 합법화 법안에 착수했기 때문이었다. 나는 임신중단과 관련된 국내 현황이 더 이상 유지되기 힘든 상황임을 반복해 말했다. 이 문제는 장 태탕제 법무부 장관이 지난

---

* 1924~2013. 1967년 뉴워스법을 발의하여 프랑스에서 피임을 합법화했다.

해 도입하고자 했던 법안을 의회가 거절하면서 보편적인 문제로 떠올랐다. 그러나 해당 법안은 모체나 태아의 건강이 위협받을 때에만 임신중단을 허용하기 때문에 제한적이었다. 법안에 적대적이었던 퐁피두 대통령은 마지못해 지지했고, 의원들은 법무부 장관의 온건한 연설 이후 해당 발의안을 본회의에 상정하는 데 표를 주었다. 문화위원회는 어느새 이 문제에 관여했으나, 퐁피두 대통령의 갑작스런 서거와 이후 치러진 대선 이후에 아무런 진전도 없었다. 그런고로 1974년은 1920년의 낡고 엄격한 헌법이 적용되던 시기였다. 임신중단을 하는 대부분의 사람들은 수사망을 피해갈 수 있었지만 어쨌든 법은 법이었고, 모두들 비시 정권에서 1943년 7월 30일 쉘부르의 세탁사 마리루이즈 지로를 '본보기'로 사형에 처한 사건을 기억하고 있었다.* 지로의 처참한 이야기는 나중에 클로드 샤브롤의 영화로도 만들어졌다.

그러나 국회 위원회는 수수방관하고 있지 않았다. 대통령의 비호 하에, 음성 임신중단 시술을 훤히 알고 있던 한 시골 의사는 1년 뒤 백서를 발간했고 그 책이 큰 도움이 되었다. 이 백서에는 성직자, 비종교인, 프리메이슨, 철학자, 의료계 전문가들의 목소리가 담겨 있었다. 연구 대상 범위는 무척 넓었고, 일반적으로 장 태탕제가 제안한 것보다 훨씬 야심찬 법안이 발의되어야 한다는 데 힘을 실어 주었다. 그때부터 나는 그의 법안이 거부된 상황을 다르게 받아들

---

* 쉘부르의 세탁소에서 일하던 마리루이즈 지로는 피임이 허용되지 않던 당시에 임신중단을 돕는 산파로 유명했다.

였다. 아마도 잘된 일이었다. 만일 이 법안이 승인되었다면 상황은 대중이 더 멀리 갈 준비가 되었다 할지라도 몇 년 동안 정체상태에 머무를 게 뻔했다. 다시 말하자면, 우리는 자유로운 상태였다.

몇 년 동안 나는 여성이기 때문만이 아니라 판사로서도 임신중단 문제에 민감하게 관심을 가지고 있었다. 대부분의 동료들처럼 나는 비극을 목격하곤 간담이 서늘해지곤 했다. 몇몇 판사들의 특이한 반응은 나를 충격에 빠뜨리기도 했다. 당시 한 수사판사는 임신중단 수술을 실시한 의사들을 기소해 의사로서의 생명을 끊어 놓는 데 집착했다. 그는 광기에 휩싸인 듯이 행동했지만 법은 그의 광적인 행동을 용인했다. 따라서 법무부에 있던 몇몇은 새로운 법안을 위해 싸웠다. 형사국에 몸담고 있던 크리스티앙 피에르 판사가 이 문제를 맡고 있었다. 새 정부가 들어설 때마다 그는 신임 법무부 장관에게 임신중단 합법화 문제의 시급성을 알리는 메모를 보냈다. 그러나 장관이 바뀌어도 법안은 어떤 것도 등장하지 않았다. 임신중단 합법화 문제가 법무부가 아니라 보건부로 이관되어야 한다고 파악한 이는 미셸 포니아토프스키였다. 한때 그는 나를 위원회장으로 임명하려고 했다. 내가 이 문제에 관심이 있음을 알기 때문이었다. 그러나 조르주 퐁피두 대통령이 서거한 이후, 사건의 진행 속도가 빨라져 이 민감한 사건을 다루게 된 것이었다. 나는 상황의 시급성을 알지만 함정이 도사리고 있다는 것도 알았다. 내가 싸워야 하는, 여론과 의회 양측에 위치한 반대편의 존재도 과소평가할 수 없었다. 지스카르 데스탱은 의회를 해산하지 않았고, 나는 1년 전 훨

썬 온건한 법안에도 반대표를 행사한 이들을 다시 마주해야 한다는 걸 알고 있었다.

최소한 나는 대통령의 무조건적인 지지를 등에 업고 있었다. 그러나 총리는 훨씬 신중한 태도를 보였다. 자크 시라크의 눈에, 국가에는 임신중단 합법화보다 훨씬 더 긴급한 문제가 많이 있었다. 그렇다면 대통령은 왜 이 문제를 제일 먼저 해결하려 했을까? "여성들은 항상 문제를 해결해왔고 앞으로도 해결할 수 있을 거예요." 시라크는 예의 침착함을 담아 이야기했다. 그러나 일관되게 충성스러운 그의 성격 덕에, 대통령이 이 법안을 통과시키고 싶다고 힘주어 말하자 자크 시라크는 법안이 통과될 수 있도록 내게 지원을 아끼지 않았다. 정부 내에 있는 모두가 이 전쟁을 준비했다. 나를 포함해 대통령, 총리, 미셸 포니아토프스키 내무부 장관까지······. 모두 다, 혹은 거의 다라 보아도 좋았다. 토론 결과가 불확실했기 때문인지 아니면 개인의 신념과 법무부 장관으로서 목도하지 않을 수 없는 현실 사이에서 갈등했기 때문인지, 장 르카누에는 신중한 태도를 고수했다. 그리고 '생명권'을 주장하는 극단적인 진영을 자극하지 않기 위해서, 프랑수아 지루에게 임신중단을 '여성의 권리'라고 이름붙이지 말아달라고 부탁했다. 알다시피 무척이나 까다로운 문제였기 때문이었다. 가장 실현 가능성이 보이는 각본은 하원에서 어렵사리 투표를 하고 난 뒤, 사회문제에 항상 더 보수적인 상원이 법안을 거부하고, 하원에서 그 법안을 강제로 통과시키는 것이었다.

법안을 정교화한 뒤에는 총리실보다는 대통령 측과 함께 일했다. 내 동료들은 몇 주 동안 싸울 태세를 취하고 있었다.

어떻게 보면 취해야 할 노선은 단순했다. 유럽 내에서 임심중단에 관한 법안은 다양했지만 따르지 않아야 할 모델이 무엇인지는 잘 알고 있었다. 예를 들어서, 임신중단을 원하는 여성들의 상황을 판별하는 위원회를 설치하고 싶지는 않았다. 같은 차원에서, 결정권은 여성에게 속해야 했다. 물론 여성들은 전문가에게 조언을 듣고, 숙려 기간을 가지며, 자신의 행동에 대한 결과에 대해 정보를 들이야 하지만, 결국 결정을 내리는 쪽, 그러니까 자신이 처한 고통을 판단하는 쪽은 여성이어야 했다. 논쟁을 명료하게 이끌기 위해서, 나는 플라닝 파밀리알Le Planning Familial*이나, 임신중단 자유화에 가장 앞장선 지젤 알리미와 같은 인물들에게 자문을 구했다. 지젤 알리미는 강간을 당해서 임신중단을 한 미성년자를 불법을 저질렀다며 기소한, 아직도 회자되는 1972년의 보비니 재판에서 피고의 무죄를 이끌어낸 인물이었다. 그리고 물론 다양한 산부인과 의사들도 만났다. 나는 이들의 의견이 갈리는 데다 법안에 찬성하는 이들이 많지 않음에 놀랐다. 하지만 다행히도 상황은 이후에 많이 바뀌었다. 많은 여성들의 비극에 무력감을 느낀 젊은 수습 의사들이 교수가 되면서 의료계 전반의 시선이 바뀐 것이다. 오늘날, 임신중단에 일부러 적대적인 태도를 보이는 산부인과의를 만나기란 쉽지 않다. 일반의들은 거의 만장일치로 법안에 찬성했다. 그들의 도덕적인 신념이 무엇이든 간에, 이들은 대중 사이에서 행해지는 불법 임신중

---

* 프랑스의 페미니스트 단체로 임신중단 합법화를 위해 노력했다.

단이 일으키는 피해에 대해 경악을 금치 못하고 있었다. 법이 여성들을 지켜야 했다. 부자들은 상황이 나았다. 영국이나 임신중단 수술이 용인되는 네덜란드로 갈 수 있기 때문이었다. 이 의사들은 가톨릭 소속일지라도 많은 여성들이 어떤 경우에도 임신중단을 하며, 이 위선을 끝내기 위해서는 무슨 수를 써서라도 법안을 마련해야 한다는 사실을 알고 있었다.

　종교계와는 그리 큰 갈등을 겪지 않았다. 이들은 내 결심에 대해서 알고 있었고, 나는 그들이 나와 반대되는 원칙에 서 있음을 알았다. 운신의 폭은 좁았지만 분명히 존재했다. 종교적 양심을 건드리지 않는 선에서 협상하기로 타협해야 했다. 역설적이게도 극단주의자들 덕에 일이 쉬워졌다. 1년 전, 장 태탕제가 법안을 제출했을 때 생겨난 "아기들을 살려내라" 캠페인은 사람들이 그런 법안이 있는지도 모를 때부터 맹활약을 했다. 사람들은 금세 소음과 추문으로 떠들썩하며 비방과 험담을 마다하지 않는 이 캠페인이 극우세력 때문에 생겨났음을 파악했다. 따라서 종교 각계 지도자들은 이 캠페인과 선을 긋고자 했다. 가톨릭교회와의 관계는 내가 두려워했던 것보다 더욱 수월하게 이어졌다. 남편과 가까운 사이이자 법안에 우호적이었던 조제프 퐁타네*의 중재로, 나는 가톨릭교회 위계 내에서 이 문제를 맡고 있는 고위 성직자와 만날 수 있었다. 그는 나를 설득하려 들지 않았다. 그저 법안 내에 양심의 자유가 지켜지고, 무엇도 임신중단 시술자나 의사를 강요하지 않기를 바랄 뿐이라는 소

* 　1921~1980. 기독민주당 소속 정치인으로 노동부 장관과 교육부 장관을 지냈다.

망을 밝혔다. 당시에 프랑스 교회는 무척이나 개방적이었고, 바티칸 역시 나중보다 그때 더 운동과 밀접하게 접촉했다. 나중에 이 운동을 했더라면 더 큰 어려움에 봉착할 뻔했던 것이다.

사실 뤼시앙 뉴워스는 몇 년 앞서 피임에 대한 법안을 두고 토론을 벌일 때, 이미 내가 겪어야 할 싸움을 미리 맛본 셈이었다. 하원의 반응은 그때부터 무척이나 격렬했다. 당시 나는 남자들이 임신중단보다 피임에 더 적대적인 것이 아닌가 생각했다. 피임은 여성에게 자유를 부여하고, 이전까지는 남성의 손에 쥐어져 있던 여성의 몸에 대한 통제권을 도로 여성에게 가져온다. 그러므로 피임이란 이전부터 내려져오던 관념을 문제시하는 것이었다. 하지만 임신중단은 여성을 남성의 전권으로부터 면하게 해주는 문제가 아니었다. 오히려 여성을 멍들게 하는 것이었다. 가톨릭교회와 벌인 토론으로 돌아가자면, 성직자 대표자들과 성직자의 사회보장제도를 두고 토론을 벌인 적이 있었다. 모임은 예의 있고 긍정적인 분위기에서 잘 흘러갔다. 나는 그때 종교계가 자신의 사회보장을 임신중단보다 더 중요하게 생각한다는 인상을 받았다.

유대인과 개신교인들은 거의 만나지 않았는데, 그들을 만나고 싶지 않아서가 아니라 이들이 이 주제에 대해서 무척이나 상반된 의견을 가졌기 때문이었다. 이미 태탕제가 제출한 법안 때문에 만났을 때 보였던 태도에서 드러난 바였다. 어떤 루터교도들은 임신중단에 적대적이었지만 교회의 대부분은 우호적이었다. 매우 종교적인 유대인들 가운데에는 내게 앙심을 품은 이들도 있었다. 2005

년 1월 27일, 아우슈비츠 해방 60주년 기념식에 섰을 때, 내가 유대인 수감자를 대표한 것에 대해 뉴욕의 극단주의자 랍비들이 폴란드 정부에 항의하는 편지를 썼다. 내가 임신중단 법안을 작성했기 때문이었다. 믿기지 않지만 정말로 뉴욕에서 온 편지였다.

법안은 빠르게 작성되었고 의회에 상정되어 위원회에 회부되었다. 진짜 문제는 그때부터 시작되었다. 소수에 불과하기는 하지만 무시하지 못할 영향력을 가진 일부 여론이 맹위를 떨쳤다. 나는 도저히 형언할 수 없이 끔찍한 편지를 끊임없이 받았다. 요점만 말하자면, 이 편지는 상상만으로도 고통스럽지만 전쟁이 끝난 지 30년이 된 이 나라에서 여전히 살아 숨 쉬는 극우 가톨릭과 반유대주의자에게서 온 것이었다. 때때로, 어떤 편지에는 온건한 말투에 놀라움이 담겨 있었다. "도저히 당신이, 그러니까 당신이, 그런 여정을 거쳐온 당신이 이 역할을 맡는 걸 수락했다는 걸 믿을 수가 없어요." 주로 현실과 동떨어진 삶을 사는 여성들로부터 온 편지였다. 비록 편지 내용에 악감정이 담겨 있지는 않았지만, 이 편지에서 여론 내부의 심적인 격차를 느낄 수 있었다. 나는 편지 대부분이, 특히 가장 공격적인 편지들이 사라졌다는 데 아쉬움을 느낀다. 당시에 나를 보좌하던 이들은 정말 끔찍한 편지들은 찢어버렸는데, 다시 생각해보면 그건 실수였다. 이런 증언들을 모아 사람들이 어떤 일들을 할 수 있는지 보여주고, 선한 영혼들에게 사회개혁이 언제나 고통스럽게 이루어진다는 점을 알려주어야 했다. 만일 이런 문건이 남아 있었더라면 분명 사회학자들의 흥미를 끌었을 것이다.

보고서 발표를 맡은 의사 앙리 베르제의 주재하에 사회문제위원회는 탁월하게 일을 처리했다. 부르고뉴 지방의 의사인 앙리 베르제는 끔찍하고도 비극적인 상황에서 이루어지는 임신중단에 대해서 잘 알고 있었다. 상원 의사당인 뤽상부르궁에서는 또 다른 의사이자 캉탈의 상원의원 메자르가 보고서를 발표했다. 토론이 이어지던 중, 그는 내게 속내를 털어놓았다. "생 플로르에서 금요일마다 여성들을 네덜란드로 데려가 임신중단을 받게 해주는 버스가 와요. 저는 그걸 보고 '더 이상 이렇게는 안 돼. 법이 있는 편이 나아'라고 생각했어요." 베르제와 메자르는 각 위원회에서 도덕적, 직업적 권위를 행사할 수 있었다. 그들은 훌륭한 보고 책임자로서 지적이고, 신중하고, 민감한 성정을 지니고 있었다. 나는 이들을 보면서 이들이 망설이는 동료들을 끌어올 수 있으리라고 생각했고 실제로도 성공했다.

토론일이 가까워질수록 공격도 거세졌다. 집에서 나오다가 건물 벽에 나치 문양이 그려져 있는 모습을 여러 번 보았고, 길에서 만난 사람들도 여러 차례 내게 모욕을 가했다. 의회 앞에서는 여성들이 묵주 기도를 외웠다. 나는 이 시위가 결국 폭발적으로 이루어질 것을 두려워했다. 같은 시기 미국에서는 의사들이 임신중단을 행했다는 이유로 살해당했지만, 프랑스의 상황은 그보다는 얌전했다. 어떤 공격도 내게 영향을 주지 않았던 이유는 내가 불안해하지 않았던 데 있었다. 나는 내가 어디로 가야 하는지 알았다. 내게 종교가 없었다는 사실이 도움이 되었을까? 잘 모르겠다. 지스카르는 문화적으로나 실제적으로나 가톨릭 신자였으나, 이 사실이 개혁에 대한 그의 의지나 추진력을 막지는 못했다. 토론이 열리기 며칠 전, 의료인 연합 이사회장 로르타자코브 교수가 이사회를 대표해 이사회 의원 모두가 법안에 반대한다고 알림으로써 긴장을 높였다.

바로 이러한 긴장 상태에서 1974년 11월 26일, 의회 토론이 시작된 것이다. 역설적이게도 여당은 원내총무가 나서지 않았으나, 지스카르는 장관들에게 대행인*들이 찬성표를 던질 수 있도록 독려했다. 좌파는 당론 투표를 독려했다. 사회당 의원 한 명만 기권을 했다. 당시에 텔레비전은 의회 토론을 방영하지 않았는데, 이때는 프랑스 공영 방송국이 파업을 하는 중이었는데도 파업을 하는 이들이 연단에 모여서 토론을 실시간으로 방영했다. 태탕제 법안을 250표 중 212표로 위원회에 회부했던 곳과 같은 장소에서, 3일 간 이어진 토론 내내 나는 긴장할 수밖에 없었다. 젊은 의원이자 의사인 베르나르 퐁을 포함해 여당에 속한 의사들에게 지지를 받았지만, 연단에서 나왔던 많은 발언에 증오가 담겨 있었고 내게 불명예를 안기고자 했던 만큼 나는 고립감을 느꼈다. 그중 최악은 장마리 다이예였다. 그는 태아를 화장터에 보내진 유대인에 비유했다. 나중에 사과하기는 했지만.

피로한 회기와 이상한 논쟁이 이어졌다. 몇 가지 이미지가 여전히 기억에 남아 있다. 예를 들어 미셸 포니아토프스키는 의원들이

---

* 프랑스 의회 선거에서 각 후보자는 대행인suppléant을 지명한다. 당선된 의원이 사망하거나, 행정부에 들어가거나, 6개월 이상 정부로부터 위임받은 일을 하는 등의 상황이 벌어질 경우 대행인이 해당 의원의 직무를 대신 수행하도록 되어 있다.

찬성에 투표하기를 독려하면서 계속해서 복도를 서성거렸다. 자크 시라크는 나를 응원하러 평의원석에 있었다. 의장인 에드가 포르는 모든 전략을 동원해 의원들을 찬성으로 몰아넣으려 하고 반대표를 던지려는 이들을 설득했다. 법무부 장관 장 르카누에가 아마도 지스카르 데스탱이나 포니아토프스키가 부추겨 법을 옹호하기 위해 등장하기도 했다. 다른 기억들도 있다. 예를 들면 장관석에 앉아 절대 법안을 통과시키지 못할 거라고 생각할 때 갑작스레 밀려들던 피로나, 의원들을 설득시키기 위해 연단으로 올라갈 때의 결단, 누군가의 응원 어린 말, 다른 이들의 회피하는 눈길…….

법률안에서는 주로 단 하나의 요체가 있기 마련이었고 사람들은 모두 그것을 기다리곤 했다. 이번 법안에서 그 요체는 당연하게도 어떤 조건에서 임신중단이 행해질 수 있는지를 명시하는 조항이었다. 나의 보좌관인 장폴 다뱅은 너무나 걱정하고 있어 내가 그를 안심시켜야 했다. "장폴, 기운 내. 자기 삶은 이 법에 따라 달라지지 않잖아!" 법안이 실패하느냐 마느냐에 그가 더 영향을 받는다는 것을 느꼈다. 그는 끊임없이 새롭게 계산을 했다. 누가 찬성에 표를 던지고, 누가 반대를 하고, 누구를 설득시켜야 하고… 마음이 끊임없이 변화하는 만큼 그의 계산도 불분명할 수밖에 없었다. 토론 중 상당 부분 동안, 좌파 쪽 표가 여당보다 안전해 보였다. 공산당은 어떤 경우에도 상관없이 찬성표를 던질 것이었다. 사회당 역시 법안을 지지하지만 유보하는 무리가 있었다. 당시 사회당 대표는 가스통 르페르였는데, 그는 토론에서는 긍정적이었으나 최종 개정안이 초기 법안을 우측으로 전향시킬까 주의를 기울이고 있다는 말을 남겼다. 전략을 고민할 여지가 무척 좁은 셈이었다. 양측을 다 조심스럽게 다루어야 했다.

그리고 양심의 자유 조항에 이르렀다. 어떤 의사든 임신중단 수술을 개인의 양심에 따라 거부할 수 있는 조항을 포함시키겠다고 약속한 바 있었다. 공립 병원에서는 각각의 의사들이 결정권을 행사할 수 있었으므로 어렵지 않았다. 그러나 사설 병원에서, 그리고 종교 시설에서, 양심의 자유는 병원 내에서 임신중단을 금지하게 만들 우려가 있었다. 이 조항은 초안에서 간과되는 바람에 빠지게 되었는데, 빠진 부분을 채우기 위한 개정안은 예상 밖의 가식적인 유보 표를 만들어내 법안의 운명을 위험에 빠뜨릴 뻔했다. 한 우파 의원은 법안에 적대적이었으면서도, 개정안을 받아들여 자기 선거구에서 임신중단을 하지 못할 위험에 처했다고 도리어 나를 원망했다. 그 선거구에는 사설 병원이 많고 공립 병원이 없기 때문이었다. 좌파의 경우는 긴 유예와 협상을 거쳐 개정안에 별다른 반응을 하지 않았다. 자칫하면 법안 전체가 채택되지 못하게 될 상황을 피하기 위해서였다.

결국 법안은 11월 29일 찬성 284표 대 반대 189표로 통과되었다. 좌파 전체가 찬성표를 던지고 우파 약간이 보탠 결과였다. 승리는 우리가 상상하거나 바랐던 것보다 더 컸다. 일부 가톨릭 신자들의 태도가 결정적이었다. 예를 들어서 외젠 클로디우스프티의 입장은 무척이나 상상 가능했다. 그는 법안에 대해 자신이 왜 머뭇거리는지 이야기한 뒤, 양심과 영혼이 어려움에 처한 여성들의 현실적 상황을 외면하지 못한다고 이야기하면서 개인적인 신념과 여성에 대한 연민 가운데 연민을 택했다고 말했다. 그리고 그는 찬성표를 던졌다. 나는 그가 작년 태탕제 법안에 반대표를 던졌을 때 그러했듯이 그의 투표에서 영향을 받은 일파가 만들어졌으리라고 확신한다.

법안은 보름 뒤 상원에서 거의 비슷하게 투표에 부쳐졌다. 알력다툼이 더 셀 것으로 예상되었다. 지스카르는 내 두려움을 누그러뜨려주었다. "여기가 일반적으로 더 보수적인 상원인 걸 고려하면, 게다가 주제가 주제이니만큼 법안은 통과되지 않을 거예요. 그렇지만 중요하지 않아요. 하원에서 최종 채택될 수 있도록 2차 독회를 거칠 거니까." 그러나 놀랍게도 상원에서 법안이 더 쉽게 통과되었다. 아마도 개혁을 바라는 대중의 의견이 반영된 결과였을 것이다. "아기들을 살려내라" 같은 극우의 광기와 르페브르 대주교는 상원의원이 법안을 막도록 영향을 주지 못했다. 상원의원들은 늘 과한 것을 싫어했다.

법안이 채택된 이후, 우리는 언론이 일제히 우호적인 반응을 보인다는 데 만족감을 느꼈다. 1971년부터 그 유명한 343선언*을 실은 《르 누벨 옵세르바퇴르》나 《렉스프레스》는 말할 것도 없고, 《르피가로》까지도 상황을 받아들였다. 그 이후 몇 년간, 나는 이곳저곳

---

* 343인의 여성들이 함께 한 이 선언을 통해 시몬 드 보부아르, 프랑소아즈 사강, 카트린느 드뇌브, 델핀 세이리그와 같은 유명인들이 자신의 임신중단 경험을 공개했다.

에서 마주친 남성들이 내게 이렇게 이야기하는 데 익숙해졌다. "부인이 장관님을 무척 존경해요." 이 말의 함의는 나를 비껴가지 않았다. 부인은 당신을 존경할지 몰라도 나는 아니라는 뜻이었다. 실제로 남성들은 이 법에 조금도 관심이 없었다. 언제나 그렇듯이 자크 시라크는 그들의 의견을 완벽하게 번역해주었다. 임신중단은 '현숙한 부인들의 일'로 남아 있다는 거였다. 그렇다고 하지만 이 어려운 여정에서 총리의 지지는 부족함이 없었다. 의회 토론 마지막 날 밤, 그는 새벽 4시에 나를 도우러 오겠다고 했다. 그리고 투표가 끝난 뒤, 그는 내게 어마어마하게 큰 꽃다발을 안겨주었다. 법안이 바뀌었다고는 하지만 변화하는 사회에서 심성까지 심도 있게 변화하기 위해서는 시간과 행동이 모두 필요하다. 오늘날에는 그것이 이루어졌다.

발레리 지스카르 데스탱 역시 만족스러웠을 것이다. 그는 감히 자신의 표밭을 상대로 용기 있는 도박을 걸었고 이겼다. 7년간의 임기를 시작하는 초임에 만들어낸 상징은 강력했다. 이 승리는 그가 자신이 임기를 위치시키고 싶어 하는 현대성이 무엇인지 파악하고 있음을 입증해주었다. 반면 나는 부처 내에서 이 승리를 음미할 겨를이 거의 없었다. 다른 투쟁이 이미 나를 기다리고 있었기 때문이다. 임신중단 합법화를 둘러싼 대 토론만큼은 아니더라도 이미 다른 쟁점들이 도착해 있었다.

나는 장관 부임 초기부터 파스퇴르 연구소의 심각한 상황에 주의를 기울이고 있었다. 연구소는 백신 제조에 막대한 투자금이 필요하기 때문에 재정적으로 위기에 처해 있었다. 회계감사원에서 빠른 회계를 거친 뒤에, 자크 시라크로 하여금 원조를 얻어내어 1975년부터 파스퇴르 연구소의 예산을 균형적인 궤도에 올려둘 수 있었다. 또한 마리마들렌 디에네쉬*가 시작해 르네 르누아**로 이어졌던 과업을 완수해야 했다. 바로 장애인에게 주어져야 하는 최소한의 권리에 점점 더 크게 생겨나는 공백을 메우는 일이었다. 프랑스지적장애인부모연합을 비롯한 전문화된 연합의 원조에 힘입어 1975년 기본법이 마련되었다.

그리고 대통령은 나이 어린 어머니를 재정적으로 지원하는 여러 조치를 마련했다. 임신중단을 합법화한 정부가 가족에 관심을 두고 있음을 증명하기 위한 방증인 셈이었다. 이와 유사하게, 노인 복지에 대해서도 추가적으로 지원하기 시작했다. 당시 가족이 여전히 참조적인 기준일지 묻는 이들이 많았다. 그러나 나는 함께 일하는 모든 이들이 가족과 함께 크리스마스를 보낸다는 것을 알고 있었다.

정부에 입성한 지 2년이 지나, 나는 지형이 변화하고 있음을 깨달았다. 배경에는 오일쇼크가 있었다. 분명 지스카르가 당선된 선거 이전에 일어난 일이었지만 이제야 그것이 야기한 효과가 드러나고 있었다. 우리는 영광의 30년이 저무는 줄도 모르고 그 끝을 맞고

---

* 1914~1998. 프랑스 국회의원, 유럽의회의원으로 35년간 일했다.
** 1927~2017. 알제리에서 태어난 프랑스 중도파 정치인. 1974년 자크 시라크 정부에서 사회 행동 담당 비서관으로 일했다.

© D.R.

시몬 자코브, 네 살

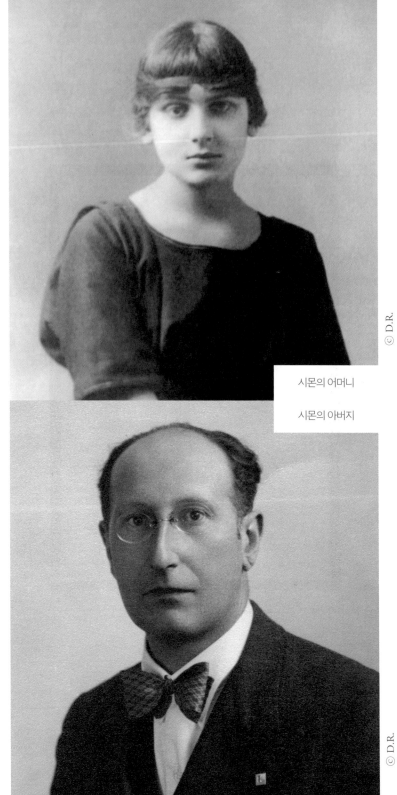

시몬의 어머니

시몬의 아버지

어머니와 니스에서

1930년, 니스에서 어머니와 형제들과 함께

1932년, 밀루, 시몬, 장, 드니스.

1934년, 밀루, 드니스, 장, 시몬

1939년, 전쟁 전 학우들과 함께

1946년 봄, 시몬과 앙투안

1946년 시몬의 모습

1948년 시몬과 장

1952년 아들 장 그리고 니콜라와 함께

© D.R.

1957년, 장, 피에르프랑수아, 니콜라

© D.R.

1964년 당통 가에서
시몬과 피에르프랑수아, 장, 니콜라

2006년 4대가 모인 베융 가족

© D.R.

의장 취임 후 유럽 의회에서

스트라스부르에서 회의를 주재하는 시몬 베유

대처와 함께

네덜란드의 베아트릭스 여왕, 줄리아나 공주와 함께

요한 바오로 2세와 함께

넬슨 만델라와 함께

© D.R.

© D.R.

50년 후 자식, 손주와 함께 아우슈비츠를 방문한 시몬 베유

2011년 유럽의회 브뤼셀 지부 시몬베유광장 개관식에서

시몬 베유 광장 앞에서

© Jean-Pierre Dalbéra

시몬 베유와 남편 앙투안 베유의 사진이 걸린 팡테옹

있었다. 완전고용과 도취의 시절은 지나갔고 실업과 엄혹함의 시대로 접어들고 있었다. 총리실에서는 바르가 시라크의 뒤를 이었다.

나는 무슨 일이 있어도 사회보장제도에서 적자가 나는 일을 막아야 했다. 예를 들어 활동이 적은 병원 문을 닫는다거나, 약국의 과한 지출을 막는다거나 하는 일이었다. 간단히 말하자면 지갑을 닫는 일이었다.

그것이 우리네 정치 생활의 이상한 점이었다. 프랑스인의 심성을 뒤바꾸고 숱한 프랑스 여성의 존재를 나아지게 만들었다고 확신하는 법안을 무리 없이 통과시켰지만, 장관으로서의 일상에서는 로비가 일어나 내가 지키고자 했던 공익을 막아서곤 했다.

1968년 5월 혁명에 일어났던 동요 이후에, 의료계는 교섭 두절 상태로 회귀했다. 최소한의 개혁을 고려하기만 해도 자율조합원들은 반계몽주의에 필적하는 보수주의로 무장했다. 고위급들은 모든 것을 막거나 막으려 시도했다. 그들의 전략이 성공하지 않자, 그들은 발레리 지스카르 데스탱에게 불평하기 시작했다. 하지만 대통령은 내가 임명될 때 요구했던 만큼 커다란 지지를 보내주었다. 나는 당시에 이렇게 말했다. "당신은 저를 믿어야 하고 제가 하는 일에는 그럴 만한 이유가 있다고 믿어주셔야 합니다. 제 조건을 고려할 때 당신의 지지가 없으면 저는 움직일 수 없습니다. 지원을 충분히 해주지 않으면 제 행동은 마비되고 맙니다."

대통령은 약속에 충실하게도 불만을 제기하는 고위급 인사들을 제자리로 돌려보냈다. 그러나 사회보장제도와 같은 첨예한 문제를 다루기 시작하면서 갈등은 점점 커졌다. 노사는 커져가는 적자를 지적하면서 취해야 할 조치에는 동의를 이루지 못했고, 그 상태에서 프랑스는 복지국가로 전향해갔다. 전문가가 아니더라도 이런 상황이 영속될 수 없다는 것은 누구나 쉽게 알 수 있었다. 그러나 의료계와 대중의 반응을 보면 이 상황에 놀랄 수밖에 없었다. 많은 사람들이 사회보장에 드는 진짜 비용을 알아내는 것에 미적지근한 반응을 보였다.

이 모든 여정을 지나는 동안 나는 자주 고립되어 있다고 느꼈다. 그러나 때로는 예상치 못했던 든든한 지원군을 얻기도 했다. 예를 들어서, 한 번은 프랑스에서는 전혀 이루어진 적이 없었던 금연 캠페인을 진행했을 때, 장피에르 푸르카드가 지원을 아끼지 않았다. 그는 재무부 장관이었고, 담배 매출이 재무부의 조세 수익원임을 모르는 사람은 없었다. 그러나 그는 공중보건에 있어 이런 캠페인이 가지는 중요성을 이해하고 전폭적으로 지원해주었다. 대통령 역시 이 투쟁에 우호적인 태도를 보여주었다. 실제로 그는 절대 담배를 피우지 않았다. 그래서 첫 번째 조치로 의회 탁자에서 재떨이를 치워버리고, 미셸 포니아토프스키가 즐겨 피우던 하바나 담배를 빼앗아버렸다. 하지만 애연가였던 자크 시라크는 캠페인의 의의 자체를 이해하지 못했다. 담배와 암 사이의 상관관계가 당시에는 오늘날보다 분명치 못했던 것이 사실이다.

정부 구성 이후 2년 뒤 서류더미에서 눈을 떼었을 때, 기류가 바뀌었음을 알아챘다. 지스카르와 시라크 간에 균열이 생겼고, 둘을 둘러싼 환경은 신속히 투쟁의 장으로 변해갔다. 자크 시라크 편에 섰던 피에르 주이에와 마리프랑스 가로는 기뻐하며 총리를 사임하게 했다. 자크 시라크는 나와 함께 가고자 했으나 대통령에 대한 그의 견해를 공유하지 않는 나는 그럴 필요를 느끼지 못했다. 나는 지스카르 정부에 남았고, 예상대로 바르가 총리가 되어 정부를 구성했다. 연말에 나는 새로 발족한 공화국연합*에 가입하기를 거부했다. 그 이유를 자크 시라크의 노여움을 샀기 때문이라고 밝혀야 하겠다. 그리고 2년간 나는 내게 남은 길을 걸어갔다.

말로만 듣던 힘의 노쇠를 목격하던 것도 그 무렵이었다. 내가 기력을 다했다는 것이 아니라, 여전히 얼마나 많은 일이 남아 있는가를 인식하는 동시에 대통령의 위치가 다른 방향으로 변하는 것을 보았다는 뜻이다. 사회당의 압력을 받은 좌파 때문에 우려하고, 실업률이 상승하면서 우파에게서 신임을 잃어 지지층이 취약해지고, 임기 초임에 휘청거렸으나 곧 제자리를 찾은 의회 다수파로부터 궁지에 몰린 지스카르는 시라크의 퇴임으로 인해 드골주의자들의 지지를 잃어 정치적으로 쇠약해졌다. 결국 헌법 제49조 3항**이 공공연

---

* 1976년 자크 시라크에 의해 창당된 프랑스 우익 정당으로 드골주의의 계승자임을 천명했다.
** 총리는 내각회의의 심의를 거쳐, 재정법안이나 사회보장재정법안 표결에 관한 정부의 책임을 국회에 전가할 수 있다. 이 경우 24시간 이내에 이전 항에서 규정한 조건에 따라 불

한 일이 되었다. 게다가 그에게 약과 독을 함께 주었던 경제 위기는 그의 최선의 의도를 무시해버렸다. 엘리제궁에 갇혀 참모들로부터 듣기 좋은 소리만 듣던 지스카르는 자신이 늘 정면으로 마주하겠다고 약속하던 국가로부터 이미 멀어졌다는 사실을 인식하지 못하고 있었다. 팡파레와 함께 시작했던 그의 임기는 광채를 잃어버렸다.

이 일에 어떻게 놀라움을 표할 수 있겠는가? 우리 체계 내에서 대통령은 유일무이한 단독자다. 아무도 그에게 대화를 걸지 않는다. 그렇게 오래 그 자리에 있다 보면 무엇에게도, 누구에게도 도전받지 않는다. 살균되고 인위적인 환경에서, 다른 나라에서 유례를 찾아볼 수 없는 권력을 쥐고, 오로지 자신의 동료와 한 줌 되는 기자들과 고위 공무원들하고만 접촉하는 것이다. 게다가 대통령은 수많은 사람들을 임명한다. 이는 제5공화국의 대통령들에게서 연달아 발생한 현상을 만들어내는 원인이 된다.

이런 분위기는 결코 내가 선호하는 종류의 것이 아니었다. 당시에는 직접선거제로 처음 치러지는 유럽의회 선거의 윤곽이 잡혀가고 있었다. 그때까지 유럽의회는 유럽경제공동체를 구성하는 9개 국가의 의회 구성원으로 이루어졌다. 그런 무렵이었으므로 발레리 지스카르 데스탱 대통령은 내가 프랑스민주연합*의 색깔과 잘 맞는

신임 동의안이 표결에 부쳐지지 않으면 이 법안은 채택된 것으로 간주된다. 총리는 또한 회기당 이 절차를 다른 법안에 사용할 수 있다.
* 자크 시라크가 창당한 공화국연합에 맞서기 위해 창설된 중도우파 정당으로 2007년 해산했다.

다고 생각했고 나는 덥석 기회를 잡았다. 당시 나는 거의 5년간 같은 장관직을 수행하고 있었다. 변화가 필요한 시점이었던 것과는 별개로 더 이상 진보를 이루지 못하리라고 생각하던 차였다.

7

유럽 통합의 길

1978년 9월 발레리 지스카르 데스탱 대통령과 동행해 떠났던 브라질 여행에서, 대통령은 유럽 선거에 대해 넌지시 이야기했다. 나는 곧바로 수락했다. 그때부터 나는 내가 전혀 모르는 선거라는 전투에 새롭게 입문했다. 유세가 시작되고 수많은 만남에 참여했다. 처음에는 강제적으로 시작된 만남이었지만 나중에는 열중하게 되었다. 선거 유세의 현실을 알아가는 일은 늘 놀라웠다. 특히 50대가 넘었고 한 번도 연단에 서본 적 없던 당시의 나 같은 사람에게는 더욱더 그랬다. 사실 나는 흥분한 대중 앞에서 그럴듯한 연설을 하는 데에는 영 강점이 없었다. 나를 둘러싼 떠들썩한 광경도 그다지 좋아하지 않았다. 전단지, 광적인 박수 소리, 독설들, 단순한 슬로건들, 모집책들……. 당시 나의 연립후보자였던 이들은 전부 친유럽주의

자들이었다. 장 르카누에, 에드가 포르*, 혹은 장프랑수아 드니오**
등은 유세에 수고를 아끼지 않았으며 승리가 코앞에 있다고 생각했
다. 도처에서 불어나는 열정이 내게 신뢰를 주었다. 프랑스인들은
유럽 계획에 찬성했다. 자크 시라크가 고안한 '회전문'은 자신의 후
보자들을 즐겁게 해주기 위해 만들어진 것으로서 모두가 역할을 돌
아가면서 맡는 체계였는데, 막상 뚜껑을 열고 보니 제도를 조롱하
는 꼴이 되었다. 일단 앞선 자리에 선 이들은 자리를 양보하기를 거
절했기 때문이다.

  우리는 소망하던 것보다 더 큰 성공을 거두었다. 1979년 6월, 내
이름은 명부 위쪽에 있었다. 사회당보다 훨씬 앞에 있었는데(미테랑
이 부글거리는 이유였다), 사회당은 공산당보다 위에 있었다. 그리고
드골주의자들보다 10점은 앞질렀는데, 그 점이 자크 시라크를 열
받게 했다. 시라크는 어찌나 이 상황이 불만이었는지 그 유명한 코
친 연설에서 우리를 '외국인 당'이라고 부를 정도였다. 대체로 드골
주의자들은 평정을 찾지 못했다. 그러나 사실상 자신들이 부정하던
의회에 입후보한다는 것 자체가 모순이었던 데다가 대중 여론 또한
이를 모르지 않았다.

  항상 유럽의회 직접선거를 열렬히 옹호하던 나로서는 선거 결과
가 마음에 들었다. 이때는 유럽공동체를 건설해나가는 행복한 시기

---

*   1908~1988. 급진당 소속으로 농림부 장관, 교육부 장관과 총리를 지냈다.
**   1928~2007. 유럽위원회 대외관계위원장을 지냈고 유럽경제공동체를 설립하기 위한 로마
     조약 입안자였다. 내무부 장관, 농림부 장관, 외무부 장관 등을 지냈다.

이기도 했다. 하나가 된 유럽을 찬성하는 이들 중 많은 수가 희망적
으로 미래를 내다보았으나 곧 이들이 이러한 비전을 비웃게 되리라
는 걸 알았다. 현실 앞에서 이 꿈은 한계를 보였고, 사람들은 제각기
행동하고 싶어 했다. 나는 7월 초까지 장관직을 떠나지 않았는데,
의학 연구에 대한 개정안을 의회에서 통과시켜야 하는 긴급한 문제
에 묶여 있었기 때문이었다. 대통령은 내가 그 법안을 방어하기를
바랐다. 동시에 자신의 친구인 독일 총리 헬무트 슈미트와 함께 나
를 신임 의장에 앉히기 위해 표를 모으려는 계획에 착수했다. 그러
나 이것은 몽상에 불과했다. 슈미트는 자신이 속한 정당을 저버리
면서 프랑스 자유주의자를 지지할 수 없었던 것이다. 그럼에도 발
레리 지스카르 데스탱은 가능한 모든 방식을 동원했다. 그는 내가
살아온 경로를 고려하여 나의 입후보를 프랑스와 독일 간의 화합의
상징으로 보고자 했다. 그에게 있어 나의 의장 취임은 세계대전의
막을 확실하게 내릴 수 있는 최선의 방법이었고 그는 이것을 끊임
없이 되풀이했다. 지스카르는 매번 상상력을 자극하는 상징을 좋아
했다. 한때 유대인 수감자였던 이가 새 유럽의회의 초대 의장을 맡
는다면 미래를 위한 좋은 시작이 될 터였다.

　일단은 길이 열리는 듯했다. 독일 자유주의자들은 기관이 제 역
할을 하도록 내버려두기로 결심했고, 그들이 나를 저지하지 않을
것임을 알려주었다. 프랑스 쪽에서도 비슷하게 굴러갔다. 모두가
예상한 대로 만일 자유주의파가 기독민주파와 표를 합치면 사회주
의파만큼의 영향력이 될 터였고, 그러면 프랑스민주연합에서 나온

후보가 기회를 얻을 수 있었다. 프랑스 캠프는 성공을 위해 시동을 걸었다. 미셸 포니아토프스키는 외교력을 동원해 내 쪽으로 표를 결집시켰다.

의장 선거는 제1회기가 시작되는 7월 중반에 치러졌다. 우리에게는 극적인 순간이 기다리고 있었다. 드골주의자들은 자신의 반항기를 보여주기 위해서 마지막 순간에 후보자를 내세웠는데, 그들이 말하기로는 자신들의 정치력을 보여주기 위해서였다. 그들은 3차 투표까지 가고 나서, 그들이 입후보를 해버린 탓에 이탈리아 사회주의 후보가 선거에서 유리해진 무렵에야 상황을 파악하고 내게 힘을 실어주었다. 나는 과반수보다 세 표를 더 얻어 당선되었다. 하지만 프랑스 정당의 분열의 역사는 여기서 끝나지 않았다. 프랑스 정파는 드골주의자, 자유주의자, 기독민주주의자 세 갈래로 갈라졌고 이 분열이 신임을 떨어뜨렸다. 이어서 프랑스 중도파와 우파가 맺은 연합은 아주 짧은 순간을 제외하고는 계속되지 못했다. 그리고 그들은 유럽 차원의 논의에서 실질적인 무게감을 지니지 못했다.

취임 후 첫 연설은 최대한 불편부당한 기조를 띠었다. 나는 모두를 대표하는 의장이 되겠다는 희망을 담아 연설했고 우리가 이겨내야 할 평화, 자유, 사회 진보, 이 세 가지 도전과제에 대해 말했다. 우리는 빠르게 과업에 착수했고, 어려움은 그때부터 시작되었다. 우리의 토론은 격렬한 의견에 부딪혔다. 각 국가 의회 소속으로 이전 체제에 속했다가 살아남은 이들은 자리에서 내려올 때가 되었으나 계속해서 주도권을 쥐고 싶어 했다. 물론 새롭게 선출된 의원들은 그대로 따르려 하지 않았다. 하지만 정치 경험이 없는 의원들에게 이것은 통제 불가능한 일이었고, 일종의 무질서가 계속되었다. 덴마크 의원들은 토론을 방해하기 위해 참석한 것만 같았다. 여기에 통역 문제 또한 무척이나 복잡하고 어려웠다. 이 모든 게 내 업무를 까다롭게 만들었다. 나는 할 수 있는 한 최선을 다했지만 초반 몇 달은 매우 긴장된 채 흘러갔다.

다른 곤란한 문제와도 씨름해야 했는데, 의회가 서로 다른 세 장소에서 열린다는 것이었다. 위원회는 브뤼셀에서 열리고, 달마다 열리는 본회의는 스트라스부르나 사무총장실과 대부분의 행정부가 위치하고 있는 룩셈부르크에서 열렸다. 이동할 때마다 자료와 문서를 가지고 다니는 데 많은 비용이 소요되었다. 카프카적인 일상이라 부를 만한 광경이 연출된 것이다. 브뤼셀에 거점을 둔 의원들은 룩셈부르크로 오고 싶어 하지 않았고 룩셈부르크에 상주하는 공무원들은 스트라스부르로 가고 싶어 하지 않았다. 그런데 알자스 시장 피에르 프리플랭은 유럽 의원들의 편의를 봐주는 데 돈을 아끼지 않았다. 의원 한 명마다 일하고 잘 수 있는 방이 배당되었고, 매달 닷새씩 이어지는 본회의 동안 의원들은 경비를 지불하지 않아도 되었다. 이 제도는 그 이래로 30년이 지난 지금까지도 이어지고 있다. 비용이 많이 들지만 어떤 항의도 문제도 제기되지 않는다. 재정 낭비에 깐깐하기 마련인 기자들도 이 문제에는 이상하리만치 조용하다.

반유럽주의자라는 오명을 들을 생각은 없지만, 이런 재정 낭비에 나는 분개하는 마음을 감출 수 없었다. 당선된 직후 나는 모두에게 이 시간과 돈 낭비에 대해 경고를 하고 다녔고, 스트라스부르 지역을 활용할 수 있는 방안을 고민했다. 예를 들어 '그곳에 유럽 대학을 짓는다면?' 같은 생각을 한 것이었다. 그러나 고민한 방안은 실현되지 못했다.

정치적으로 올바르지 않게 되는 일에 그다지 반감이 없었던 나는 이 문제를 레몽 바르 정부에서 외무부를 담당하고 있던 장프랑수아 퐁세 장관과 논의했다. "우리도 터무니없다는 걸 잘 알아요. 그렇지만 아무 말도 하지 마세요." 그가 내게 말했다. 그러고 나서 이 문제를 지스카르 데스탱에게 말했으나 그 역시 더 알려 하지 않았다. 그가 나를 선거 명부에 올리고 당선을 추진한 것과 똑같이, 그에게는 상징이 중요했을 뿐이었다. 스트라스부르는 오랫동안 프랑스와 독일이 차지하고자 싸우던 접경 도시였다.

그러나 현실은 달랐다. 스트라스부르 의회는 사실상 벨기에-룩셈부르크 의회라 보아도 무방했다. 위원회 본부가 있고 언제나 자연스럽게 의회가 교섭 대상으로 삼았던 위원회인 브뤼셀이 업무에 더 적절해 보였다. 게다가 브뤼셀은 점점 더 유럽의 수도라는 이미지가 생겨나고 있었고, 로비도 함께 늘어났다. 그러나 프랑스 의원들은 이에 별다른 관심을 주지 않았다. 이들은 어떤 이익을 지켜야 하는지 잘 알지 못했고 근면함보다는 결석으로 존재감을 드러냈다. 친유럽 정당 역시도 사람들이 기대하는 만큼의 효율성을 보여주지 않았다. 나는 프랑스가 2005년 투표에 반대표를 던진 이유가 여기서 기인한다고 본다.*

유럽의 수도가 산재된 문제는 아무것도 아닌 게 아니었다. 지스카르 같은 프랑스인에게 유럽은 현실보다는 상징으로서 더 중요하게 작용했다. 내가 의장으로 있을 당시와 이후에도, 유럽 담당 장관을 제외하고 스트라스부르를 찾은 장관은 두 명뿐이었다. 에디트 크레송 농업부 장관과 도미니크 스트로스 칸 산업부 장관이 그들이다. 에디트 크레송은 종종 프랑스 의원들을 만났고, 도미니크 스트로스 칸은 유럽 관련 업무를 진행하고 자신의 정책을 설명하기 위해서 스트라스부르를 찾았다. 그들을 제외한 나머지는 대부분 공동체 생활에 관심이 없었다. 다행히도 오늘날에는 상황이 바뀌었음을 잘 알고 있다.

의장 취임 첫 해 동안 좋은 기억을 많이 얻었으나 우리는 예산이라는 난관에 봉착했다. 유럽 예산에 투표할 수 있다는 점은 유럽 의회가 가진 유일한 특권이었다. 물론 위원회가 의회에 지침서를 제출해야 하기는 하지만, 그 내용은 당시 힘이 커져가던 의회의 의견과는 관련이 없었다. 예산에 관해 우리가 행사할 수 있던 실제적인 힘은 의무 지출 외의 지출에 대한 것뿐이었다. 첫 해에 1980년 예산안을 준비하기 위해 주재했던 심의회는 장관 이사회와 선택 지출에 대한 재정에 대해 합의점을 찾기 위해 하룻밤을 꼬박 들였다. 의회

---

* 2005년 당시 대통령인 자크 시라크는 유럽연합의 정치적 통합을 위해 마련한 유럽헌법 비준안을 국민투표에 부쳤으나 부결되어 큰 정치적 타격을 받았다.

는 당시 기아와 싸우기 위해 특별한 노력을 기울이고자 했다. 아프리카의 상황이 너무나 심각해서 추가적인 재정 원조를 해야 할 필요가 있다고 판단한 것이었다. 5년 전, 로메 협약*을 체결함으로써 아프리카와 카리브해 국가에 대한 많은 지원을 약속한 바 있었다. 유럽의회는 심각한 어려움에 놓인 국가들에 대한 원조를 늘림으로써 그러한 기조를 이어 나가고자 했다.

　유럽의회의 인도주의적인 열망은 프랑스의 관점에선 확실히 과도한 것으로 비춰졌다. 총리는 재빠르게 프랑스 정부는 예산 초과 지출에 반대한다는 의견을 내놓았다. 다른 국가들은 이 주제에 그리 반대하지 않았는데도 프랑스는 완고했다. 관련된 금액은 많지 않았지만 합의가 도출되지 않는다면 최종 결정을 내릴 권한은 의장에게 있었고, 내가 어떤 결정을 내릴지 추측하기란 어렵지 않았다. 그래서 레몽 바르는 나를 설득하려 했다. 그러나 나는 그에게 나를 뽑은 의회에 충실해야 할 의무가 있다고 이야기했다. 그런데도 그는 포기하지 않고 내 마음을 돌리기 위해서 정부 총서기를 파견했다. 하지만 괜한 수고였다. 총서기는 대화 중에 스무 번이나 전화 통화를 하면서 기자들에게 프랑스에 대한 나의 '배신'을 알렸다. 그리고 내게 '국가에 대한 의무'를 상기시키며 목소리를 높였다. 나는 총리에게 내 역할은 이런저런 정부 간에 갈등이 발생할지라도 유럽 의원들의 결정에 대한 책임을 지는 것이라 말했다. 내 자리는 결코

＊　1975년 아프리카 토고의 수도 로메에서 체결된 협약. 유럽은 아프리카, 카리브해 및 태평양 국가(ACP)들에게 무역상의 특혜, 원조와 개발지원 등을 제공하기로 약속했다.

편안하지 않았지만 그 대신 유럽의회에서 추가적인 신임이 주어지는 자리였다.

문제는 거기서 끝나지 않았다. 예산안이 승인되자 프랑스 정부는 유럽사법재판소에 우리가 여름까지 지출할 수 있는 금액이 예산의 12분의 1을 초과할 수 없도록 강제하는 사건을 회부했다. 결국 유럽사법재판소는 타협안을 제안했다. 이 사건은 회원국과 유럽의원 간의 긴장을 드러낸 에피소드로 남아 있다. 문제가 되었던 돈을 제외하고, 모두가 알고 있는 아프리카의 인도주의적으로 심각한 상황에도 불구하고 원칙적인 물음이 제기되었다. 법에 기초해 레몽 바르는 의회의 지출이 주어진 예산에서 조금이라도 초과해서는 안 된다고 주장했다. 유럽 의원들의 입장이 이와는 얼마나 달랐을지 상상해볼 수 있을 것이다. 나는 법적으로는 아니더라도 최소한 정치적으로는 의원들의 의견이 옳다고 보았다.

프랑스가 놓여 있던 당시의 맥락을 보니 내가 프랑스의 반응에 놀랄 일이 아니었음을 이제는 알겠다. 레몽 바르는 브뤼셀 위원회에 몸담을 때건 총리로 일할 때건, 의회에 우호적인 태도를 보인 적이 없었다. 파리에 있던 그는 헌법 제49조 3항을 유용하게 사용했다. 그러니 그가 스트라스부르의 재정 규칙에 그토록 민감하게 반응한 것은 놀라운 일이 아니었다. 당시 우리는 유럽의회 직접선거에 연방주의를 재개하고자 하는 의지가 담겨 있다고 생각했다. 그러나 30년이 지난 지금, 이 목표가 다양한 이들의 기대에 부응하기에 충분치 않았다는 것을 인정할 수밖에 없다. 1973년 있었던 영국과 덴마크의 합류와 같이, 유럽보다 미국에 친화적인 국가들이 공동체에 합류하면서 연방 유럽보다 각 정부를 지지하는 이들의 비중이 더 커졌다. 오늘날, 루마니아와 불가리아가 가입하면서 27개 회원국으로 이루어진 유럽은 만장일치는 물론 다수결로 의사결정을 하기도 어려워졌다. 회원국 수가 늘어나면서, 국가의 이익을 공동체 전체의 이익보다 중요하게 생각하는 현상은 각 회원국에 한 명의 위원만을 할당한 니스 조약으로 인해 더욱 팽배해졌다. 이 현상 때문에 초기 설립자들이 '대국'에 무게를 두고 만든 체계에 불균형이 생겼다. 유럽이 한 목소리를 내는 시간은 근시일 내에는 올 것 같지 않다. 나는 이를 개탄하는 입장인데, 오늘날 유럽은 오랫동안 대립했던 미국이나 일본에 더하여 중국, 인도, 브라질과 같은 신흥국과도 각축 중이기 때문이다. 게다가 외교적 차원에서, 유럽은 국제적인 긴장에 맞서 그 어느 때보다도 결속해야 하는 상황에 노출되어 있다. 또한 이라크 위기는 입을 모으고 목소리를 들리게끔 하는 일이 얼마나 어려운지 비극적으로 보여주었다.

1980년대 유럽의회에서 일할 때, 나는 여전히 의회가 연방 체계로 발전해야 한다고 생각했다. 그러나 오늘날 유럽 회원국의 수가 더 늘어난 데다 사람들의 사고방식이 바뀌었기 때문에, 유럽 시민들이 자신의 국가와 각자의 독특한 정체성을 형성한 역사적인 요소에 더 애착을 가지는 현상이 뚜렷해지고 있다. 이 현상은 네덜란드와 프랑스에서 있었던 국민투표 실패로 확인되었다. 만일 다른 회원국에서도 조약을 조인할 때 의회 투표 대신 국민투표를 택했더라면 똑같은 결과가 나왔을 것이다.

이 점에 대해서 우리는 모순을 경험하고 있다. 오늘날의 유럽인들은 왕래가 무척 잦고, 대부분 유로화 통합을 만족해하며, 인터넷은 일종의 관습으로 스며들었고, 세계화는 현대인의 사고에서 지배적인 부분을 차지한다. 그러나 유럽 시민들은 20여 년 전보다 더 국가 정체성을 강렬하게 느끼며, 도처에서 집단주의적인 열망이 확인될 정도다. 이러한 경향에 대한 신호 가운데 하나는 유럽 전반에 걸쳐서 조상의 뿌리를 찾고자 하는 도시민들이 시골 지역을 속속들이 돌본다는 것이다. 이들이 정체성에 이렇게나 매달리는 까닭은 세계적인 차원의 충격이 끊임없이 밀어닥치기 때문이다. 텔레비전과 인터넷을 통해서 실시간으로 목격하는 비극에 맞서, 뿌리란 이들에게 일종의 쉴 곳이 되어주며 그들을 보호해주는 가치가 된다. 앤틸리스 제도나 아프리카에서 생겨나는 '기억의 담론'도 같은 예다. 각자 자신의 뿌리를 찾는 것이다. 이런 이유로 20년 전에 우리가 국가의 경계를 초월해 하나의 공동체를 형성하는 데 이를 수 있으리라고 생각했던 나는 오히려 오늘날 확신이 줄어들었다. 이제 유럽연합에 대해 생각할 때면 단일한 구조물이 아니라 마트료시카가 떠오른다.

그러나 어떤 변화는 괄목할 만하다. 유엔 총회에 유럽을 대표해 연설을 하도록 초청받았을 때, 영국과 프랑스만 상임이사국에 포함되어 있는 안전보장이사회 회의를 앞두고 다양한 유럽 국가와 위원회 대표자들이 함께 협의하는 모습에 깊은 인상을 받았다.

실제적인 성공 곁에 얼마나 많은 실패가 있었는지 모른다! 미국이 개입한 유고슬라비아 전쟁*에서 유럽이 단일한 전선을 형성하기란 불가능했다. 새로운 공화국들 사이에 형성되었던 전시 상황은 극적인 상황을 연출하면서 각각의 외교적 선택이 단순화될 수 없게끔 했다. 물론 미테랑 정부는 프랑스를 세르비아 쪽으로 기울게 할 수 있었을지 모를 역사적 대립을 과도하리만치 피했다. 독일은 크로아티아를 지지했다. 여기에 종교적인 문제도 결부되어 있었다. 러시아인들은 세르비아 정교회를 지지했다. 마침내 인권보호단체도 움직임을 개시했다. 이들이 상황을 개선했는지는 모르겠으나, 단체들이 모두 같은 방향으로 움직였다는 사실은 궁극적인 책임자로 지목된 세르비아인들이 느낀 패배감을 설명하기에 충분할 것이다.

개인적으로는 일련의 사건들이 드러나고 설명되는 방식에 회의를 느끼곤 했다. 스레브레니차**를 예로 들자면, 8천 명을 학살한 이가 세르비아인은 맞으나 유럽인들이 이 비극을 피하기 위해 할 수 있는 일이 더 있었을 것이다.

유럽의회 의원으로서, 나는 당시 유고슬라비아에서 진행되었던

---

* 1991년부터 1999년까지 구유고슬라비아 연방의 영토에서 수차례에 걸쳐 일어난 전쟁. 유고슬라비아 연방의 대통령이 된 슬로보단 밀로셰비치는 세르비아인을 우대하는 세르비아주의를 펼치고 무슬림 인구를 적으로 간주하였다. 1991년 슬로베니아와 크로아티아가 독립을 선언하면서 대량학살을 동반한 전쟁이 발발했다. 세르비아 지도자들은 인종분리 정책을 펴며 인종청소를 자행했고, 1992년 유엔 평화유지군이 파견되었으나 대량학살을 막지는 못해 비판을 받았다.

** 스레브레니차 학살 사건. 1992~1995 보스니아 내전 때 당시 유엔이 안전 지역으로 선포한 스레브레니차에 세르비아군이 침공하여 약 8천여 명의 이슬람교도를 학살한 사건.

몇 가지 임무에 참여했다. 그러면서 현실은 알려진 것보다 훨씬 더 미묘하다는 것을 깨닫게 되었다. 이곳저곳을 옮겨 다니면서, 나는 유럽공동체가 생겨났기 때문에 그 이래로 발칸반도에서 독일과 프랑스 간의 갈등이 빚어지는 일을 피하고 이전까지의 역사와 결별할 수 있었다고 느꼈다. 보스니아에서 우리는 긴장을 완화시킬 방책을 찾기 위해 너무 잔인하고 도식적으로 기록된 최종 보고서에 대해 의견을 나누었다. 사실 우리는 제안된 보고서 내용보다 서로의 책임에 대해 미묘한 발언을 할 가능성이 높았다. 그리고 사라예보 내부에서는 일부 지식인들과 언론이 확언하던 것과는 다르게 공동체 간의 관계에 잡음이 끼어 있었다. 무슬림과 정교회 사이에는 자주 반목이 있었다. 어디에서도 그렇게나 자주 묘사되던 결속을 찾을 수 없었다. 이런 반목 상황은 새로운 것도 아니었다. 전쟁 기간 동안 쓰여진 소설들은 지역적으로 일어나는 갈등 관계를 이미 묘사했다. 무척 인상 깊게 읽었던 책이 기억나는데, 사라예보의 한 기독교 가족에서 키우던 무슬림 아이가 자신의 뿌리를 알고 비극이 시작되는 내용이었다. 단순화되는 경향은 어디에나 있다. 우리는 복잡한 현실을 모른 체하며 잘못한 사람, 죄 지은 사람을 지목하곤 한다.

유럽이사회의 명을 받아 크로아티아에서의 강간 사건에 대해 영국이 수행한 조사에 참여한 적이 있다. 조사는 빠르게, 대충 이루어졌다. 증인 심문을 할 때 항상 통역사가 있지도 않았다. 조사가 끝나기도 전에 결론이 내려져버렸다는 끔찍한 기분을 느꼈다. 실제로 폭력이 벌어지기는 했으나 책임을 묻는 이들이 언급하는 정도나 실상과는 달랐다.

세르비아와 크로아티아 간에, 여기에 보스니아가 합류한 갈등이 촉발되었을 때, 사람들은 집을 떠나 캠프에 수용되었다. 프랑스 비정부기구의 요청으로 나도 현장에 가 난민들이 처참한 지경에 놓인 것을 보았다. 다양한 배경을 가진 난민들은 모든 것을 잃은 채 매트리스 위에 웅크리고 누워 있었다. 그들의 운명은 비극적이었으나 생명을 위협당하지는 않았다. 이 분쟁에 깊이 관여했던 한 프랑스 지식인은 내게 건네기에 적절하다고 생각하며 이렇게 말했다. "이 광경이 당신에게 무언가를 떠올리게 하겠네요." 나는 대답하지 않았다. 난민 캠프는 강제수용소에서, 혹은 절멸수용소에서 보았던 어떤 것과도 닮은 데가 없었다.

당시에 우리는 이 비극의 책임을 밀로셰비치에게 돌렸다. 하지만 크로아티아인들에게도 책임이 있을지 모른다. 역사의 무게를 무시해서는 안 된다. 티토 정권 하의 유고슬라비아에서 그랬던 것처럼, 서로 다른 사람들이 함께 살아가면 원한과 증오가 다시금 수면 위로 떠오르는 일을 피할 수 없다.

솔직히 말하자면, 나는 인권운동가들에 대해서, 그리고 그들이 여론과 미디어에 힘입어 정치계에 행사하는 압력에 대해서 일정한 정도의 의심을 가지고 있었다. 일반적으로 '국제적인 윤리'라는 이름으로 묘사되는 모든 것에 불편함을 느꼈다. 물론 사람들을 화해시키려는 시도는 칭송받아 마땅하나, 그들의 선한 의도와는 달리 인권운동이 실제로 목적을 달성하는 일이 드물었음을 지적할 수밖에 없겠다. 인권운동가들은 오히려 한 쪽을 '선한 쪽'이라 칭하고 다른 쪽을 '나쁜 쪽'이라 손가락질하면서 반목을 급진화하는 역효과를 불러오기도 했다. '보편' 인권에 대해 거북함을 느꼈던 또 다른 이유는 이 보편 인권이란 것이 실제로는 모두를 위하지 않았기 때문이었다. 적용되는 기준은 늘 이중적이었다. 중국과의 무역협정을 두고 협상할 때는 침묵이 금이었다. 푸틴의 마음을 사로잡고자 할 때는, 그의 시민 정신을 칭찬하면서 그의 부족한 인권 의식은 못본 체했다. 잣대가 향하는 쪽은 언제나 약자고, 강자는 표백된다. 오늘날 강대국은 이슬람 국가들에 대해 인권을 뒤로 밀어놓은 타협점을 택했다.

객관성은 정계에서 특히나 찾아보기 어렵다. 극도의 긴장이 발생하는 상황에서, 서로 대립하는 이들 사이에서 객관성이란 존재하지 않는다. 바깥에서 갈등 상황을 판단할 임무를 가진 이들 사이에서도 마찬가지다. 약 10년 전, 알제리에서 일어난 테러 사건에 대해 유엔 사무총장이 일임한 조사 이후 작성된 보고서와 관련해 무척이나 나쁜 기억이 있는데, 당시 조사에는 온 대륙에서 파견된 대여섯 명의 인사가 함께했다. 유럽인은 나를 포함해 두 명이었다. 알제리에 대한 지식이 없고 이슬람주의자에게 과도하게 책임을 지웠던 초안 작성자의 고정관념은 보고서에서 빠지지 못했다.

여기저기에서 개입할 권리에 대해 말한다. 그러나 나는 이 말을 남발하는 대신, 주의를 기울여서 그 권리란 것을 언급해야 한다고 생각한다. 개입할 권리로 무장한 군대와도 같은 국제법은 특정한 상황에 처한 국가에서는 부적절할 뿐이다. 칠레가 다시 민주주의 국가가 된 시점에서, 칠레인들이 직접 피노체트에 대해 판단하도록 내버려 두는 편이 세계 언론이 아무것도 얻지 못한 채 그를 규탄하는 편보다 나았을 것이다. 한 국가가 독재 체제를 벗어나는 것은 그 자체로 어려운 일이다. 게다가 국제적인 도덕 기준을 거머쥔 이들이 내부의 문제를 해결할 시간도 주지 않고 국가에 개입한다면, 국민들이 져야 할 짐을 가중시키는 셈일 뿐이다. 그런 이유로 데 클레르크*나 만델라 같은 인물을 깊이 존경하는 것이다. 넬슨 만델라 덕분에 남아프리카는 끔찍한 비극에서 벗어날 수 있었다. 비록 우리가 혈투를 두려워하기는 하지만 흑인, 백인, 혼혈은 결국 과거와 결별하고 서로를 이해할 수 있게 되었다. 아마 우리는 이런 예라거나 프랑코의 죽음 이후에 있었던 스페인인들의 화해로부터 교훈을 얻을 수 있을 것이다.

독재에는 반드시 재판과 청산 과정이 필요하지만 화해가 우선시되어야 한다. 결속을 다지고 어느 날에는 조화를 이룰 수 있으리라고 격려받지 못한 민족은 비극적인 운명에 처하게 된다. 이때 이런 문제를 해결하기 위해서 국제법에 맡길 수는 없는 법이다. 인류에 반하는 죄와 전쟁 범죄를 처벌하는 문제에서, 스위스인들이 열광적으로 국제법이라는 정의의 검을 휘두를 때 결코 마음이 편치 않았다. 그것은 아마도 무력했던 과거를 용서받고자 하는 몸짓이었으리

---

*   1989년부터 1994년까지 남아프리카 공화국 대통령을 지냈다. 유색인종 차별 정책인 아파르트헤이트 체제의 마지막 대통령으로, 넬슨 만델라와 대타협을 통해 아파르트헤이트 체제를 종식시켰다.

라.

　프랑스가 해방기에 비시 정부의 과거 청산을 프랑스 사법과 정치의 선택에 맡기는 대신, 국제법을 통해 페탱과 라발을 비롯한 부역자들을 심판했다고 생각해보자. 그렇다면 국내 여론이 어떻게 반응했을까? 만일 숙청으로 인해 과도한 비극과 부조리한 면죄부가 생겨난다면, 철저하게 한 국가 안에서 발생한 일에 국제법이 관여할 이유를 찾을 수 없다고 본다. 어떤 범죄가 한 나라 안에서 일어나고 그것이 인류에 반하는 범죄라는 개념에 부합함이 확실히 확립되지 않은 상황이라면, 각국 안에서 나라마다의 정의를 행사하는 편이 낫다. 반면 1945년 이후 나치에 의해 발생한 범죄는 유럽 전역에 걸쳐 일어났음이 명백하게 드러났다. 그러므로 뉘른베르크 재판이 열린 구실은 정당했다. 독일인들과 화해하는 절차를 밟아나가기 위해 몇 명 되지 않는 상부 지도자를 대상으로 빠르게 통과되어야 했던 재판이었다.

　이와 같이 나는 항상 보편 인권과 보편 정의에 대한 엄격한 개념을 고수해왔다. 1983년 클라우스 바르비* 재판 때, 그가 납치되어 압송되었던 순간에 내가 보였던 반응을 기억하고 있다. 나는 기자에게 이렇게 말했다. "만일 과거 전범이 납치된다면 프랑스는 어떻게 반응하겠습니까? 예를 들어서 알제리에서 고문을 했던 이들이 같은 방식으로 납치된다면 우리는 어떤 태도를 취하겠습니까?" 바르

---

* 1942년 리옹의 게슈타포 책임자가 된 후 약 4,000명을 살해하고 7,500명을 국외추방시켜 리옹의 도살자로 불렸다. 전쟁 후 페루에서 체포되어 1987년 프랑스 정부에 의해 종신형을 선고받았다.

비는 프랑스로 인도되었고, 그를 재판해야 하는 게 맞지만, 동시에 그때 쓰였던 방법이 적절했는가에 대한 의문을 여전히 간직하고 있는 것도 사실이다. 아이히만 사건에서는 재판이 역사에 기여한다는 명목으로 납치가 용인될지도 모른다.

비슷한 이유에서, 나는 항상 인류에 반하는 범죄에 대한 시효가 부재한다는 데 불편함을 느낀다. 사건이 벌어진 지 몇십 년 지나 더 이상 같은 역사적 맥락을 공유하지 않는 시점에서 재판을 여는 일은 어려울 뿐만 아니라 거의 불가능하다. 진정으로 금기시되는 이 문제에서 나 혼자 다른 관점을 견지하고 있다는 것을 알고 있다. 오늘날 여론은 국제법을 신성시한다. 알로이스 브루너를 기소한 세르주 클라스펠트가 유럽의회에 시리아에 대한 모든 재정 협약을 거부하라는 압력을 행사했을 때, 그의 논리는 이전 나치 세력이 그리로 망명을 갔다는 것이었으며 그의 태도는 정의에 대한 그의 입장 위에서 만들어진 것이었다. 그러나 이 주장을 통해서 정치적으로 심각한 불이익을 야기했다. 재정 지원을 금지하는 일은 시리아뿐 아니라 해당 지역에 있는 다른 나라에도 영향을 미쳤다. 이스라엘 역시 그런 나라 중 하나였다. 브루너 같이 생각하는 이들이 있을지라도 현실 원칙을 받아들여야만 하는 때가 있다.

반면에 폴 투비에* 체포와 재판에는 어떤 반감도 들지 않았다. 최고사법관회의 사무총장이었던 나는 조르주 퐁피두가 그에게 사면

---

* 제2차 세계대전 당시 프랑스인 나치 협력자. 비시 정부 시기에 인류에 반하는 범죄를 저지른 것으로 유죄 판결을 받은 유일한 프랑스인.

권을 주었다는 데 경악했다. 서류가 잘못되지 않고서야 퐁피두가 상황을 다 알고서도 그런 이를 사면하리라 생각할 수 없었다. 사면된 투비에는 체류가 금지된 지역을 찾거나 교회 사람들에게서 보호를 받는 등 선동적인 행위를 일삼았다. 법을 피하고자 했던 그는 결국 잡혀버렸다.

파퐁 사건에 대해 갖는 입장은 보다 온건하다. 지롱드 경찰처장이었던 그는 자신의 관할구역에 대한 강제수용 칙령에 서약했는데, 불행히도 이 서약이 모든 구역에 적용된 것이었다. 나를 놀라게 했던 건 그 다음에 그가 보인 오만함이었다. 나는 충격에 빠져버렸다. 고위공무원이었던 그는 실수했을 수 있다. 그가 할 수 있는 최소한은 이를 인정하는 것이다. 그러나 모리스 파퐁은 절대로 최소한의 후회도 보이지 않았다. 오히려 그는 자신의 입장에 갇혀, 자기가 한 일이 인명을 구하는 일이었다는 말만 반복했다. 물론 사실이다. 유대인을 레지스탕스와 교환했기 때문이었다. 그 수감자들이 결국 어떤 운명을 맞았는가 하는 이야기는 뒤로 밀려버렸다. 그는 자신이 체포한 아이들에 대해 아무런 언급도 하지 않았다. 어떤 회한도 드러내지 않고, 변명조차 하지 않았다. 폴 투비에 사건처럼, 파퐁 사건은 보편적인 진실을 담지하고 있다고 주장하는 국제 법정이 아닌 프랑스에서 판결되었다.

2003년 피해자보상재단의 대표를 맡았을 때, 나는 그것이 피해자의 권리를 지키기 위함이지 그들을 고통받게 했던 행위의 판관을 자처하기 위함이 아님을 확실히 했다. 물질적인 손해에 한정될 때라고 하더라도, 피해보상은 절대로 해결하기 쉽지 않은 문제다.

전쟁이 끝나고 쇼아의 생존자들이 프랑스로 돌아왔을 때, 이들은 자신이 겪은 착취를 증명해야 했다. 그렇게 하고 나서도 돌아오는 보상은 적거나 없었다. 은행에 맡겨진 예금이나 보험회사 계약은 거의 보상으로 이어지지 않았다. 예금기금에는 체포된 이들의 모든 재산이 공탁되어 있었지만, 이를 복구하고자 하는 어떤 의지도 보여주지 않았다. 1995년이 되어서야 조스팽과 시라크가 공동으로 개입하여 마테올리 위원회를 만들었다. 이로써 예금기금 문서 조사에 착수할 수 있었고, 반세기가 지난 시점에서야 '고아'들이 연금이나 일시불 형태 중에 선택해서 보상을 받을 수 있었다.

1980년 말에 유럽의회에 자리를 잡았지만, 나는 계속해서 프랑스 내의 정치경제적 상황을 우려하고 있었다. 그러나 선거가 다가오면서, 중도 우파의 소극적인 정책과 공동계획의 과도함 사이에서 머뭇거릴 필요를 느끼지 못했다. 임기 후반부에 그가 보인 행보에 대해서 내가 다소 신중한 태도를 견지하기는 하지만, 발레리 지스카르 데스탱은 유일한 선택이었다. 그러나 결과는 프랑수아 미테랑의 당선이었고, 전부터 우려하던 일이 일어났다. 프랑스가 경제위기와 통화위기라는 재앙으로 한 반짝 걸어 들어간 것이다. 지혜와 중용에 대해 익히 알고 있던 피에르 모루아*는 사회민주주의와는 관계가 없고 무능력과 비일관성이 팽배하던 상황에 인질로 잡혀

---

* 1928~2013. 프랑수아 미테랑 대통령 때 총리를 지냈다. 사회당 소속으로 사회주의인터내셔널 의장을 지냈다. 총리로 있는 동안 주당 노동시간을 39시간으로 감축하고 정년을 65세에서 60세로 낮추는 등 노동자 위주의 정책을 시행했다.

버렸다.

다행히 국제적으로 잇따른 사건이 일종의 압력을 형성하던 가운데, 1983년 전환점 이후 혼란스러웠지만 좀 더 온건하면서 새로운 정치적 경향이 부상했다. 내게는 미셸 로카르*나 자크 들로르**와 같이 분별력 있는 이들이 다시 한번 사회당과 공산당의 강력한 좌파 정치라는 선택지를 마주한 대중을 통해 지지층을 확보하려는 것 같았다. 이 상황은 제법 만족스러웠다.

아는 이가 거의 없던 사회주의 정부에서, 외무부 장관만은 잘 알고 있었다. 미테랑이 당선되기 전, 클로드 셰송***은 유럽공동체 위원이었다. 나는 그가 마음에 들었다. 전임 정부와의 인수인계는 내가 생각했던 것보다 매끄럽게 이루어졌다. 예를 들어서 프랑수아 미테랑이 처음 내렸던 결정은 클로드 셰송에게서 영감을 받은 것으로, 레몽 바르가 1980년과 1981년 두 차례 유럽의회가 승인한 예산안에 대해 제기한 프랑스의 상소를 취하하는 내용이었다. 이것이 정치계가 작동하는 방식이었다. 모호함을 보여서 싫어했고 공산주의자들과 동맹을 맺어 규탄했던 미테랑은 신임 대통령으로서 거의 자살행위에 가까운 내정을 펼치면서도, 유럽공동체 건설에는 전임자가 그랬던 것과 같은 사려 깊은 면모를 보여주었다.

---

* 1930~2016. 지역개발 장관, 농림부 장관, 총리 등을 지냈다.
** 1925~ . 경제학자이자 사회당 정치인으로 유럽의회에서 근무했고, 미테랑 대통령 시절 재무부 장관을 지냈다.
*** 1920~2012. 프랑스의 외교관으로 인도네시아 대사, 화학·광산기업청 총재를 역임하고 1973년 유럽공동체 위원이 되었다. 1981년 외무부 장관에 취임했다.

유럽의회의 의장이었던 나는 유럽공동체의 다른 정부를 전부 방문했다. 어디를 가든 환대를 받았던 기억이 있다. 특히 헬무트 슈미트 총리와 헬무트 콜 총리가 나란히 재임하던 독일에서 깊은 인상을 받았다. 둘 다 친유럽주의자로, 독일이 통일되어야 한다는 사실에 의심이 없었다. 수술을 받아 움직일 수 없던 벨기에의 보두앙 왕은 파비올라 여왕과 함께 병실에서 나를 따뜻하게 맞아 주었다. 브리지 게임을 하던 점심식사 자리에서 이야깃거리가 된 주제는 임신중단이었다. 오히려 내가 가장 환대받지 못했던 곳은 프랑스였다. 프랑스와의 관계는 그리 좋지 않았다. 나는 프랑스인들이 유럽에 대한 주제에 관심이 없음을 깨닫고 놀랐지만, 프랑스 정치 지형 내에서 이런 현상은 결코 예외적인 것이 아니었다. 나중에 프랑스 민주연합에 합류했을 때, 유럽에 대한 자신의 신념을 펼쳐 보이는 이들이 막상 브뤼셀에서 일어나는 일에 얼마나 관심이 없는지 알고 나서 놀랐다. 더 끔찍한 것은 유럽 문제에 대해 그들이 가진 지식이 무척이나 한정적이었으며, 그 지식을 개선하려는 노력조차 하지 않았다는 점이다. 이런 무관심 속에서 발레리 지스카르 데스탱은 다른 모습을 보였다. 그는 계속해서 제도적인 질문을 늘어놓았고, 의회 일에도 관심이 많았으며, 프랑스 내에서 유럽 정치를 이름에 걸맞은 방식으로 펼치고자 했다.

프랑스 정치인들의 유럽에 대한 무관심은 다른 국가와 비교해볼 때면 더욱 명징하게 드러났다. 이런 현상은 시간이 더 지난 뒤 자유주의자 단체*를 이끌 때도 확인되었다. 네덜란드, 스페인, 독일에서 모임을 가졌을 때, 우리는 많은 의원들과 국가 지도자들을 만났다. 프랑스에서 연사를 찾기가 가장 힘들었다. 무관심은 유럽의회 의원 선거가 다가올수록 확실히 드러났다. 정치인들이 후보자 명부를 구성할 때, 이들은 후보자들의 신념이나 역량에는 큰 관심이 없었다. 이들은 가까운 이들에게 자리를 주기 위해서, 당에 충성한 데에 대한 감사 표시로 명부를 활용했다. 이런 상황에서 프랑스 의원들이 유럽의회에 진정한 동기를 보이지 않았다는 사실이 놀라울 수 있겠는가. 앞서의 '회전문'을 다시 말할 필요도 없이, 나는 당시 많은 프랑스 의원들이 습관적으로 결근한다는 사실을 확인했었다. 출석을 해서 활발하게 활동하는 이들에게 돌아오는 이익이랄 게 거의 없었던 게 그 원인이었다. 이어지는 선거에서는 참모들이 앞서 말한 방식대로 새로 합류한 의원들에게 우선적으로 자리를 주었기 때문에 의원들은 하루 이틀 출석을 표기하고는 사라져버렸다. 영국 의원들이 유럽에 적대적임에도 불구하고 스트라스부르나 브뤼셀에 열의 있게 출석하고 국가의 이익을 우리보다 더 잘 추구했던 것과는 대조적이다.

유럽의회 의장의 임기 연한은 30개월이다. 내 임기는 1982년 1월까지였고, 임기가 끝나자 많은 동료들이 내가 의회의 이익을 잘

---

* 자유주의 성향의 유럽 정당으로 유럽자유민주개혁당이라 한다. 현재 이름은 유럽자유민주동맹이다. 시몬 베유는 1984년부터 1989년까지 당 지도부를 맡았다.

수호했다고 평가해주면서 연임 캠페인에 함께했다. 영국 자유주의 의원들 역시 내 연임에 우호적이었을 정도로 연임에 실제적인 합의가 생겨났다. 그러나 드골주의자들은 한 번 더 다른 노선을 탔다. 이들은 독일 기독사민당 에곤 클랩쉬 후보를 1차 선거에서 지지하며 모든 것을 망쳤다. 에곤 클랩쉬는 네덜란드의 사회주의자 의원인 핏 당커르트에게 져버렸다. 나는 이들이 입장을 고수할 것을 알고 3차 투표 전에 후보에서 사퇴했고, 사회주의자 후보가 당선되었다. 오로지 프랑스의 분열 때문에 생긴 결과였다. 아마 끝까지 맞서도 좋았을 테지만, 선거 게임을 피해 프랑스에서 유럽의회로 온 것인데 이곳에서 더 끔찍한 광경을 목도해버렸다.

알차고도 숨 가빴던 2년 반의 기간 이후에 나는 자유를 맛보았다. 그러고는 법위원회에 합류해 비유럽국가들과 맺은 협약을 다듬는 일을 했다. 나는 그곳에서 또 한 번 영국인들이 자료를 잘 파악하는 반면, 프랑스인들은 그만큼의 비상함을 보이지 않는다는 데서 슬픔을 느껴야 했다. 그러고 나서는 자유주의자 단체의 대표로 선출되었고, 30개월 동안의 재임 기간에 통과한 것과 같은 여정을 다시 시작했다. 이번에는 브뤼셀과 룩셈부르크, 스트라스부르뿐 아니라 유럽 전체를 돌아다녔다.

당시에는 유럽이 팽창하면서 새로운 교류와 접촉이 늘어날 때였다. 그리스의 경우 약간의 불안감을 가지고 있었고 국민 차원에서 충분히 준비되지 않은 상태에서 합류가 결정된 것 같았으나, 발레리 지스카르 데스탱은 1981년 선거 전에 일이 마무리되기를 바랐다. 몇 년 뒤, 스페인과 포르투갈이 유럽공동체에 합류하는 문제에서 드골주의자들이 반기를 들 때, 자유주의자들은 마드리드, 바르셀로나, 리스본을 여러 번 방문했다. 우리는 정치 지도자의 반응과 대중 여론에 특히 관심이 많았다. 유럽 대륙뿐 아니라 라틴 아메리카와도 접촉 반경이 확대되었다. 라틴 아메리카는 당시 독일 자유주의 의원들이 공을 들이던 지역이었다. 의원들은 스페인, 포르투갈, 라틴 아메리카 등지가 민주주의를 향해 나아갈 수 있게 북돋았다. 그들은 원칙에 입각해 행동하면서도 기본적으로 독일의 경제적인 이익을 위해서 일했다. 정치를 살리기 위한 능숙하면서도 세련된 방식이었다. 프랑스인들은 이런 행위가 어째서 유용한지 전혀 깨닫지 못했다. 집 안에서 팔짱만 낀 채 국가의 손실에 대해 개탄하는 것은 아무짝에도 쓸모가 없다는 사실을 내다볼 능력이 없었던 것이다. 의심할 바 없이, 프랑스는 독일의 경제적 이익에 이로운 영향을 주는 주요 정당이 큰 지지를 받는 독일의 예로부터 좋은 영감을 얻을 수 있을 것이다.

프랑스와 다른 회원국 간의 차이가 얼마나 컸는가 하면, 다른 국가에 가는 사실을 프랑스인들이 알기도 전에 독일 대사관이 먼저 알 정도였다. 한 일화가 기억 속에 남아 있다. 워싱턴에 의원 사절단으로 파견되어 갔을 때, 이탈리아인 동료들이 내게 농담 반 진담 반으로 이렇게 말했다. "오늘 우리랑 같이 가도 돼요. 우리 쪽으로 데려가 줄게요. 프랑스 정부는 당신이 초대장을 못 받게 하려고 열심히 노력했을 테니까요." 이것이 다른 유럽 의원들이 프랑스를 보던 시선이었다. 나는 이 사실이 무척 부끄러웠다. 이제는 달라졌을까? 그렇기를 바란다. 그러나 그 순간이 그렇게 빨리 다가올 것 같지는 않다. 2005년 유럽헌법 비준안 국민투표에서 반대표를 던진 직후인 지금으로서는 말이다.

마지막 투표 캠페인 동안, 나는 동구권 국가의 확장 문제를 다룰 기회를 자주 얻었다. 나는 우리가 제2차 세계대전 이후 자유주의 정권에서 살게 된 것이 얼마나 다행한 일인지 잊어서는 안 된다고 자주 말하곤 했다. 철의 장막이 유럽의 나머지 반쪽을 덮고 있던 상황이었다. 솔직해지자. 우리는 그 나머지 반쪽에서 어떤 일이 일어나고 있는지 관심을 가지지 않고, 그곳에서 사는 이들이 어떤 괴로움을 겪는지에 대해 연대감을 느끼지도 않은 채 이 자유를 누려 왔다. 역사가 우리에게 가능성을 주었을 때, 유럽연합이 이 국가들에 문을 열어젖히지 않는 일을 생각하기 어려웠다. 당장의 경제적 이익을 포기하는 한이 있더라도 우리에게는 그들에게 갚아야 할 부채가 있었다. 그들 쪽에서는 서구권에 합류하는 결정을 내리는 게 어려웠으리라 생각한다. 그러나 그들은 때로 대중에게 받아들여지기 무척 까다로운 혹독한 조치를 취하게 해주었다. 그들이 경제, 사회, 법 분야에서 들인 노력은 엄청났다. 내부 상황은 무척이나 바뀌었고 1990년대 초 동구권 대부분의 국가에서 만연했던 궁핍함은 전례가 없을 만큼 대폭 근절되었다.

터키 문제는 내게 다른 성질인데, 이스탄불 너머를 유럽이라 칭하기에는 어려운 면이 있었다. 이슬람 문제가 전보다 심각해진 것뿐 아니라, 이슬람이 여성의 지위에 야기하는 결과가 무척 실질적인 만큼 더욱 그랬다. 예를 들어서 보스니아는 급격히 이슬람화되었다. 그럼에도 보스니아가 유럽연합에 가입을 신청한다면, 우리의 문화가 보스니아에 일종의 규칙을 권할 수 있으리라고 생각한다. 이 역시 하나의 도박이다. 유럽 중심부로부터 멀어질수록 더 큰 위험을 감수해야 한다. 따라서 우리는 터키에 민주주의에 관한 어떤 것도 요구할 수 없을 것이다. 유럽의 지정학적인 경계를 긋는 것만큼이나 철학적인 가치를 규정하는 것도 어렵다. 어떤 이들이 기독교를 유럽의 규칙으로 강제하고 싶어 하는 문제는 고려할 가치도 없어 보이는데, 실제로 교회에 가는 신자가 적어졌기 때문에 이런 요구가 나오는 것이다. 공화주의 역시 제외될 수 있다. 우리 유럽에는 공화제만큼이나 군주제를 따르는 국가가 많다. 그렇다면 어떤 게 기준이 될까? 인간과 문화에 대한 특정한 개념이겠으나 유럽 각국이 일정한 확실성을 가지고 주장할 수 있는 결정적인 기준들을 세부적으로 언급하기는 어렵다. 무엇보다도 유럽은 우리가 만들어 나가는 것이다.

이에 대해서는 미테랑이 장기 집권하던 시기에 있었던 일화가 인상 깊게 남아 있다. 1983년 독일 의원들 앞에서 한 연설이었는데, 연설에서 대통령은 프랑스와 독일 여론 상당수에 반하는 말을 주저 없이 입 밖으로 꺼냈다.* 그가 했던 '서구의 평화주의자, 동구의 미

---

* 1980년대 초반 소련의 유리 안드로포프는 동독과 폴란드에 핵미사일을 배치했다. 나토는 미국 미사일을 서독과 주변국에 배치할 것을 논의했으나 미사일 배치 반대 시위가 대대적으로 펼쳐졌다. 서독 슈미트 총리와 미테랑 대통령은 소련의 핵을 억제하기 위해서는

사일'이라는 말은 우리의 기억 속에 여전히 남아 있다. 일부 독일인들에게서 중립에 대한 요구가 강력히 끓어오르던 상황에서 그의 연설은 성공을 거두었다. 빌리 브란트를 둘러싼 많은 사회주의자들은 동구에 매료되어 있었고 국가 통일을 위해 소련과의 협정을 받아들이는 것을 주저하지 않았을 것이다. 이런 맥락에서 서구의 미사일 무장을 지지하는 프랑수아 미테랑의 용감한 연설은 결정적인 전환점을 만들어냈다. 나는 이것을 그가 마주한 가장 큰 도전이라 보았고, 미테랑은 한참 선거를 치르던 독일 총리를 지지함으로써 이 도전을 받아들였다. 공산주의자들이 현명하게 침묵을 고수하고 레몽 바르가 스스로에게 솔직하게, 그러니까 예측 불가능한 방식으로, 이 문제가 우리와 관련이 없고 우리가 독일 일에 끼어서는 안 된다고 선언하는 반면에 자크 시라크는 이 상황을 받아들였다.

총리였던 바르가 보인 반응 때문에 놀랐던 건 그때가 처음이 아니었다. 1978년부터, 각료회의에서 그가 했던 말실수는 하마터면 화약고에 불을 지피는 격이 될 뻔했다. 그는 '유대인 로비'라는 말을 썼고 나는 그 말이 부적절하다고 생각했다. 회의가 끝난 후 나는 대통령에게 총리가 '유대인 로비'와 같은 말을 또 꺼내면 정부를 즉시 떠나겠다고 말하면서 이유를 설명했다. 지스카르가 개입해 바르가 자신의 의도를 설명하기를, 내가 그의 말을 오해했다는 뜻이었다. 2년이 지나, 코페르닉 가의 유대교 회당이 공격을 받은 이후에,

미사일 배치가 필연적이라고 보았다. 그리하여 미테랑은 독일 의회에서 미국이 서독과 서유럽에 핵미사일을 전면 배치해야 한다는 연설을 했다. 미국 핵미사일이 대대적으로 배치되자 얼마 후 소련의 핵미사일은 철거되었다.

그는 또 한 번 말실수를 했다. 내무부 장관인 크리스티앙 보네가 사건의 원인을 극우파 세력으로 돌리고 대통령은 어떤 성명도 발표하지 않은 가운데, 레몽 바르는 유대인을 제외한 '무고한 프랑스인'의 죽음을 개탄했다. 나는 그의 말을 규탄하는 집회에 참가했다. 시간이 더 지나고 나서 나는 심지어 그가 타인의 노력을 무시하는 경향이 있음을 확인했다. 1988년 대선에서 그를 열렬히 지원했으나, 바르는 미테랑과 시라크에 비해 한참 못 미치는 16퍼센트의 득표율을 얻었다. 라틴아메리카 하우스에서 모인 캠페인 팀에게 그는 중도주의자들이 캠페인을 망쳤다며 울분을 토했다. 그에 따르면 오직 그의 측근만 일을 했고 나머지는 아무 일도 하지 않았다는 것이다. 곁에 있던 장 프랑수아퐁세는 내게 이렇게 속삭거렸다. "그냥 웃어도 돼요. 다음 번에는 그렇게 효율적인 친구들 곁에 혼자 버려둘 테니까!" 우리는 그가 브뤼노 골니쉬*의 장점을 들먹이거나 모리스 파퐁이 사후에 남긴 찬사를 이용해 이미지를 개선하려 했다고 말할 수 없다. 어찌되었든 그의 죽음은 프랑스 정치계가 유별나고도 용감했던 한 인물을 잃은 사건이었다.

제노포비아와 함께 등장하는 반유대주의라는 주제에서, 국민 전선의 등장과 부상은 무척이나 일찍부터 나를 두렵게 했다. 우리나라에서 극우 세력이 영영 사라졌다고 생각한 적은 전혀 없었음에도 그랬다. 적게라도 극우는 항상 존재했다. 비밀군사조직의 부상이나 알제리 사건을 통해 우리가 이미 알고 있던 바이기도 했다. 그러나

---

* 프랑스 극우파 정당인 국민전선 소속의 정치인.

이때는 최소한 비밀스럽게 움직였다. 그런데 갑자기 포퓰리스트 정치가 푸자드의 자리를 카리스마 있는 독설가인 장마리 르펜*이 꿰찼다. 그가 한 말 중 그가 실제로 믿는 것이 얼마나 되고 그저 부풀리는 게 얼마나 되었든 간에, 다양한 곳에서 등장한 이들이 르펜에게로 모였다. 가톨릭 근본주의자, 낙오된 군인들, 공산주의를 증오하는 자들⋯⋯. 그들은 모두 자신들이 끔찍이도 싫어하는 좌파 정부에 대한 증오로 뭉쳤다.

1983년 드류 선거가 전환점이 되었다.** 나는 우리나라의 정치에 이 사건이 미칠 위협을 감지했다. 장마리 르펜이 저지른 언어폭력, 그가 끊임없이 민주주의에 가했던 위협과 쇼아를 부정했던 일에 대해 기억해야만 한다. 비록 우리는 2차 지역 선거 당시 이런 언설이 통과되게 놔두어서는 안 된다는 입장이었지만, 공화국연합과 프랑스민주연합의 선거명부에는 선거 가능한 위치에 국민전선 소속 의원을 네 명 올려두었다. 여기에는 국민전선 사무총장인 장피에르 스티르부아가 포함되어 있었다. 더 충격적인 일은 여기에서 끝나지 않았다. 우파 지도자들은 이 전략이 좌파를 막을 수 있는 방책이라고 보면서 승인했다. 레몽 아롱조차《렉스프레스》에서 다음과 같이 거슬리는 소리를 했다. "1980년대에 유일했던 파시스트 인터내셔널은 빨간색이지 갈색이 아니다." 오직 베르나르 스타지***, 에페르네

---

*　프랑스 극우 민족주의자로, 국민전선의 창립자이며 전 총재.

**　1983년 9월에 있었던 드류 지역 1차 선거에서 국민전선 소속 장 피에르 스티르부아가 17.6 퍼센트를 득표하는 기염을 토했다.

***　1930~2011. 이탈리아–멕시코 이민자의 아들로 프랑스 해외 영토 장관을 지냈다.

의 시장, 그리고 나만이 격렬히 반대했다. 레몽 바르는 내 태도를 비난했고 자크 시라크는 "드류를 순례하는 국민전선의 네 명은" "각료회의의 공산주의자 네 명"에 비하면 아무것도 아니라고 말했다. 그러나 이후 국민전선의 부상은 안타깝게도 베르나르 스타지와 내가 보였던 경계 어린 태도에 이유를 찾아주었다. 장마리 르펜의 정당은 도를 넘는 언설이나 선거 승리 정도에서 멈추지 않았다. 자크 시라크는 금세 실수를 깨닫고 태도를 바꾸었다.

25년이 지난 이후, 나는 이전의 판단에서 토씨 하나 바뀌지 않았다. 어떤 경우에도 극우와 연합해서는 안 된다는 것이다. 지지자가 순교자가 되어서도 안 된다. 2007년 니콜라 사르코지가 대선에서 잘 보여주었던 것처럼 오로지 무시해야만 한다. 유럽의회에서 극우 의원들은 다른 정당 의원들에게 보이콧을 당했다. 시간이 흐른 후 이들은 점점 더 고립될 만한 언행을 자처했다.

그럼에도 불구하고 나는 사람들이 많이 말하는 것처럼 르펜이 없었더라면 안보나 이주에 대한 토론에 드는 시간을 아낄 수 있었으리라 생각하지 않는다. 이런 논쟁은 유럽 전역에서 일어난다. 우리가 국경을 개방했고, 국가 간 자유로운 교역이 다양한 문제를 야기했고, 지중해 남쪽의 상황이 끔찍하기 때문이다. 우리는 따라서 죄책감과 자기 안으로의 침잠이라는 양분된 태도를 보인다. 게다가 오늘날 우리나라에는 아프리카에서 온 이들뿐 아니라 중부 및 동부 유럽에서 온 젊은이들이 무척이나 많다. 계획도 자원도 없어 도착한 이들은 얼마 안 되어 자신들이 품었던 꿈과 환상을 잃어버린다. 그리하여 모든 나라가 이민을 제한하고 있다. 실업률이 올라가고 노동조건이 취약해지면서 사람들은 자신의 처지를 이민자의 처지와 비교하게 되었다. 시간제로 일하고 아이들을 키우는 여성들은 전적으로 국가의 지원을 받는 외국인보다 자신의 처지가 더 나쁘다고 생각하게 되었다. 이런 상황에 힘들어 하는 당사자들이 있는 만큼, 장마리 르펜이 문제의 핵심이라고만 보는 주장은 너무 단순하게 접근하는 것이다.

1984년 유럽의회에서 선거가 있었을 때, 내 이름은 명부의 맨 위에 있었다. 이때는 상황이 또 달랐다. 공화국연합과 프랑스민주연합이 연합하여 명부를 단일화한 것이다. 자크 시라크가 다른 곳에서 그러하듯이 유럽 차원에서도 혁신을 꿈꾸었기 때문에 만들어진 결과였다. 1979년에 비해 그의 생각에는 근본적인 변화가 있었다. 우리는 더 이상 '외국인 정당'이 아니었다. 스페인과 포르투갈이 유럽연합에 진입할 것으로 예측되는 상황이 공통의 농업 정책에서 이슈를 만들어내고 있었기에 이 변화는 엄청난 방향 전환이라 할 만했다. 당시 공동체 예산의 60퍼센트에서 80퍼센트가 농업에 할당되었던 만큼, 몇 달 전부터 프랑스 농민들의 우려가 너무나 높았던 나머지 나는 유럽 확장에 반대하며 공화국연합의 공격이 쏟아질 것으로 예상했다. 하지만 다행히 그런 일은 일어나지 않았다. 드골주의자들은 대중 선동에 한계가 있음을 진작 깨달았다. 나는 공화국연합이 유럽이라는 배에 탑승할 때가 되었음을 재빠르게 알아차렸다.

장 르카누에는 그리 달갑지 않은 기색이었다. 드골주의자들이 친유럽적인 태도를 보이는 것은 그에게 신념이기보다는 기회주의로 보였다. 그는 자신이 속한 중도파의 실질적인 영향을 알아보기 위한 여론조사를 주문하기도 했으나, 결과는 그를 빠르게 낙담시켰다. 여론조사기관의 조사 결과 그는 4퍼센트에서 5퍼센트밖에 지지를 얻지 못했다.

중도주의자와 드골주의자 간의 긴 토론 끝에 명부를 합치겠다는 결정이 내려졌다. 우선은 유럽을 위해서였고, 또 다른 이유로는 프랑수아 미테랑에 대항하여 하나로 결속하는 편이 낫다고 판단했기 때문이었다. 공화국연합이 '주권주의'를 포기하고 좌파 동맹에 대해 국가가 필요로 하는 주된 정치력을 키울 수 있으리라는 희망에서 비롯된 전략적인 결정이었다. 이 지점에서 우리가 갈라졌던 부분은 유럽에 대한 비전이었다. 다른 의제에 대해서는 우리도 상대편만큼 갈라졌음을 인정해야겠다. 예를 들어서 사회적인 정책 부분에서, 우파와 중도는 항상 갈렸다. 프랑스민주연합은 기독민주당에서 떨어져 나온 이들을 포섭했지만 그들 역시도 수많은 갈래로 갈라졌다. 그러나 여기에는 급진 세속주의자와 친 지스카르 자유주의자도 포함되어 있었다. 프랑스민주연합은 발레리 지스카르 데스탱이 드골주의정당을 견제하기 위해 만들었지만 결국은 아무나 다 수용하는 곳이 되었다.

우리는 조화보다는 단합된 채로 유럽에서의 투쟁에 나섰다. 명부가 어떻게 구성되었는지는 거의 기억나지 않는다. 비시 정부에 몸담았다는 사실이 이제는 상식이 된 로베르 에르상이 포함되었다는 사실이 나를 결코 기쁘게 하지 않았다고는 말할 필요가 있겠다. 사람들은 무소불위의 《피가로》 소유주에게 등을 돌리는 것이 어려운 선택이라고 이야기했다. 정치가 도덕적 원칙에 우선한 또 다른 사건이었다. 그나마 내 유일한 출구는 에르상이 한때 미테랑이 이끈 소수 정당인 민주사회주의좌파연합에 몸담았다는 사실이었다. 이로써 나는 나를 심각하게 공격했던 사회주의자들에게 자신들의 모순을 돌려줄 수 있었다. 태어나서 처음으로 나는 기회라는 이유로 원칙을 배반하는 타협을 했다. 로베르 에르상이 스트라스부르에 발도 들이지 않았다는 사실은 나의 당혹감을 더했다.

명부의 두 번째에는 베르나르 퐁이 있었다. 임신중단 합법화 때부터 좋은 관계를 유지한 드골주의자 의사였다. 그가 있었던 덕분에 선거 캠페인은 잘 굴러갔다. 베르나르 퐁은 그때까지도 친유럽주의자가 아니었는데, 자크 시라크가 그에게 기대한 바에 맞추어주었다. 그는 충실한 당원으로서 상사가 시키는 대로 했다. 우리의 단일 명부는 승리를 거두었지만, 그렇다고 해서 얼마 당선되지 않은 드골주의자들이 외따로 떨어져 의회 내에서 프랑스의 힘을 강화하는 길을 망치는 것을 막지는 못했다. 국민전선이 놀라운 속도로 세를 확장했다는 사실도 선거에서 있었던 유감스러운 일화 중 하나였다. 우파와 중도파는 극우파의 사상과 거리를 두기 위해서 같은 목소리를 내려는 노력을 했어야 했다.

임기 내내, 우리는 드골주의자들에게 계속해서 반대했고, 이는 유혹에도 불구하고 어떤 경우에도 단합할 수 없다는 생각을 공고하게 해주었다. 5년 뒤, 유럽 3차 선거가 있을 무렵 정치 상황은 새로운 변화를 맞게 되었다. 1981년 패배했던 발레리 지스카르 데스탱이 다시 한 번 무대에 서게 된 것이었다. 유럽 선거라는 기회를 잡아 그는 5년 전 그랬던 것처럼 공화국연합과 함께 명부를 제출하고자 했다. 이 가정은 그리 내 마음에 들지 않았다. 1984년 일에 대해서 좋은 기억을 가지고 있지도 않았고, 최근 임기 동안에도 확신이 없었다. 그리고 나는 유럽 의제가 단순히 국내 정치 도구가 되는 것을 보는 데 질려버렸다. 1981년 지스카르의 패배에 대폭 기여한 자크 시라크는 그의 필연적인 동맹이 되었다. 그래서 나는 중도사회민주당의 중도파 동료들과 함께 모험을 하기로 했다.

캠페인은 혹독했다. 공화국연합은 연결망과 지지자를 총동원해서 세력을 넓히고자 했다. 그리고 나는 때때로 그들의 눈에 우리가 사회주의당보다 더 두려운 적으로 비추어진다는 데 괴로운 기분을 느꼈다. 프랑스민주연합은 여러 갈래로 갈라진 탓에 목소리가 들리지 않았다. 나는 정당에 소속되는 일이 어려운 이유가 하나가 아님을 깨달았다. 모두가 원하는 존재가 되는 것은 아무도 원하지 않는 존재가 되는 것과도 같았다. 그리고 상황이 우리를 분열시켰다. 나는 캠페인 고문이었던 프랑수아 바이루*의 조언으로 장 르카누에를 그의 선거 기반인 노르망디로 만나러 갔는데, 그때의 끔찍한 기억을 좀체 잊지 못할 것이다. 나는 그를 1950년대 대중공화운동 당시

* 프랑스 교육부 장관, 국회의원, 유럽의회 의원을 지냈으며 민주운동당의 대표이다.

부터 알고 있었고, 그가 5년 전 명부를 중도파로만 채우고 싶어 하던 결단을 보였음을 기억하고 있었기에 어떤 일이 일어날지 아무것도 예상하지 못했다. 루앙에 도착했을 때에는 시청 사무실에 나를 위한 기자회견이 준비되어 있었고, 장 르카뉴에가 기자들에게 이렇게 말하는 것만이 들렸다. "베유 부인을 모시게 되어 기쁩니다. 하지만 우리 이름은 같은 명부에 올라가지 않습니다. 저는 지스카르의 명부에 올라갈 거예요." 나는 한 단어도 보태지 않았다. 거의 모르던 사이였지만 지적이고 역동적이라고 알고 있던 프랑수아 바이루는 내게 바로 본색을 드러냈다. 그는 며칠 내에 어느 날에 보였던 신념을 바로 뒤집을 수 있었고, 마치 젊을 때부터 바라보고 달려온 미래에 엘리제궁이라는 단 하나의 이름만 붙어 있는 것처럼 행동했다.

　이 점을 고려하지 않고서는 그의 성격을 이해할 수 없다. 그는 자신이 신이 내린 대통령감이라고 생각했다. 확신에 차 있으며, 자신이 집착하는 것을 위해서는 친구도, 원칙도, 동맹도 저버릴 수 있는 사람이었다. 이런 병에 걸린 모두가 그러하듯 그는 모두가 자신 같이 교활하고 기회주의적이라고 생각했고, 내가 그의 앞길에 어둠을 드리우리라는 망상을 품었다. 어떤 상황에서든지 그는 타인이 자신의 앞길을 막는다고만 생각한 것이다. 바로 이러한 망상 때문에 그가 캠페인 동안 우리 명부를 좌절시키려는 공작을 꾸미고 있다는 사실을 재빠르게 감지할 수 있었다. 사실 그러한 태도는 그걸 겪는 주변 사람보다 그걸 품고 있는 본인을 더 해치기 마련이다. 프랑수아 바이루의 계산속에 나는 무심한 태도를 유지했다. 나는 대통령

선거에 출마할 생각이 결코 없었지만, 우리가 거둔 보잘 것 없는 결과에는 유감을 느꼈다. 명부에는 유럽의회에 갈 자격이 있는 훌륭한 인물들이 여럿 있었기 때문이다.

하지만 이런 우발적인 일들은 금세 잊혀졌다. 몇 달이 지나 20세기 들어 가장 기념비적인 일이라고 말해도 이견이 없을 사건이 일어났기 때문이다. 바로 베를린 장벽의 붕괴였다. 이것은 한 세계가 끝나고 다른 세계가 시작됨을 뜻한 만큼 무척이나 상징적인 사건이었다. 이전에 장벽의 붕괴 가능성을 내다본 이들도 있었지만, 그것은 환상이라고까지는 할 수 없어도 충분히 불확실한 일이었다. 반면 모든 이들이 아는 것이라고는, 동유럽 국가들이 점점 더 초조해지고 소련 연방이 더 이상 군사적 수단을 갖출 수 없게 될 것이므로 과거 부다페스트나 프라하에서 탱크를 동원해 일으켰던 보복은 일어나지 않으리라는 점이었다. 그리고 어떤 이들이 아는 것은 동독과 서독의 지도자 모두가 통일을 염원한다는 점이었다. 양측 모두에게 이는 원칙의 문제와 관련되어 있었다. 서독은 동독을 도울 준비가 되어 있었고, 동독은 소련이라는 무거운 감독자로부터 도망치는 꿈을 꾸었다. 나는 1982년 1월 유럽의회 의장 자리에서 내려오기 전에 잠시 여행을 다녀왔다. 마르틴 루터의 탄생 500주년을 기념하면서 동독에서 대규모 집회가 열린 것이다. 독일인 동료이자 자유주의자 단체의 지도부에 있었던 마르틴 방게만은 자신과 함께 동행하자고 고집을 부렸다. "독일 통일에 한 걸음 다가가는 여정으로 해석될 수 있는 자리에 나를 끌어들이지 마십시오. 프랑스에서 많은 논쟁을 불러일으키게 될 겁니다." 나의 말에 이어진 그의 대답은 나를 놀라게 하는 동시에 안심시켰다. "걱정하지 마세요. 정치적인 행보가 아니에요. 그저 우리가 모두 동독에 뿌리를 두고 있다고 생각하기를 바랐어요." 나는 이 문제의 문화적인 측면이 얼마나 중요한지 그때 깨달았다. 함의를 깨닫고 나면 누구도 통일에 반대할 수 없었다. 서독 대표와 동독에 대해 긴 인터뷰를 하고 나니, 그의 궁극적 사명이 독일 통일을 준비하는 데 있음을 확실히 알 수 있었다.

통일은 몇 년 후에 바로 일어났다. 일은 마치 천둥처럼 아무도 준비되지 않은 상황에서 벌어졌다. 통일 세 달 전, 나는 프랑코아메리칸 클럽에서 유럽에 대해 이야기하는 자리에 초대되어 샌프란시스코로 갔다. 비행기에서 나는 빌리 브란트가 독일 통일이 당장 일어나지 않으리라고 하던 선언문을 읽고 있었다. 전 총리가 말하기를, 통일에는 시간이 걸렸다. 상황이 개선되기 위해서는 2, 3년이 더 필요하다고 글에서는 말하고 있었다. 그러나 우리는 무언가가 일어나고 있음을 깨달았고, 레이건과 고르바초프 간의 알력 다툼은 끝나고 헝가리인들이 문을 두드리고 있음을 알았다. 얼마 지나지 않아 체코인들이 서쪽으로 넘어왔다. 그러나 동독인들은 여전히 서구로의 연결에서 단절되어 있었다.

몇 주가 지난 11월 8일에는 바르셀로나에 갔다. 나는 카탈루냐 지역에서 지중해 유럽에 대한 콜로키움에 참석했다. 모든 유럽 지도자들이 공동의 바다를 둘러싸고 우려를 표했다. 마그레브*와 아

---

*   리비아 · 튀니지 · 알제리 · 모로코 등 아프리카 북서부 일대의 총칭.

프리카인들과 어떤 관계를 맺어야 할까? 동독인들이 다음날 벽을 허물고 사람들이 왕래하게 되리라는 전보를 받았을 때, 나는 방청석에 앉아 있었다. 푸졸 카탈루냐 지방 수반은 급히 의회에서 전보를 읽었다. 반응은 인상적이었다. 의회 대부분을 차지했던 모든 유럽인들이 기쁨과 감동의 눈물을 흘렸고, 아프리카인들은 우려를 감추지 않은 채 앉아 있었다. 그들은 즉시 어떤 변화가 일어날지 감지했다. 유럽인들이 지중해 남쪽에 가져다주던 이익과 원조는 구소련을 향하게 될 것이었다. 다가올 어려움 앞에서 한 쪽의 희망과 다른 쪽의 두려움이 폭발하는 장면을 직접 보는 광경은 무척이나 매혹적이었다.

콜로키움은 그날 저녁 끝났다. 나는 예정대로 금세 파리로 돌아갔다. 예정되지 않았던 것은 다음날 앙투안과 함께 향한 베를린 행이었다. 기자 친구들이 전용기에 두 자리를 예약해준 덕분이었다. 우리는 자유의 첫날을 직접 눈으로 볼 수 있었다. 서쪽에 있던 브란덴부르크문에 벽은 여전히 서 있었다. 군인들이 일렬로 서서 총을 꺼내들었다. 그럼에도 그들이 그렇게나 오래 체험하고 있던 위협이 사라졌음을 느낄 수 있었다. 그곳에 모인 군중 사이에서는 어떤 긴장도 없었다. 침묵과 평화가 공기를 가득 메우고 있었다. 때때로 누군가가 벽에 가까이 다가갔으나 군인 한 명이 손짓을 하면 그는 뒤로 물러났다. 그리고 벽을 상대한 사람들 사이로 끊임없이 침묵만이 흘렀다. 시간이 지나 저녁이 되고, 몇 군데에 구멍이 나면서 환희가 폭발했다.

유럽의회에서 벌어진 논쟁은 다음의 질문을 두고 빠르게 양분되었다. '동독의 지위는 어떻게 될 것인가?' 법적으로는 문제가 없었다. 로마 조약에 따르면 동독은 통일이 된다면 자동적으로 서구 정치체제에 편입되도록 되어 있었다. 상황은 예견되어 있었지만 기술적인 문제가 존재했다. 특별위원회가 발족되어 동독에 유럽법을 적용시키기 위한 필수 조치를 검토했다. 누군가 파견되어 책임자를 만났으나 별다른 소득은 없었다. 그도 그럴 것이 그쪽의 정치체제가 우리의 것과 상응하지 않았기 때문이었다.

모두 프랑수아 미테랑이 통일 절차에서 보인 신중함을 기억하고 있을 것이다. 반대로 우리에게 덜 알려진 것이 있다면 그것은 그가 1991년부터 프라하 컨퍼런스를 조직해 동서 독일 지도자와 동유럽 국가 대표를 모두 초대했다는 사실이었다. 나는 해당 컨퍼런스에 프랑스 사절단과 함께 참석했다. 위원회는 즉시 일에 착수했고, 더 넓은 유럽 연방이라는 사건 앞에서 이제부터 어떤 사회문화 정책이 펼쳐져야 할지 알기 위해 조사를 시작했다. 나는 의회 위원회 의장을 맡고 있었는데, 위원회에서는 로베르 바댕테르*와 모리스 포르**가 프랑스 대통령으로부터 무척이나 엄격한 지시를 받았다.

내가 기억하는 한 중요한 사항은 프랑스 사절단이 러시아를 포함한 새 유럽 '연방' 지도로 장식된 편지지를 나누어주었다는 것이었다. 유럽 동쪽의 광대한 덩어리가 유럽연합에 좁은 자리만 남겨

---

* 1981년 프랑스에서 사형제 폐지를 옹호한 것으로 유명한 프랑스의 변호사 겸 정치인.

** 1922~2014. 레지스탕스 회원이며 여러 정부에서 장관을 지냈다.

주었다. 이 지도를 본, 당시 회의를 이끌었던 바츨라프 하벨*은 소리
쳤다. "이런 유럽은 절대 안 돼요! 우리가 원하는 유럽은 이런 모습
이 아니에요." 마음에서 우러나온 그의 절규는 러시아가 상징하는
공포를 잘 드러낸다. 당시에는 지도에 미국이 빠져 있었다. 마치 미
국 동맹군이 죽은 것만 같았다. 사실 미테랑이 원했던 연방은 우리
를 미국으로부터 완전히 잘라내는 것이었는데, 동구권 국가들에게
그것은 악몽 같은 일이었다. 그들은 방위 측면에서 유럽공동체가
존재하지 않는 것이라 보아도 무방하다는 건 알았다. 그들이 관심
을 가진 유일한 힘은, 게다가 이런 일이 있고 난 다음날에 존재하는
유일한 힘은 미국이었다. 컨퍼런스의 시작이 영 좋지 않았다.

긴장은 고조되었다. 위원회는 며칠 동안이나 긴장이 누그러들지
않은 채로 계속되었다. 내가 주재했던 위원회에서는 서유럽과 새로
자유를 얻은 동유럽 간의 관계를 정의하는 정치 기획을 고려하기로
되어 있었다. 프랑스 대표자들이 기울인 노력에도 불구하고, 3일간
의 치열하고도 갈등적이었던 논쟁 끝에 투표에 부쳐진 발의안은 프
랑수아 미테랑의 희망에는 전혀 부합하지 않았다. 일이 끝나기 전
날, 나는 바르셀로나에 다녀와야 했다. 스페인인들이 내게 준 명예
상을 받기 위해서였다. 새벽 5시에 집으로 돌아오자, 나는 동유럽
대표자들이 문 밑에 넣어 놓은, 로베르 바댕테르와 모리스 포르의
제안을 받아들일 수 없다는 내용의 편지를 발견했다. 우리는 8시에

---

* 체코의 극작가이자 인권운동가로, 반체제운동의 상징적 인물로서 공산독재체제를 무너
뜨리는 데 결정적인 역할을 하였다. 1989년 체코슬로바키아의 임시 대통령이 되었고, 체
코와 슬로바키아가 분리된 이후인 1993년 체코 대통령이 되었다.

만나 우리가 교착상태에 빠졌다는 결론을 내릴 뿐이었다. 같은 날, 바츨라프 하벨은 주요 인사들을 위한 작별 점심식사를 준비했다. 프랑수아 미테랑은 연방 계획이 미루어졌음을 알게 되면서 화가 났다. 그는 우리더러 쓸모없다고 이야기했다. 그러고 나서는 이 문제에 관해 침묵이 자리했고 엘리제궁은 이를 은폐했다. 20년이 지난 뒤에도 서유럽과 동유럽 간에는 몰이해가 남아 있다. 자크 시라크는 왜 동구권이 미국에 기대를 거는지 이해하지 못했다.

비상한 인물을 무척이나 많이 만났던 유럽에서의 여정을 쓸 때 어떻게 향수에 젖지 않을 수 있겠는가. 헬무트 슈미트가 1980년대 초에 독일 통일에 대해 이렇게 반복해 말했던 목소리가 여전히 귓가에 생생하다. "볼 수는 없겠지만, 우리는 모든 수단을 동원해서 준비하고 있어요. 특히나 스포츠와 문화를 통해서 말이지요." 그는 무척이나 영민했고, 헬무트 콜보다 더욱 비상했다. 그러나 헬무트 콜 역시 그가 가진 신념과 힘으로 내게 큰 인상을 주었다. 마거릿 대처는 들은 것보다 덜 불유쾌한 성정을 갖춘 이였다. 그가 영국이 주재하던 유럽의회에서 나를 보았을 때, 그는 다른 국가 정상들이 그러하듯 단순히 형식만 갖추지 않았다. 게다가 그날의 분위기는 예의와는 거리가 멀었다. 좌파 의원들은 애도의 의미로 검은 완장을 둘렀다. 마거릿 대처가 질문에 답할 때, 모두 그의 역량에 놀랐고, 왁자지껄하던 장내는 존경을 담은 침묵으로 바뀌었다. 그러고 나서 나는 혼자 그와 점심을 먹었다. 대처는 감정이 없고 단단하나 의제에 대한 지식을 제대로 갖춘 인물이었다.

클린턴 부부에 대한 인상도 강렬하다. 빌 클린턴은 따뜻하고 유쾌했고 가식이 없었다. 힐러리는 엄청난 지성을 갖추고 사람을 무척이나 편안하게 해주었다. 미국 정치인들이 그러하듯 그는 주장을 무척 효과적이고 단순하게 전달했다. 오늘날까지도 그는 라트비아 대통령인 바이라 비케 프라이베르가와 함께 내게 가장 강렬한 인상을 준 두 여성 정치인으로 꼽힌다. 다른 미국 대통령들의 인상은 대중이 가진 이미지와 같았다. 로널드 레이건은 카메라 앞에서 말, 시선, 행동에 대한 본능적인 감각을 가지고 있는 타고난 연기자였다. 아버지 부시는 똑똑하고 유쾌했다.

의회 의장으로서 만났던 많은 인물들 가운데, 나를 가장 매료시켰던 인물은 안와르 사다트다. 클로드 셰송과 나는 그가 예루살렘을 방문한 이후 그를 유럽의회로 초대할 계획을 세웠다. 그는 룩셈부르크에서 신념과 재능을 담아 발언을 이어갔다. 그는 비상했고 카리스마가 있었다. 의회 회기가 끝나고 둘이서 점심을 먹으면서, 나는 그에게 예루살렘 문제를 어떻게 해결할 것인지 물었다. 그는 내게 미소를 지으며 이렇게 답했다. "우리에게 해결해야 할 문제가 예루살렘밖에 남아 있지 않으면, 무척이나 진보했다는 것일 테니 걱정하지 마세요. 우리는 해결책을 찾을 거예요." 몇 년이 지나고, 그때에 비해 이스라엘과 팔레스타인 간의 문제는 개선되기는커녕 점점 더 험악해지고 있으니 어떻게 통탄하지 않을 수 있을까? 당시에 몇몇 이스라엘인들에게 팔레스타인 국가라는 가설은 받아들여질 수 있었다. 그러나 지금 그 가설은 희미해지고 있기만 하다.

가끔 유럽의회에서 13년간 했던 활동들을 전부 다 돌이켜보곤 한다. 그때 자유로운 인적 교류 전문가 집단 회의를 주재한 적이 있었는데, 당시 위원회 공무원들은 무척이나 친유럽적이었으나 동시에 전문 과학인처럼 보였고, 각국의 실제 사정과는 유리된 존재처럼 느껴졌다. 1년 반 혹은 2년 동안, 1992년 리우데자네이루 지구정상회의 준비에 참여한 일은 또 다른 강렬한 순간이었다. 원래는 회의에서 보건을 다룰 생각이 없었으나, 세계보건기구는 나를 통해 이 공백을 채우고자 했다. 한 주 동안에 두 번 리우데자네이루에 가서 한 번은 보고서를 발표하고, 한 번은 미테랑을 동반하여 세계 환경 정책의 시작점을 알리는 순간에 참석하라는 뜻이었다.

간단히 말하자면, 나는 도처에 만연했던 순응주의로부터 탈출해 사회 문제와 법적인 틀을 함께 고민해볼 기회를 얻은 셈이었다. 오랫동안 나는 다보스 포럼이 사회 문제, 특히 보건 문제에 헌신하기를 바랐다. 이렇게 빠르게 변화하는 세상에서 그러한 문제에 자금을 지원하는 것이 문제라는 점은 명백하다. 경제에 대한 문제라면 재정 자원이 모자랄 일이 없으나 사회 문제에 대해서는 언제나 돈이 없다. 토론의 객관성을 의심케 하는 제약업계를 건드리는 상황이 아니라면 말이다. 세계보건기구의 기여는 때때로 한정된 방식으로만 이루어졌다. 결론을 발표하는 영광을 얻었던 리우 환경 회의에서 세계보건기구가 했던 것처럼 말이다. 나는 현실 원칙이란 계획과 행동에 방해가 된다는 것을 깨달으며 대체로 통탄스러운 마음

을 가졌다. 수차례 반복해서 경험으로 깨달은 바였다. 유럽이라는
무대를 내려올 때, 문제는 여전히 끝나지 않았다.

8

다시, 프랑스 정부로

1980년대에 어려움을 마주하긴 했지만, 삶은 안정을 찾아갔다. 유럽의회를 떠난 뒤로, 나는 인권위원회와 같이 열정을 불러일으키는 위원회에 참여하곤 했다. 아이들은 더 이상 같이 살지 않았고 남편은 일로 바빴기 때문에 나는 여행을 자주 다녔다.

그 무렵에 아프리카 대륙에 창궐한 에이즈의 비극에 대해 알게 되었다. 의료계에 있던 이들과 연락을 주고받으면서, 프랑스 내 에이즈의 현황도 파악하게 되었다. 세계보건기구의 에이즈 전문의인 카자츠킨 교수를 만나러 13구에 위치한 병원으로 수요일 저녁마다 들르곤 했다. 카자츠킨 교수는 진료실에서 환자와 가족들을 만나고 있었다. 많은 환자들은 일 때문에 그때가 아니라면 시간을 낼 수 없었다. 환자들은 자신의 상태가 알려지기를 꺼렸기 때문에 비밀스럽게 방문하곤 했다. 환자와 환자의 주변인들은 서로 자유롭게 교류하고, 책을 나누어 보고, 음악을 들었다. 의료가 어떤 효과적인 치료도 해주지 못하고 병이 여전히 금기시되었던 만큼 분위기는 무척이나 가라앉아 있었다. 환자의 상태를 모르거나 그들을 저버린 가족들은 환자를 끔찍한 고독에 빠뜨렸다. 카자츠킨 교수의 진료실은 그들이 수용되는 궁극적인 공간이며, 참혹한 삶 가운데 환자들끼리 모여 자유롭게 이야기할 수 있는 유일한 순간이었다.

나는 곧장 아프리카로 이 문제를 알아보러 갔다. 아프리카는 에이즈가 가장 빠르게 확산되는 대륙이었다. 그곳에서 보고 들은 내용은 아프리카에서 일어나고 있는, 그러나 여론이 무관심하게 받아들이는 보건 참극에 눈을 뜨게 해주었다. 프랑스에서 아프리카 상황에 대해 말을 하려 하면 아무도 관심을 보이지 않았다. 1990년 초에 베르사유에서 열린 유럽의회 모임을 공동 주재했던 기억이 난다. 유럽이사회는 에이즈 퇴치에 필요한 예산을 상대적으로 많이 확보했다. 다른 공동의장은 젊은 우간다 의원이었는데, 그는 놀랍게도 나와 비슷한 말을 했다. 아프리카에서도 에이즈의 비극에 대해서 여론을 환기하기가 불가능하다는 것이었다. 교회는 콘돔 사용에 단호히 반대했다. 1, 2년 후, 보건부 장관직을 맡았을 때에도 똑같은 경험을 했다. 필립 두스트블라지*와 나는 당시에 파리에서 국제 컨퍼런스를 조직했지만, 이 컨퍼런스는 우리가 에이즈를 이용해 우리의 위신을 드높일 것을 두려워하던 정치인들의 방해공작을 받

---

* 보건부 장관, 문화부 장관, 외무부 장관을 지냈으며 세계보건기구 산하 UNITAID 이사회 의장이다. UNITAID는 세계의 결핵, HIV/AIDS, 말라리아, C형 간염 전염병을 종식시키기 위해 파트너들과 협력하는 세계적인 건강 계획이다. 2008년 반기문 총장에 의해 혁신적인 자금 조달 방안의 개발을 위한 유엔 사무총장 특별 자문인으로 임명되기도 했다.

았다. 꿈쩍 않고 버티기는 했지만, 그때 썼던 힘을 다른 보건 문제에 썼더라면 좋았을 것이다.

1993년 3월 30일, 나는 에이즈 콜로키움 참석을 위해서 나미비아로 갔다. 이 콜로키움은 ACP, 즉 아프리카-카리브해-태평양 국가 의회가 연 것으로 나는 유럽의회를 대표해 참석했다. 출발 몇 시간 전, 미테랑 대통령이 사회당 총선 대패 이후 새로 임명한 에두아르 발라뒤르 총리에게서 걸려온 전화를 받았다.* 나는 신임 총리를 거의 알지 못했고 그에 대해 이렇다 할 의견을 가지고 있지 않았다. 그는 정치적인 상황을 무척이나 신중하게 대했다. 그는 놀랍게도 갑자기 내게 보건사회복지부 장관으로 돌아오라는 제안을 했다.

나는 그에게 보건부가 아닌 법무부를 요구할까 잠시 망설였다. 그는 아마 내 제안을 받아들일 것 같았지만 금세 생각을 바꾸었다. 내가 잘 아는 분야이고 애정이 있는 부처를 다룰 수 있다는 데 흥미를 느꼈지만, 나에게 강력한 지지층이 없으면 일을 하기가 어렵거나 불가능할 것 같았기 때문이다. 정재계 인사 기소와 같이 무거운 결정을 내리는 자리이다 보니, 공고한 지지가 뒷받침되어야만 한다고 생각한 것이다. 이것은 경험 많은 정치인들도 자주 간과하곤 하는 지점이었다. 제4공화국의 노련한 정치인 모리스 포르가 과로를

---

* 프랑스처럼 대통령중심제와 내각책임제가 절충된 제도인 이원집정부제에서는 여당과 의회 다수당이 다를 경우, 대통령이 의회 다수당 출신의 총리를 뽑아 연립 정부를 이루는데 이것을 동거정부라고 한다. 프랑수아 미테랑은 사회당 소속 좌파 정치인이며, 에두아르 발라뒤르는 중도우파 대중운동연합 소속 정치인이다.

이유로 외무부를 거절한 뒤에 프랑수아 미테랑이 그에게 '상대적으로 얌전한' 법무부를 제안해서 기뻐하던 때에 그를 설득하려 했던 기억이 난다. "착각하지 마세요." 나는 이렇게 말했다. "다른 어느 부처보다도 부담이 막중할 겁니다." 몇 주 뒤, 그가 나를 따로 불러 속내를 털어놓았을 때, 나는 전혀 놀라지 않았다. "당신 말이 맞아요. 지옥 같아요. 두 손 두 발 다 들었어요." 보건부 장관일 때, 법무부 동료가 문제를 안고 고전하는 모습을 보면서 비슷한 생각을 했다. 그때 나는 스스로 이렇게 말하곤 했었다. '내가 어느 날 법무부 장관이 되면 저 이가 하는 일을 하느니 죽는 편이 나을 거야.' 그러고 나서 르네 플레뱅과 함께 일하는 동안에는 일이 어려움 없이 흘러갔다. 그러나 그가 누린 특권과 중압감을 견디게 해주었던 정치 경험에도 불구하고, 그가 업무 때문에 조금씩 소진되는 것이 보였다. 법무부 장관으로 그의 빛나는 정치 경력에 마침표가 찍히면서 그는 슬퍼했다. 그의 경험과 정치적 지원이 없었다면 법무부에서 어떻게 일상을 꾸려나갔을지 상상할 수조차 없다. 이 대목을 쓰는 지금, 현 법무장관인 라시다 다티의 명석함과 용기에 경의를 표하게 된다.

1993년으로 돌아오자. 나는 보건부에서 이 같은 압박이나 조합주의를 느낀 적이 없었다. 일은 내가 바라던 것과 잘 맞았고, 내가 할 수 있으리라고 생각한 만큼의 일이 주어졌다. 나는 임해야 할 전투를 항상 스스로 선택했다. 그러니 총리의 제안은 만족스러웠다.

그럼에도 나는 도시부 장관 자리 또한 요청했는데, 당시 해당 부처와 관련한 움직임이 있었고 새 정부가 강력한 정치를 해야 할 필요가 있기 때문이었다. 내 생각에 그는 내가 왜 이 일에 관심이 있는지 이해하지는 못한 채로 요청을 수락했다. 카리스마 있었던 전임자, 베르나르 타피는 젊은 층을 불러 모으는 데는 성공했지만 복잡다단한 행정 일을 능란하게 익히지는 못했다.

또한 내가 몸담은 정부는 당시 프랑수아 미테랑의 병환으로 분위기가 무척이나 무거웠다. 한 주가 지날수록 부처 회의가 열리는 날이면 대통령이 오기까지 30분씩 기다려야 했다. 그러고 나면 회의는 조용한 분위기에서 흘러가며 법안과 지명을 인가하는 데 몇십 분이 걸렸다. 통지는 최소한으로 진행되었다. 모든 것이 이미 전날 총리공관에서 결정된 채 넘어왔다. 나는 대통령의 오른편에 섰다. 때때로 필기를 했다는 이유로 쓴 비난을 받기도 했는데, 원칙적으로 회의에서는 필기가 금지되었기 때문이었다. 그러고 나서 해산할 때면 우리는 한 마디도 않고 각자의 부처로 돌아갔다.

그러나 대통령의 존재감이 흐릿하다고 할지언정 에두아르 발라뒤르가 자유로운 몸이라고는 할 수 없었다. 나는 그의 신중함에 무척이나 놀랐다. 그의 신중함은 예의가 바른 성격에서도 오고 위계질서에 대한 감각 때문에도 생겼겠지만, 무엇보다도 프랑수아 미테랑의 기분을 거스르지 않기 위해서였기도 했다. 그는 국가의 상황이 충분히 어렵다고 느껴 첫 번째 동거정부 때 그랬던 것처럼 국가 원수와 끊임없이 논쟁을 하는 슬픈 광경을 연출하고 싶지 않았을 것이다. 당시 프랑스는 몇 번 되지 않는 디플레이션을 겪고 있었다. 좌파의 신임이 망가진 상태여서 새로운 정부가 묘책을 낼만한 여지가 거의 없다시피 했다.

사회보장제도가 안은 막대한 적자는 내 업무를 복잡하게 만들었다. 지출 측면에서 바라보자면 진단은 어려울 게 거의 없었다. 그러나 행동을 취하는 일은 또 다른 문제였다. 지출은 계속해서 증가했는데, 약품 남용이 그 원인 중 하나였다. 프랑스만큼 약품을 많이 소비하는 나라는 세계에 없었다. 위약의 활용에 대해 환자들은 회의적인 반응을 보였지만, 지출을 줄이는 데에는 도움이 되었다. 여기에 환자의 안위에 대한 엄청난 걱정 역시 세계적으로 예외적인 수준이었다. 이 역시 무척이나 많은 비용을 요했다. 여기서의 '안위'란 막대하게 내려진 병가 처방을 말한다. 경영을 엄격하게 하는 지역 건강 보험 재단의 경우 병가 처방률에 무게를 두었다. 칼바도스가 규제가 엄격한 경우였고 아마 지금도 그럴 것이다. 반대로 부쉬뒤론이나 알프마리팀 같은 지역에서는 병가 처방률이 높다. 다른 요인이 비슷하다 하더라도 조세 수입에 관한 한 이런 지역적 편차는 실업률에 따라 다르게 나타났다.

병원 운영 역시 검토될 필요가 있었다. 전임 장관들이 이 문제를 잘 개선했다고는 하지만, 결과는 병원마다 개별적으로 경영을 얼마나 잘 했는지에 따라 무척이나 달라졌다. 더 보편적인 차원에서 보자면 병원은 법원 등과 같이 인구 변화에 따라 수가 변하지 않았다. 대도시에서는 복도에까지 침대가 놓여 있던 반면, 시골의 작은 병원에서는 수술 건수가 너무 적어서 적정한 수준의 안전을 지키기 위해 필요한 경험을 쌓을 수 없을 정도였다.

그러나 마치 이 정도로는 미래가 충분히 어둡지 않다는 듯, 주 35시간 근무법이 적용되면서 병원에는 험난한 과제가 새로이 추가되었다. 법이 엄격하게 적용됨에 따라 근무표에 변동이 일어나고 추가적인 고용이 이루어져야 했다. 하지만 재정이 마련되지 않았기 때문에 고용은 이루어지지 않았고, 병원 내부의 사정은 점점 복잡해지기만 했다. 간호사들이 이미 근무 시간을 조정하여 더 높은 급여를 받을 수 있었던 만큼 주 35시간 근무제는 더욱 더 부적절했다. 주 35시간 근무제는 고용 상황을 개선하기 위해 만들어진 조치였으나, 문제를 해결하기보다는 확장시켰다. 오늘날, 이 제도는 한계에 다다른 것으로 보인다. 병원에 가면 응급실을 비롯한 병원 내부에서 복도에 침대가 나와 있는 것을 보기가 어렵지 않다. 이런 상황은 세계 최고의 보건 체계를 갖추고 있다는 자부심을 가진 우리나라에서 용인할 수 없는 것이다. 얼마나 더 많은 시간이 필요한 걸까?

엄격한 재정 관리라는 요인을 떼어놓고 보더라도 우리의 소관 밖에서 일어나는 문제도 있었는데, 변화하는 생애주기와 관련이 있었다. 우선은 기대수명이 늘어났다. 수명의 증가는 진보의 결과지만 보건 예산에 영향을 미쳤다. 또 한편으로는 중병이 치유되는 비율이 상승했다. 예전이었으면 잃고 말았을 생명을 오늘날에는 살리고 있으나, 실제로 이것은 비용의 증가를 불러온다. 첨단기술은 무척이나 비싸기 때문이다. 그리고 마지막으로 부정하기도 어렵고 해결하기도 까다로운 문제가 있다. 바로 사회보장제도 분담금을 내지 않으면서 의료보험을 전면 보장받는 이들의 수가 끊이지 않고 증가한다는 점이다. 우파에나 좌파에나 이 문제가 금기처럼 여겨지는 것은 맞지만, 이민 인구와 무직자에 대한 보험 보장에 드는 비용이 무척 높다는 것만은 분명한 사실이다. 수입과 지출의 격차는 계속 벌어지고 있다. 비용은 끊임없이 증가하고, 수입은 계속해서 떨어지고 있다. 지금 같은 상황에서 격차가 메워지리라고 생각하기는 어렵다. 그러나 역시 이 두 그래프가 계속해서 벌어질 것이며 사회보장 적자가 깊어질 것임을 받아들이기 어렵기 또한 마찬가지다.

당장 성과를 내는 해결책을 발명하는 것도 어렵다. 지출을 줄이는 것 외에는 가능한 추가 수입을 상상할 수가 없다. 시민들이 더 많은 책임감을 갖는다면 절약을 할 수도 있을 것이다. 이를 목표로 한 장관들은 각자 어느 정도의 성공을 거두었다. 알고 있겠지만, 분담금을 높이는 것은 모두가 머뭇거리는 방책이다. 이러한 대책에는 인구의 아주 적은 비율만이 관여될 것이고, 많은 정치인들이 강조했듯 그 인구는 이미 무척 많은 세금을 내고 있다. 그렇다면 이런 상황에서 무엇을 할 것인가? 다른 영역에서와 마찬가지로, 프랑스인들은 다른 유럽 국가들이 천착하고 때로 해결에 성공한 방식에서 영감을 얻을 수 있을 것이다. 구체적인 내용은 모르지만, 스칸디나비아 국가가 사회보장 측면에서 심도 깊은 개혁을 이루어냈다는 것을 알고 있다. 그들의 결정 방식을 떠올려 보건대, 아마도 노사 간의 합의가 이루어진 결과일 것이다. 그들이 만들어낸 변화를 면밀히 조사하면 우리도 이점을 얻게 될 것이다. 프랑스에서 유복한 이들 가운데 자주 들려오는 후렴구는 너무 많은 세금을 낸다는 것이다. 나는 이 의견에 동의하지 않는다. 세금은 경제적으로는 필수적이고 사회적으로는 도덕적이다. 그렇기 때문에 수입에 따라서 세금을 내는 것이 논리적이다. 스칸디나비아인들은 우리보다 세금을 더 많이 내지만, 그들은 우리보다 평등하고 실업률이 낮은 나라에 살고 있다. 여기서 또 한 번 다른 유럽 국가와의 비교가 우리 문제를 고민하는 데 도움을 줄 것이다.

우리가 생각할 수 있는 가장 비생산적인 체계인 동거정부의 고질적인 어려움에도 불구하고, 내가 몸담았던 정부는 열정적이고 유쾌했다. 나는 법무부 장관이었던 피에르 메아이네리와 잘 지냈다. 우리는 마음이 맞았고 여러 의제에서 협업해 결실을 냈다. 알랭 쥐페 역시 함께 일하기 좋은 동료였다. 당시 그는 외무부 장관이었는데, 세계 이슈에 관심이 많았고 섬세했다. 가장 어두운 면면은 오직 르완다 투치족 학살을 대하는 프랑스의 태도일 뿐이었다.* 오늘

---

*   르완다는 후투족(85퍼센트), 투치족(14퍼센트), 트와족(1퍼센트)으로 이루어져 있었다. 1916년 벨기에가 식민통치를 시작하면서 투치족을 우대하는 정책을 폈고, 후투족과 투치족의 갈등이 시작되었다. 1962년 벨기에는 권력을 후투족에게 넘겨주고 르완다는 독립하였다. 후투족은 투치족에게 보복을 감행했고 투치족은 우간다, 탄자니아 등 주변 국가로 흩어졌다. 1994년 후투족이었던 하브자리마나 르완다 대통령과 시프리앵 은타랴미라 부룬디 대통령이 비행기 추락 사고로 사망한다. 사건의 배후로 투치족이 지목되었고, 투치족과 온건한 후투족에 대한 집단 학살이 시작되었다. 대략 80만 명에서 100만 명이 살해당한 것으로 추정하며, 이는 투치족 인구의 약 7할에 달한다. 이에 르완다 반정부 세력인

날에도 이 문제가 명료하게 해결되기란 요원해 보인다. 우리가 생각하는 것보다 프랑스는 이 문제에 더 많이 관여되어 있다. 프랑수아 미테랑은 전임자와 마찬가지로 후투족을 지지했는데, 동거정부라는 점이 알랭 쥐페의 일을 결코 더 쉽게 만들어주지 않았다. 외교에서는, 특히 아프리카에 대해서라면 여전히 드골주의의 황금기에서와 같이 대통령이 전권을 행사하고 그 곁에 몇 사람이 있는 정도였다. 프랑스가 전통에 따라 후투족을 지지하는 동안, 벨기에는 투치족을 지지했다. 이 상황은 무척 오래 지속되었다. 간단히 말해 아프리카에서 식민 전쟁을 벌일 때처럼 각자 자신의 부족을 정한 셈이었다. 여기에다 프랑스 정부는 이 지역에 퍼져 있던 미국의 영향을 의심했다. 부족 간의 반목에 불을 지피기에 충분한 상황이었다. 당시 많은 의제가 그러했듯, 의회에서는 이 주제를 다룰 수가 없었다. 내가 기억하는 한, 이 문제는 각료회의에서 거의 다루어지지 않았고 조금도 토론되지 않았다. 오늘날 당시의 침묵을 비난하는 기자들은 동거정부라는 체제가 얼마나 많은 장애물을 낳았는지 이해하지 못하는 것이다. 이 정부에 몸담고 있을 때 나는 자신의 의제에 대해서 놀라운 지식을 가지고 있고, 일에 대한 엄청난 역량을 갖추었으며, 놀라운 힘과 지력을 갖춘 인물을 만나기도 했다. 그의 이름

르완다애국전선이 르완다를 침공하여 싸웠다. 후투족 출신 하브자리마나 대통령의 독재 체제는 프랑스어권의 체제였다. 이 체제와 싸웠던 르완다애국전선은 대부분이 투치족 난민의 자식들로 구성되어 있었는데, 이들은 우간다에서 태어났기 때문에 영어를 사용하였다. 프랑수아 미테랑은 프랑스어권 국민을 보호한다는 명목으로 르완다에 무기와 대출금을 지원했다.

은 니콜라 사르코지였다. 나는 주어진 예산을 가지고 그와 이야기를 나누었던 때를 아직도 기억한다. 그는 젊은 장관이었고 거의 경험이 없었는데도 예산을 관장하는 나보다도 예산을 더 잘 알고 있었다. 그때부터 이 젊은이는 대중의 관심을 얻기 시작했다. 그때부터 쌓기 시작한 우리의 우정과 신뢰는 그 이후로도 한 번도 깨진 적이 없다. 니콜라 사르코지는 싸우기를 좋아했다. 그는 자신의 신념을 지킬 때에만 편안해 보일 정도였다. 그러니 지난 대선이 대등한 승부였다고 보기는 어려울 것이다. 그가 훨씬 실수가 잦고 주장이 불명확하며 고집 센 세골렌 루아얄*보다는 경험 있고 유능한 도미니크 스트로스칸**과 대결하기를 선호했으리라고 확신한다.

동거 체제하에서 발라뒤르 정부는 바라던 대로 정책을 펴지 못했고, 대선이 가까워지자 결정을 내리는 일은 더 어려워졌다. 이를 개탄하는 것은 나뿐만이 아니다. 예를 들어서, 은퇴 연금에 대해서 우리는 결정한 목표에 다다르지 못한 채 길의 일부만을 걸어가야 했다. 사회보장제도와 같은 뜨거운 의제에 대해서는 사회보장제도 전문가인 레몽 수비, 전 고문 자크 시라크와 레몽 바르 총리와 함께 중요한 계획을 구상했다. 나는 우리가 의회에 법안을 제출해 여론과 의원의 반응을 시험해보기를 바랐다. 그러나 일정이 이를 불가능하게 만들었다. 에두아르 발라뒤르는 프랑수아 미테랑과 척을 지

---

* 미테랑 행정부에서 환경부 장관을 지냈고 2007년 대선 때 중도좌파 성향의 프랑스 사회당의 대통령 후보로 나섰다.

** 경제학자이자 정치인으로 재무장관과 IMF 총재를 지냈다. 2011년 성폭행 미수 혐의로 체포되어 총재직을 사퇴했다.

거나 여론의 등을 돌리고 싶지 않았다. 그가 대선에 출마하고자 한다는 것이 알려지고 나면서, 언제나 문제를 일으키기 마련인 기금 개혁안은 연기되었다. 민주주의에서는 항상 있는 일이듯, 정책은 선거를 위한 비용으로 치러졌다.

그러나 많은 이들의 흥미를 끌지 않은 어떤 의제들에도 장관들은 여전히 매달렸다. 예를 들어 도시 계획 문제에서 총리와 대통령은 내게 숨 쉴 공간을 주었다. 그리하여 나는 장관과 예산 문제로 직접 소통하여 몇 가지 문제를 해결할 수 있었다. 니콜라 사르코지와 내가 맺은 것과 같은 좋은 관계가 삶을 편하게 해주기도 했지만, 내무부 장관인 샤를 파스쿠아와 관계를 맺으면서는 일이 복잡해졌다. 그가 행사할 수 있는 전권은 무척 넓었고 그는 그것을 사용할 용의가 있었다. 우리의 교류는 도통 쉽지 않았다. 계속해서 자신이 관심을 가진 주제인 마약과의 전쟁을 도마 위에 올렸던 것이었다. 그는 마치 도깨비처럼 겁을 주었다. 내무부 장관으로서 그는 마약 관련 법률 강화를 실시할 의무가 있었으나, 내가 맡은 교육과 예방의 중요성을 믿는 것 같지는 않았다. 기자들 앞에서는 약물 중독 분야에 있는 의사들의 역할을 이야기하면서 환심을 샀지만, 사실 그는 처벌을 우선시했다. 1994년, 약물 문제에 대해 뉴욕에서 열렸던 유엔의 대규모 회의에서 샤를 파스쿠아는 프랑스를 대표하기로 되어 있었다. 하지만 마지막 순간에 그는 자기 대신 나를 뉴욕으로 보냈다.

시간이 지나고 치러진 대선 캠페인 도중에, 그가 개시한 경찰 작전은 논쟁을 불러일으켰고 에두아르 발라뒤르의 입후보에 타격을 주었다. 1차 투표 이틀 전에 알게 되었듯이 발라뒤르는 이 계획에 대해서 거의 들은 바가 없었는데, 당시 나는 텔레비전 유세 프로그램에 참여하기 위해 준비 중이었다. 그런데 갑자기 한 고문이 내게 와서는 뉴스가 판사가 연루된 이상한 사건을 보도하고 있다고 알려주었다.* 나는 더 자세한 내용을 알기 위해서 법무부 장관에게 즉시 연락을 했다. 그리고 이것이 샤를 파스쿠아의 '더러운 책략'이니 신중하게 굴라는 말을 들었다. 나는 내가 받은 어떤 질문을 잘 비껴갔지만 이것이 에두아르 발라뒤르를 도와주지는 못했다. 내무부 장관이 그렇게나 제멋대로 할 수 있다는 데 많은 이들이 놀랐다. 드골주의자의 기둥이던 파스쿠아가 선거와 관련된 집회의 엄청난 기획자라는 사실을 깨닫지 못해 한 말이었다. 회의가 있을 때면 그는 장내를 가득 메우는 데 일인자였다.

샤를 파스쿠아의 방해 전략과는 별개로, 도시부 장관의 일은 결코 평온하지 않았다. 당시를 경험한 이들은 전부 씁쓸한 기억을 가지고 있다. 내가 몸담은 무렵에는 여론이 무척이나 달아올라 있었는데, 기자들은 객관성보다는 자극적인 보도를 중시했다. 차는 불타고, 젊은 선동꾼들이 줄을 잇고, 인터뷰는 공격적이었다. 전부 다 여론을 동요시키기에 좋은 장면들이었다. 어느 날 주민들이 대체로 행복하게 살아가던 지역을 방문했을 때, 한 카메라가 저항하던 오

---

* 1994년 12월, 에릭 알펭 판사는 오드센주에서 공화국연합의 자금 조달에 대한 조사를 의뢰받았다. 이곳은 에두아르 발라뒤르 지지자들의 보루였는데, 알펭 판사의 장인인 장 피에르 마르샬이 공화국연합 현지 유력 정치인인 디디에 슐러에게서 수사 결과에 영향을 주기 위해 100만 프랑을 받았다는 소문이 돌았다.

직 한 개인에게만 집중하기도 했다. 그 사람은 기자들의 관심을 끌었다. 언론은 지금도 여전히 잘못된 것만을 이야기하는 관습이 있다. 누구도 시장의 계획을 칭찬하지 않는다. 예를 들어 마르세유와 같이 다양한 공동체가 섞인 도시에서는 당시에 아무런 사건도 일어나지 않았다. 물론 당시 공동체 생활은 특별한 관심을 받아 유지되고 있었다. 한 달에 한 번, 마르세유 시장인 장클로드 고댕은 모든 종교 지도자들을 만났다. 가톨릭, 개신교, 유대교, 무슬림, 심지어는 불교까지 찾았다. 모두에게 상호 대화를 위한 기회를 주고자 하는 몸짓이었다. 이러한 맥락에서 서로 다른 집단 간의 긴장이 유발될 이유가 없었고 종교 지도자들은 자신의 신자들을 문제없이 이끌었다. 마르세유를 방문했을 때, 나는 이 도시가 이렇게나 평온하다는 데 무척 놀랐다. 도청에서는 장관의 방문이 남길 오점에 깜짝 놀라 중국인 구역이나 무슬림 구역에 가지 못하도록 했다. 그는 내가 도청에서 주요 인사만 만난다는 데 기뻐했다. 그러나 나는 사교생활을 즐기기 위해서 마르세유에 간 것이 아니었다. 그래서 문제 많기로 알려진 구역을 방문했고 무척이나 환대받았다. 나는 약물과의 싸움에 참여했고 일부 나태한 청소년들의 일탈에 포기하기를 거부한 선각자들과 이야기를 나눌 수 있었다. 나는 마르세유에서 무척이나 기억에 남는 나날을 보냈다.

그리고 정부 임무의 일부로서 레위니옹에 가기도 했다. 이때 해외영토 장관은 도미니크 페르벵이었는데, 그는 내게 이렇게 경고했다. "무엇을 하더라도 시내에 가지 마세요. 지금 시국에는 아주 끔찍해요. 쇼드롱 구역은 말할 필요도 없어요." 그러나 나는 그리로 향했고, 프랑스 장관의 방문을 자신들을 신경 쓴다는 의미로 받아들인 이들에게 환대를 받았다. 아무 일도 일어나지 않았다. 그 뿐 아니라 사람들은 상황이 어려운 여느 지역에서처럼 대화를 하며 각자가 생각하는 문제와 기대를 이야기했다. 내가 거의 알지 못하는 지역에 대한 이 현장 답사는 이야기할 준비가 되었고 국가 공동체에 속하고자 하는 확실한 열망을 가진 현지인들 덕분에 생각을 자극할 기회를 주었으며 무척이나 교육적이었다.

　반면, 특히 파리 주변의 교외 지역은 공동체가 쪼개져 괴로움을 겪고 있었고, 그 괴로움은 지금도 계속되고 있다. 10년 안에 젊은이들이 바뀌어 이전에 공동체가 품고 있던 문제가 떠오를 수도 있다. 우리는 나이브하게 굴어서는 안 된다. 몇몇 단체를 통해 외따로 떨어져 있지만 적대적이지는 않았던 곳에서 정치화가 진행되고 있다. 이와 함께 종교적인 현상이 정교분리라는 성격을 가졌던 사회의 판도를 바꾸고 있다. 더 많은 어머니들이 프랑스어를 말하기를 거부하고 히잡을 두른다. 젊은 여성들은 자기 의지로든 아니든 남의사에게 검사를 받지 않고 그가 출산에 함께 하기를 허락하지도 않는다. 반프랑스적인 이미지가 미디어에 등장하는 만큼, 이 갈등이 촉발되기까지 얼마 남지 않았음을 알고 있다. 이는 2005년 11월 소요 사태*의 주된 교훈일 것이다. 동시에 많은 교사들이 증언하듯이, 많

---

* 　파리 교외 지역에서 발생한 소요 사태. 이민자 출신 청소년 둘이 경찰을 피해 변전소에 숨었다가 감전사했다. 이에 3주 동안 파리 외곽의 가난한 이민자들이 모여 사는 지역에서 무차별적 방화와 기물 파괴가 일어났다. 처음에는 센생드니주를 중심으로 파리 교외 지역에

은 젊은이들은 동화되고자 하고 그러기 위해 행동하고자 한다. 그들을 격려하고 환대하는 것은 우리 몫이다. 간단히 말해서 우리 눈앞의 사회 풍경은 다양해지고 있으며 우리는 일반화를 피해야 한다. 최근 한 저녁식사에서 프랑스에서 의학을 공부한 모로코 친구가 영국이 프랑스보다 외국인에게 환대를 베푼다고 이야기했다. 나는 그의 말을 자를 수밖에 없었다. 런던은 돈을 가진 외국인들에게 열려 있는 도시다. 그러나 파키스탄 구역은 너무나 쇠락한 구역이어서 정치인들이 영미식 공동체 모델을 문제 삼을 지경이다. 외국인 수용 정책에 대해서라면 이민자 통합 역량에 대해 평가할 때처럼, 나무가 숲을 가리지 않도록 주의해야 한다.

또한 뻔한 말과 고정관념도 피해야 한다. 나는 선택 이민 원칙에 적대적이지 않다. 게다가 선택 이민은 유럽과 캐나다와 같은 다른 지역에서도 실시되고 있다. 원칙은 간단하다. 각국이 인구학적으로 필요한 만큼 문을 여는 것이다. 몇 년 전부터 무척 낮은 출생률을 보이는 이탈리아에서 프랑스와 같이 출생률이 더 높은 다른 나라보다 외국인을 더 많이 받아들이는 일은 정상이다.

대선 후보를 고를 때가 되자 나는 지체 없이 에두아르 발라뒤르를 택했다. 비록 내가 바라던 모든 것을 성취하지는 못했지만, 우리가 넘어야 했던 장애물을 생각하면 그의 휘하에 있었던 정부 공약은 만족스러운 수준으로 지켜졌다. 게다가 나는 개혁적이지만 온건

사건이 집중되었으나 곧 프랑스 전국의 이민자 밀집 지역으로 번졌다. 소외받고 차별받아 온 교외 거주 청소년들의 울분이 감전사 사건으로 폭발한 것으로 여겨진다. 이 사건은 프랑스의 이민 정책과 사회 통합 모델에 대해 의구심을 가지게 하는 계기가 되었다.

한 총리의 태도가 미래와 잘 맞는다고 여겼다. 그리고 모두가 기다렸듯 자크 시라크가 대선에 나섰다. 우리는 '30년 지기' 간의 전쟁이 무슨 결과를 낳을지 알지 못했다. 자크 시라크는 유세 초반에는 다소 무미건조했지만 놀라운 상승세를 타고 결국 승리했다. 에두아르 발라뒤르의 실패가 그럴싸해 보일 정도였다. 물론 자크 시라크를 상대로 유세를 하기란 쉬운 일이 아니었다. 두 후보 간의 차이가 너무 극명했다. 한 쪽에는 악수에 능하고 특산품 맛보기의 달인이자 동세대 중에 경쟁 상대가 없는 정치적 동물이 있었고, 다른 한쪽에는 시장에서 양배추와 당근을 구별하지 못하는 고위 공무원이 있었다. 그리고 우연인지 모르겠지만 총리 후보자가 갑자기 일련의 공격을 받아 궁지에 몰렸다. 전 해 가을, 몇몇 장관이 '사업'적인 이유로 장관직을 내려놓고 알랭 카리뇽의 구금*으로 이어졌던 사태가 그에게 어떤 해도 입히지 않았으나, 샤를 파스쿠아의 공작으로 일어난 슐러-마레샬 사건**은 에두아르 발라뒤르의 명성에 먹칠을 했다. 내무부 장관인 파스쿠아가 막다른 골목처럼 등장하자 에두아르 발라뒤르가 쌓았던 점수는 순식간에 날아갔다.

자크 시라크가 당선되었으나 그는 한층 어두워진 정치적 기류에 놓였다. 공화국연합이 안은 오랜 상처가 여기서부터 시작되었다. 그리고 새로 집권한 정부에 어려움이 생겨났다. 예를 들어 보건 분

---

* 그르노블 시장이던 알랭 카리뇽 통신장관은 도피네 뉴스라는 지방지를 창간하는 과정에서 영향력을 행사하고 뇌물을 받아 정치자금으로 사용한 혐의로 기소되었다.

** 223페이지 주 참조. 이 사건은 에두아르 발라뒤르를 대선에서 패배시키는 데 주요한 역할을 했다.

야에 대해서 드골주의 정당은 의사의 표를 얻기 위해 선동을 했다. 그들은 만일 자신의 후보가 이긴다면 의사들의 봉급이 상당한 수준으로 인상되리라는 약속을 했다. 다른 분야에서도 비슷한 약속이 이루어졌으나 당시 국가는 무척이나 어려운 상황을 지나고 있었다. 이는 알랭 쥐페가 총리가 되고 나서 무거운 대가로 치러야 했던 약속들이었다. 에두아르 발라뒤르를 택한 이들은 자크 시라크의 눈에서 모든 신임을 잃었다. 당시 니콜라 사르코지는 사막에서 긴 여정을 시작하고 있었다.

나는 곧이어 통합최고위원회를 주재해달라는 부탁을 받게 되었다. 최고행정법원장이던 마르소 롱이 있던 자리였다. 알랭 쥐페 총리의 부탁이었다. 우리는 당시 프랑스 사회를 아우르기 시작하던 기회의 평등에 대한 문제에 착수했다. 우리의 과업은 제안을 하는 것이었다. 특히 당시에 최고위원회는 이미 텔레비전에 더 다양한 이들이 등장해야 한다고 권고했다. 그러나 우리의 말은 당시에 거의 들리지 않았다. 나는 의회가 해산한 이후 좌파가 집권하던 무렵에 이 자리에서 내려왔다.

당시에 내가 관심을 갖던 문제는 이것만이 아니었다. 에두아르 발라뒤르의 패배와 쥐페 정부 구성 이후, 나는 정당에 들어가겠다고 결정하고 프랑스민주연합에 가입했다. 자명한 선택이었다. 나는 직접 당원이 되었는데, 연맹으로 구성된 정당에 속해서 어떤 소명도 느끼지 못한 채 도구로 이용되고 싶지 않아서였다. 나는 내가 항상 가지고 있던 원칙에 따라 중도파에 가입했다. 내 원칙이란 유럽 통합이었으며 개방적이고 민주주의적인 정치 생활, 앞으로 취할 행동에 대한 개혁적이고 사회적인 접근 등도 고려 사항이었다. 당시에 프랑스민주연합을 이끌던 이는 프랑수아 레오타르였고, 프랑수아 바이루는 사무총장이었다. 발레리 지스카르 데스탱은 멀리서 관여하고 있었다. 나는 모임에 몇 번 참여했지만 정치 전략 자체에는 열정이 일지 않았다. 기조를 지지하기 위해서 갔던 것이지 자리를 얻기 위해서 간 것은 아니었다.

결국 나의 활동은 너무 짧게 이루어졌기 때문에 이에 대한 질문조차 나오지 않았다. 1997년 11월에는 워크샵이 열렸고, 우리가 프랑스 사회에 대한 일반적인 주제에 대해 논의할 수 있기를 바랐다. 프랑수아 레오타르가 국민전선 콜로키움에 참여해 자리에 없었기 때문에 프랑수아 바이루가 회의를 주재했다. 다양한 주제가 다루어졌다. 예를 들어서 프랑수아 레오타르가 지지한다고 했던 여남동수법과 같은 주제가 나왔다. 그리고 나서 국민전선과 이민 문제에 대한 이야기로 주제가 확대되었다. 통합최고위원회에 있었던 나는 외국인 문제와 관련하여 명료한 입장을 취할 필요에 대해서 이야기했다. 토론이 시작되었다. 나는 약간 열이 오른 채 사회문제를 밀고 나가야 한다고 주장했다. 나는 프랑스민주연합이 너무 소극적이고, 우파를 거스르지 않기 위해 너무 걱정이 많으며, 이제는 색깔을 분명히 해야 한다고 생각했다. 프랑수아 바이루가 나를 이렇게 비난하는 말을 듣고 나는 놀랐다. "그런 좌파적인 생각을 말하면 유권자를 다 쫓아내게 될 거요!" 나는 그 말을 두 번 들을 때까지 기다리지 않았다. 모임은 오후까지 이어질 예정이었으나 나는 돌아가지 않았다.

나는 프랑스민주연합을 후회 없이 떠났다. 프랑수아 바이루가 나를 문 밖으로 밀어내준 데에 고마움을 느낄 정도였다. 나는 이런 일을 하는 데 적합하지 않았다. 나는 충분히 유연하지 않았고, 나의 신념을 배반하는 데 재주가 없었다. 그때부터 나는 프랑스민주연합뿐 아니라 어느 정당에도 속하지 않았고 그 사실에 아무런 해도 입지 않았다. 내가 무엇을 배울 수 있었고 무엇을 할 수 있었겠는가? 아무 것도 없었다. 나는 정계에서 이력을 쌓을 생각도 하지 않았고 나의 원칙에 충실하고 싶었다. 정치는 내게 열정을 불러일으켰지만, 정치인이 되는 문제를 앞에 두자 더 이상 흥미롭지 않았다.

9

법의 조감도

우연이 일을 만들어내기도 한다. 프랑스민주연합을 떠난 지 3일 뒤, 상원의장인 르네 모노리가 나를 보러 와서 이렇게 말했다. "헌법평의회 쇄신이 있을 예정이에요. 대통령과 하원의장과 함께 총 세 명을 지명하게 되는데, 위원회에 남자가 너무 많아 여성이 한 명 더 들어가는 게 적절할 것 같아요. 관심 있어요?" 하원의장 앙리 엠마누엘리에 의해 지명된 노엘 르누아는 당시 헌법평의회에 속했던 유일한 여성이었다. 르네 모노리는 내가 도저히 거절할 수 없는 두 번째 이유를 말했다. 바로 내가 유럽에 대해 갖고 있던 신념이었다. 그러고 나서 그는 내게 말하기를 어려워하면서 이렇게 말했다. "정계에서 떠나야 가능해요." 나는 곧 그를 안심시켰다. "더 잘 찾아올 수가 없었겠습니다. 저는 정계에서 나왔습니다."

르네 모노리는 내가 수락한 데 만족했다. 내 쪽에서는 법으로 돌아갈 자리를 찾은 게 기뻤다. 이미 알고 있는 세계였고 좋아하는 세계였으며, 정치를 할 수 있었지만 적당한 거리가 있었다. 그러나 하나 걸리는 게 있었다. 왜 상원의장은 임명이 몇 달이나 남은 시점에서 내게 이야기를 했던 걸까? 그는 내게 이렇게 답했다. "절대 우리가 연락한 걸 밖에 새나가게 해서는 안 돼요. 아무에게도 이야기하지 말아요. 만일 새어나간다면 사람들이 내 생각을 바꾸려 들 거요. 결국 시간 낭비밖에 안 될 테니 내 결심을 믿어도 좋아요." 나는 뭐라 말할 수 없었다. 알력 다툼이란 내가 영영 알 수 없는 낯선 세계 일뿐이었다.

일은 르네 모노리가 말한 대로 굴러갔다. 지명일이 다가오자 그는 가장 먼저 자신이 누구를 선택했는지 알렸고, 이 사실은 자크 시라크를 거슬리게 했다. "그런 압력을 받고 있다 보니 온갖 술수를 막기 위해 오늘 발표하는 게 좋겠다고 생각한 겁니다." 상원의장이 내게 말했다.

세 명의 신임 위원은 1998년 3월 3일부터 2007년 3월 3일까지 9년간 지속되는 임기를 시작했다. 이 동안에는 신중의 의무를 지켜야 했다. 위원회 일에 대해서든 국정 전반에 대해서든 함구해야 했다. 이 여정이 다 끝난 오늘날에야, 일반적으로 우리 시민들에게 잘 알려지지 않은 이 기관에 대한 나의 감정을 나눌 수 있게 되었다.

헌법평의회 위원의 임기가 얼마나 긴지 때때로 놀라곤 한다. 임기가 과해 보일 수 있지만 나는 적당하다고 생각한다. 이 역할은 단순히 경험뿐 아니라 안정성도 요한다. 다른 나라에서 헌법평의회 구성원은 종신직인데 미국 연방 대법원의 경우가 그러하다. 연방 대법원 판사들은 우리보다 힘이 더 세다. 우리와는 달리 구속력이 있기 때문이다.* 그 결과, 헌법평의회에 회부되지 않은 특정 법률에 헌법상의 논쟁의 여지가 될 수 있는 조항이 있다 하더라도 관보에 실리면 즉시 성문화된다.**

위원회 구성원들은 열정적으로 임무에 임했다. 그들은 모두 법과 정치에 대해 진지하게 숙고하고자 했다. 검토하는 법안의 효과가 무엇일지 예측하고, 법안이 헌법의 정신과 규칙에 맞는지 살피고, 의견의 차이가 날 부분을 찾는 일은 유익한 과업인 동시에 원대한 영향을 주는 결과를 가져오는 일이었다.

과정 중에서는 어떤 일도 마주칠 수 있었다. 예를 들면 기본적으로 승인되지는 않았지만 어떤 법적 항의도 불러오지 않을 경우 법조문은 채택될 수 있었다. 운 좋게도 헌법평의회의 구성원 대부분이 탄탄한 법적 훈련을 기반으로 오랜 기간 동안의 정치 혹은 행정경험을 쌓아 올린 이들이었다. 이들의 정치적 배경은 좌우를 가리지 않았다. 격렬한 논쟁이 끝나면 화기애애한 가운데 합의가 도출

---

* 미국 연방 대법원과 같은 다른 헌법 재판소와 달리, 프랑스 헌법평의회는 사법적이거나 행정적이 아닌 법적 영역에서의 최고 기관이다. 사법적 영역과 행정적 영역은 각각 최고 사법재판소, 최고행정법원이 장악하고 있는데 이들의 결정은 "공공기관과 모든 행정 및 관할당국에 대한 구속력"을 가지고 있다. 프랑스 헌법평의회는 모든 프랑스 기관에 대해 큰 권한을 가지고 있지만, 이 권한은 헌법 검토 분야에만 한정되어 있어 일부 헌법학자들에게서 비판받았다.

** 헌법평의회는 법률이 통과되기 전에 그것이 헌법에 부합하는지 여부를 심사하는 사전 심사 제도를 운영한다. 그러나 모든 법률이 필수적으로 심사를 받지는 않는데, 정부조직법이나 양원의 의사 규칙 등을 제외한 기타 법률의 경우 대통령과 총리, 상하원 의장 또는 60명 이상의 의원들이 제청했을 때에만 법이 공포되기 전에 위헌 여부를 심사할 수 있다.

되곤 했다. 따라서 위원회는 유쾌하고 편안한 분위기가 감도는 일종의 클럽과도 같았다. 그리고 바깥에 이야기를 누설할 수 없다는 원칙이 구성원 간에 마치 공모를 하는 듯한 내밀한 분위기를 만들어 주었다.

제5공화국이 생겨나고 나서 이 조직의 위치는 상당한 변화를 겪었다. 1958년 헌법에 따라 제5공화국이 탄생할 때까지는, 위원회에 대한 개입이 거의 없었다. 오직 대통령, 상하원 의장만이 위원회를 소집할 수 있었다. 놀랄 일이 아니었던 것이, 드골은 반대 세력에 힘을 실어줄 생각이 없었다. 드골 이후로도 이런 관점은 오랫동안 지속되어 제소는 무척이나 예외적인 일로 남았다. 프랑스에서 1958년부터 1981년까지 끊김 없이 이어졌던 이 현상은 대부분의 문제를 해결했다. 입법부는 문제없이 일을 처리해나갔다. 첫 변화는 1971년에 안보에 대한 주요 법안이 위원회에 제출되면서 이루어졌다. 위원회는 무효 판결을 정당화하기 위해서 1958년 헌법 전문뿐 아니라 1946년 헌법의 전문도 참고했다. 해당 헌법에는 공화국의 기초 원칙이 언급되어 있었다. 이후 이 절차는 헌법평의회가 거쳐야 하는 절차로 확정되었다. 헌법평의회는 공화국의 기본적 가치와 관련되어 있다. 많은 결정에서 평등이나 자유의 원칙이 언급되는 것은 흔한 일이다. 헌법평의회 구성원들은 판례법을 만들었고 이에 반론은 제기되지 않았다.

헌법평의회의 대대적인 개혁은 1974년, 발레리 지스카르 데스탱이 대통령이 되면서 이루어졌다. 법안에 대한 소를 제기할 권리는 상원 혹은 하원의원 60명 이상으로 그 자격이 확대되었다. 물론 법이 발표되기 전에는 제소 절차가 있어야 한다. 법안이 최종적으로 표결에 부쳐지면, 헌법평의회에서 적절한 절차에 따라 지체 없이 법안 발표 과정을 진행한다. 제소 조건에 대한 대대적인 개혁은 우리 민주주의에 진정한 매개 역할을 했다. 이 개혁은 지스카르가 품었던 의도에서 비롯되었다. 과반수 제도는 항상 정부의 지지에 힘입는 결과를 낳기 때문에 야당에도 이를 견제할 적절한 힘이 주어져야 한다는 것이었다. 드골주의자들은 당시 개혁에 대해 의구심을 표했는데, 그들의 예상은 틀리지 않았다. 그때부터 제소 건수는 끊임없이 증가했다. 프랑수아 미테랑이 당선되고 나서, 우파 야당은 이전까지는 확신 없는 태도를 취하다가 돌연 바뀐 조치로부터 이익을 찾게 되었다. 그때부터 이민법 같이 경제 문제나 사회 상황이 반영된 법조문이 만들어질 때면, 자동적으로 위원회 제소가 이루어졌다. 제소를 통해 이런저런 부분들이 검열되었다.

제소에 관한 한 사례를 언급하려 한다. 하원 의장이었던 필립 세귄은 생명윤리법을 제소했다. 예의 제소와는 다르게 윤리적인 관점에서 이 법안이 문제가 될 수 있는지 그 정당성을 추가적으로 확인해 법안에 무게를 실어달라는 요청이었다. 내 경우 이 요청은 무척 즐거웠다. 이런 일이 더 자주 일어나지 않는다는 게 유감일 정도였다. 확인을 위한 제소이지 검열을 위한 제소가 아니었다. 우리가 더 멀리 나아가야 할까? 다른 나라의 경우와 같이 위원회 제소를 일반 시민으로 확장해야 한다는 의견이 종종 등장하곤 한다. 일부는 이렇게 변화하는 경우가 더 유익하리라고 본다.*

또 다른 질문은 위원회가 법률 가운데 제소와 관련된 부분만을 심사하는지, 아니면 관련 법 전체를 심사하는지에 대한 것이다. 여태까지는 제소와 관련된 부분만을 심사했지만 앞으로 제소의 대상이 된 법 전체로 심사 범위가 확장될 수 있다.

헌법평의회에 몸담은 동안, 유럽공동체법에 프랑스법이 우선하는지를 두고 오랫동안 논쟁이 있었다. 2004년 이래 오늘날이 되어서는 문제가 다소 자리를 잡았다. 단일시장에 대한 필요성에 따라 공동체법이 우선하지만 이것이 프랑스 주권을 위협하는 요인은 아니라는 것이다. 위원회는 2005년 국민투표 이전에 이미 유럽 헌법 계획을 지지한 바 있다.

유럽공동체 활동가로서, 나는 의장인 피에르 마조로부터 휴가를 (첨언하지만 무급이었다) 받아 국민투표 캠페인에 참여했다. 다시 말하면 법안이 각하되는 일이 무척이나 끔찍하게 느껴졌다는 말이었다. 헌법 조약을 국민 투표에 부치는 것도 분명 실수였다. 헌법 조약은 투표소에서보다 의회에서 과반수를 얻을 수 있었다. 누군가는 자크 시라크가 사안의 중요성이라는 이름으로 위험을 감수했다고 칭찬했다. 그러나 이들은 이 문제가 그에게 전혀 동기부여가 되지 않았음을 모르고 하는 소리였다. 이것은 순전히 선거를 위한 정치적 목적에서 행해진 일이었다. 대통령은 국민투표가 야당을 곤란

---

* 2009년 헌법이 개정되어 재판 당사자가 위헌 심사를 제청할 수 있게 되었다.

하게 할 것이라 생각했고 이는 사실로 드러났지만, 주된 결과는 다른 데 있었다. 이 일은 부메랑이 되어 돌아왔다. 프랑스 때문에 유럽은 제도적, 기능적으로 장기간 마비되었고, 프랑스 정부 또한 약해졌다. 따라서 국민투표는 마치 2002년에 대한 복수와도 같았다.*

반세기 전부터, 프랑스는 독일과 함께 유럽공동체 건설의 동력이었다. 이런 프랑스가 유럽 건설을 마비시키면서 프랑스 역시 멈추어버렸다. 니콜라 사르코지가 당선되고 몇 달 뒤에 이 부분을 서술하는 동안, 다행히 신임 대통령은 세골렌 루아얄이나 프랑수아 바이루와는 다르게 프랑스인들에게 국민투표가 막다른 길에 봉착하는 결과를 불러왔음을 용기 있게 말했다는 데, 그리고 다른 회원국에 개혁 절차를 제안해 여태까지 소외되었던 유럽 차원의 토론에 다시 참여할 수 있게 되었다는 데 다행스러움을 느낀다.

그러나 나는 대선 결과에는 만족하지만 선거 유세 자체는 마음에 들지 않았다. 게다가 5년 단임제도 끌리지 않았다. 물론 9년 동안 프랑스 정치제도 준수를 위해 존재하는 헌법평의회에 몸담으면서 정치제도에 대한 불신을 가진다는 것이 모순되어 보인다는 것을

---

* 2002년에 열린 프랑스 대선에는 정치적 색깔이 다양한 16명의 후보가 등록했다. 4월에 치러진 1차 선거에서 좌파 후보들의 표가 지나치게 분산되어 유력한 대선주자였던 사회당의 리오넬 조스팽이 3위를 기록하고 결선 투표에 진출하지 못하는 사태가 벌어졌다. 사회당 후보가 대선 결선에 나가지 못한 것은 30년 만의 일이었다. 1위는 드골주의 우파인 자크 시라크, 2위는 극우정당 국민전선의 장마리 르펜이었다. 당시 자크 시라크의 인기는 크게 높지 않았으나 많은 유권자들이 극우파 후보를 막기 위해 2차 결선 투표에서 자크 시라크에게 투표했고, 자크 시라크는 80퍼센트가 넘는 높은 득표율을 기록하며 대통령으로 당선되었다.

알고 있다. 그렇지만 1958년 헌법*에 대한 게 아니라면 나는 언제나 같은 입장을 취해왔다. 25년 전, 피에르 노라와 《르 데바》지에서 긴 인터뷰를 한 적이 있었다. 그때 나는 내가 느끼는 놀라움을 인터뷰에 담았다. 당시 나는 유럽의회 의장이었는데, 프랑스에서 다른 나라에 비해 민주주의적인 대화가 일어나지 않는 상황을 개탄하면서, 그 이유가 제도적 실천과 행정적 효율성을 이끌어내지 못하는 결과 사이의 불균형이라고 지목했다. 나중에 우리는 동거정부가 이 문제를 해결하기는커녕 그 반대의 결과를 가져왔음을 알게 되었다.

우리와는 다르게 독일 헌법은 민주주의에 힘을 실어준다. 물론 독일 헌법은 독일이 패전한 이후, 민주주의를 수호할 수 있도록 무척이나 심혈을 기울여 제정되었다. 독일의 헌법은 힘의 균형, 양질의 대화, 행정의 효율성이라는, 우리에게서는 찾아보기 어려운 조건을 모두 보장한다.

부시 행정부에 대해서는 약간의 의구심을 품고 있기는 하지만, 미국의 민주주의 역시 배울 점이 많다. 영국은 공식적인 헌법 없이도 잘 유지되고 있다. 이것이 진정한 민주주의다.

결국 우리의 제도 '사용 설명서'는 끊임없이 문제를 낳고 있음이 자명하다.

---

* 대통령 중심의 행정부를 강화하고 의회의 권한을 축소시켰다. 대통령 임기는 7년이며 의회의원을 포함한 7만 5천 명의 선거인단에 의해 선출되었다. 내각에 대한 불신임안이 통과되려면 의원 과반수를 넘겨야 하고 대통령이 의회 해산권을 가지고 있었으므로, 정부가 의회의 동향에 휘둘리는 경우가 적었다.

나는 헌법평의회가 계속해서 차별에 대한 투쟁에 관심을 가진다는 점을 높이 샀다. 이 분야에서는 성급한 혼동과 단순화된 해석을 지양해야만 한다. 예를 들어서 성 평등은 차이를 부정하는 문제가 아니다. 어떤 사회학자들에게는 실례가 되겠지만 이때 차이란 단순히 신체적 차이만을 의미하지 않는다. 정확하게 말하자면 나는 모든 적극적 우대 조치에 찬성한다. 여성들이 아직도 겪고 있는 기회의 불평등, 사회적 불평등, 임금 불평등, 승진에서의 불평등을 줄일 수 있는 모든 조치를 말하는 것이다.

나이가 들면서 나는 점점 더 여성의 대의를 위해 투쟁하게 되었다. 내가 점점 이 문제에 관심을 가지게 되는 이유는, 역설적이지만, 살면서 여성이기 때문에 얻은 기회가 많았기 때문이다. 학교에서는 항상 선생님들의 예쁨을 받는 학생이었다. 아우슈비츠에서는 내가 여성이기 때문에 한 여성이 일이 덜 고된 작업반으로 나를 지정해서 나를 보호해준 덕분에 목숨을 구할 수 있었다. 쉽지 않은 삶이었지만 나를 지켜준 사람들을 만나왔다. 이 모든 것은 여성의 권리에 대한 내 입장이 개인적인 복수심에서 오지 않는다는 뜻이다. 간단히 말하자면, 여성을 위한 기회는 그저 운에 맡겨져 있었고 법이나 제도를 통해서 기대할 수 없었다. 차별을 시정하는 대가로, 사회는 여성이 신음하는 불평등을 줄임으로써 구체적인 이득을 얻을 수 있게 될 것이다. 특히나 다른 유럽 국가보다 프랑스에서 더 그러할 것이다. 프랑스는 현재 이 문제에 대한 유럽연합의 지침을 무시하고 있기 때문이다.

적극적 우대 조치에 대해 할 말이 하나 더 있다. 아마 이 말은 계속 해도 지나치지 않을 것이다. 바로 실제로 실천에 옮겨야 한다는 점이다. 호언장담은 공화주의적 평등주의 신봉자를 결집시킬 뿐이고, 할당제에 대해 말하는 것은 분열만 일으킬 것이다. 다른 어느 나라와 마찬가지로 프랑스 역시 이론적인 논쟁과 원칙을 논하다 수렁에 빠지고 현실을 무시하는 경향이 있다. 모두 여남동수법에 대해 입에 발린 말만 늘어놓지만, 헌법평의회에 현재 여성이 둘밖에 없음을 지적하고 싶다. 흔히 말하는 것처럼 '나 때는' 여성이 3명이었다.

여남동수법에 대한 법적 의무가 없는 게 사실이다. 1995년 가을 알랭 쥐페가 12명의 여성 인사 중 8명을 해임한 '쥐페트' 사건 이후, 좌우파 여성 10명이 선거 내에서의 여남동수를 보장하기 위한 노력을 기울였다. 당시 헌법 차원에서는 발전이 있었지만 정당에서는 여전히 벌금을 내고도 규칙을 지키지 않는 편을 선호하고 있다.

모두 알고 있겠지만, 기회의 불평등과 이를 바로잡기 위해 필요한 조치란 성차별에만 한정되지 않는다. 사회통합과 결속에서도 중요하게 대두되는 문제다. 항상 존재하는 차별을 바로잡기 위한 용감한 기획이 생겨나고 있다. 예를 들어 시앙스포의 학장 리샤르 데쿠앵은 교외 지역 학생들을 대상으로 한 특별 채용 프로그램을 시작했다. 당연하게도 격렬한 항의가 이어졌지만, 결국 사람들은 그의 용단이 이끌어낸 긍정적인 결과를 인정할 수밖에 없었다. 이 예를 뒤따르는 다른 예시들이 많아져야만 한다.

10

앞으로의 움직임

지난 3월, 나는 헌법평의회를 그만두고 신중한 태도를 지녀야 한다
는 의무에서 벗어날 수 있었다. 이런 내가 니콜라 사르코지의 입후
보를 지지했다는 데 놀랄 사람은 없을 것이다. 프랑스 정치에서 대
통령제에 대해 내가 보인 신중한 태도와 품고 있는 질문이 무엇이
든 간에, 나는 이웃한 유럽 국가와 미래 세대에게 빚을 지며 살아가
며 약 25년 동안 잠자코만 있던 프랑스에 니콜라 사르코지만이 줄
수 있는 충격을 줄 필요가 있다고 생각했다. 더군다나 그를 악마처
럼 만들어버리는 온갖 종류의 사람들은 나를 분노케 했다. 그 뒤에
도 나는 내 판단이 틀렸다고 생각하지 않는다.

국가와 유럽연합을 위해 일을 한 30년 동안 이어졌던 한 단원
의 마지막 페이지를 넘기면서, 나는 과거를 향하는 눈은 미래를 바
라보는 시선과 일직선상에 놓인다는 사실을 강조하고 싶다. 정부와
유럽의회, 헌법평의회에서 다양한 직책을 맡아 일을 하는 동안, 나

는 모든 감각기관들에 입각하여 원칙에 따라 행동하며 흔들리지 않으려 노력했다. 바로 정의감과 인류에 대한 존중, 그리고 변화하는 세계에 대한 기민함이었다. 요즘 나는 생각의 문을 닫지 않고, 예전보다 덜 일할지언정 동시대적인 맥락 속에서 적절하다고 여겨지는 대의를 계속해서 지지하고 있다. 나의 관점을 객관적이면서도 금기로부터 자유로운 상태로 유지하기 위해 노력하고 있다. 그래서 나는 악화일로를 걷고 있는 현재의 경향에 영향을 받아 흐려지지 않았다. 프랑스의 모든 것이 완벽하지는 않다. 그러나 우리의 강점, 특히나 출생률에서 보이는 우리의 활기는 우리의 단점을 극복하게 해줄 것이다. 비록 단점들 중 일부는 우리 사회에 깊이 뿌리박혀 있다고 하더라도 말이다.

니콜라 사르코지는 '단절'이라는 주제로 유세를 했다. 사르코지의 당선은 사람들을 놀라게 했지만, 그는 프랑스를 움직이게 하기에 적절했다. 교육, 일, 주거, 보건, 정의, 국가 개혁 부분과 같은 핵심 분야에서 특히 그랬다.

교육 분야는 젊은이의 미래를 좌우하기 때문에 매우 중요하다. 부분적이거나 전면적인 무료 교육은 곧 많은 비용이 들어간다는 것을 의미한다. 그러므로 지자체는 학생들에게 학습에 대한 동기 부여를 유발하는 방침을 고안해야만 할 것이다.

그렇기는 하지만, 우리는 조합주의(코퍼러티즘)가 왕인 영역에 있다. 국가 교육에서 노조활동(생디칼리즘)은 무소불위의 힘을 가진 동시에 보수적이다. 클로드 알레그르가 매머드에 대해 강력히 비난했을 때* 나는 놀라지 않았다. 임기를 잘 보내기를 바랐던 교육부 장관들은 노조와 사이좋게 지내며 파동을 최소화했다.

교육에는 다른 분야와는 달리 엄청난 힘이 잠재되어 있는데, 그것은 수많은 좋은 교사들의 의지를 통해 드러난다. 나는 많은 사례를 몸소 겪었다. 대학 차원에서는 2005년 빌타뇌즈에 위치한 파리 8대학 총장, 알랭 뇌멍을 만나고 무척 큰 인상을 받았다. 그는 이스라엘과 팔레스타인 전 총리인 요시 베일린과 야세르 아베드 라보에게 명예박사를 수여하고자 했고, 내게 해당 증서를 전달해달라고 부탁했다. 그는 무척이나 친절하고 지적인 사람이라는 인상을 오래도록 남겼는데, 엄청나게 멋진 기념식을 기획하기도 했다. 그러고 나서 아프리카와 중동 지역에서 주로 문맹 가족 사이에서 자라난 학생들을 구체적으로 언급하며 대학의 성과에 대해 말해주었다. 몇 달 뒤 11월 사태**로 대학이 피해를 입었는지 물었으나 그는 피해가 없었다고 말했다. 최근에 나는 그가 빌타뇌즈에 시앙스포 유치를 제안했다는 소식을 듣게 되었다. 이 대학이야말로 정체의 위기에 놓이지 않는 대학임에 분명하다.

이 대학이 유일한 예는 아니다. 나는 한 젊은 교사와 연락을 하고 지냈는데, 그의 학생들은 타자와 회계를 배우고 있었지만 선생이 요구하는 지적, 문화적 수준을 전부 다 따라왔다. 이 교사는 누와지

---

* 과학자이자 사회당 소속 정치인인 클로드 알레그르는 조스팽 정부에서 교육부 장관이 되어 고등교육 개혁을 추진했다. 그러면서 "매머드의 군살을 빼야 한다"고 주장했는데, 이는 공무원의 수를 줄이자는 발언이었다. 이 문장은 교사들과의 갈등의 상징이 되었다.

** 225페이지 주 참조.

르섹에서 아우슈비츠, 그리고 모로코로 가서 무슬림 여성들을 대상으로 수업을 했다. 프랑스에서 자라난 그 역시 무슬림 여성이었다. 엘리자베스 기구*와 나는 그의 일과 성품에 무척이나 감탄했다. 그리고 가능할 때마다 그를 만나 우정과 격려를 전했다.

이 사례들은 흔히 무력하다고 알려진 분야에서 엄청난 결과를 거둘 수 있음을 증명해 보인다. 교육 분야에 몸담은 이들이 동기 부여가 되고 조직 내부의 경직성에 갇히지 않는다면 충분히 가능한 일들이다. 사실 교육부가 만들어내는 문헌을 볼 때면 경악하곤 한다. 이데올로기를 고려하는 것은 둘째치고라도, 방법과 과정에서 생겨나는 모든 변화는 혁신을 목표로 하는 것이어야 한다. 정치적이고 노동조합적으로 올바른 담론은 사람들의 마음을 고양시키지 않는다. 오히려 평등이라는 명목으로 교육의 하향 평준화를 이끌어 낼 뿐이다.

완곡하게 말하면, 교육 체계가 재계와 공생하는 것에 전반적으로 주저하는 경향은 어떻게 해서라도 느슨해져야 할 장애물이다.

돌려 말하지 말고 바로 노동에 대해서 말해보자. 예를 들어서 내가 프랑스 내에서 주 35시간제가 폐지되어야 한다고 하면, 그 이유는 병원 운영을 방해하는 상황뿐 아니라 사람들의 마음속에 남아 있는 대혼란 전체를 생각하기 때문이다. 프랑스는 훌륭한 노동 인력을 보유하고 있는 나라지만 최근 10년간 일을 적게 하면 실업을 줄일 수 있다는 잘못된 생각 때문에 우리가 가진 이점이 빛을 보지

---

* 모로코 출생의 사회당 정치인으로, 유럽의회 의원, 법무부 장관, 사회부 장관 등을 지냈다.

못했다. 모두 이 논리의 허점을 알고 있고, 우리가 더 이상 더 오래 살면서 일을 일찍 그만둘 수 없다는 걸 모두 알고 있지만, 복지 국가에 대한 포퓰리즘적인 메시지는 유감스러운 행위로 이어졌다. 너무 많은 이들이 일에 대한 의미와 열의를 잃어버렸다. 이들이 삶의 질이 정체되거나 하락하는 문제를 개탄하지 않도록 막아주지도 못했다. 결국 경제활동 가능 인구 중에서 실업자와 피고용자 사이에 틈이 벌어지는 결과만 낳고 만 것이다. 나는 주말에 의사를 보는 일이 점점 어려워짐을 깨닫고 놀랐다. 목요일 저녁부터 '근로시간 단축제'가 실시되니 금요일에 우리가 방해받지 않을 것은 확실하다. 현재 우리 근로 문화는 양분되었다. 한 쪽에서는 열정적인 이들이 경력을 쌓고 있고, 능력을 발전시키고, 자신의 일을 사랑하고, 일에 우선순위를 부여하고 제약 조건을 받아들인다. 다른 쪽에서는 돈을 덜 벌고, 목요일 저녁부터 주말을 즐기고, 주말이 나흘이나 되는 만큼 인터넷으로 저가 여행을 검색한다. 이들에게 일이란 어떤 개인적 성장도 기대할 수 없는 제약에 불과하다. 이런 삐딱한 시선은 전 사회 계층과 세대를 아울러 영향을 미쳤고, 사회적 대화의 결여는 이 부분에 추가적이고도 막심한 장애물을 만들어냈다.

공적 영역 바깥에서는 조합 가입률이 낮기 때문에 일어난 일이기도 하다. 피고용인들에게 조합 가입은 의무일까? 최소한 노동조합에 가입하기라도 하면 이득이 될 일이 더 많다. 조합의 신뢰도는 가입 수준이 확보되어야 보장될 수 있기 때문이다.

연금 문제는 시민과 노동 사이에 화해가 이루어져야 할 마지막 영역이다. 기대 수명이 끊임없이 높아지는 사회에서 분배 체계를 유지하기 위해서는, 연금이 줄어드는 것보다 일하고 싶은 이의 은퇴 연령을 1년에 한 분기씩 늦출 필요가 있음을 아무도 부정하지 못할 것이다. 그리고 은퇴 제도를 개혁하는 과정에는 노동 강도도 고려해야 한다. 사무직과 공장직, 공무원들의 일의 강도는 확실히 다르기 때문이다.

주거는 행동이 필요한 또 다른 기본적인 분야다. 제1차 세계대전이 끝나고부터 주거 영역의 발전은 무척이나 지체되었다. 당시 건설업은 마비된 상태였다. 임대료가 동결되고, 전쟁 피해 보상 법안이 무력하고 답보 상태인 동일 재건축 원칙에 기댄 결과 건축이 마비되었다. 제2차 세계대전 이후에도 마찬가지였다. 몇 년 뒤 독일에서 살 동안, 도시가 폭격으로 대거 파괴됐음에도 프랑스보다 독일에서 집을 구하기가 더 쉽다는 사실을 알게 되었다. 프랑스는 회복이 늦어지면서 임대료가 엄청나게 오른 데다, 오늘날에는 공영 주택이 부족한 현상까지 벌어지고 있다.

보건 분야에서는, 다른 나라와 마찬가지로 프랑스에서도 끊임없이 증가하는 비용 지출 문제에 대처하기 위해서는 사회보장제도가 노동력에 불이익을 주지 않도록 해야 한다.

오늘날 무척이나 자주 회자되는 법에 관해서는, 사법의 독립이 필요하다는 사실이 결코 사회와 단절되어 진공 상태에 머무르는 상황을 정당화할 수 없다.

마지막으로 국가와 지자체 개혁은 공적 영역에 지워진 부담에 대해 신속하고 유의미하게 응답할 수 있는 가장 우선적이고 긴요한 해결책이다. 공적 영역의 부담은 국가 경제를 질식하게 만들고 우리 아이들의 유산을 위협한다. 또한 이는 시민과 국가를 조화시키기를 바란다면 반드시 필요한 투명성에 대한 요구를 나타내는 것이기도 하다.

11

의인의 빛

몇 년 전, 홀로코스트가 일어났던 세기가 끝날 무렵에, 프랑스는 우리가 더 이상 희망할 수 없던 진실을 향한 노력을 단행했다. 1995년 7월 16일, 공화국 대통령의 입에서 프랑스가 제2차 세계대전 동안 프랑스에 살고 있는 유대인을 대상으로 한 국가 범죄에 공모했음을, 그리고 국가가 저지른 행위의 시효소멸 불가성을 공언한 것이다. 용감한 행위였다. 이전에는 국가가 결코 이러한 사실에 대한 책임을 인정하지 않았다. 나는 오랫동안 국가원수가 자크 시라크가 한 말과 같이 진정하고 심도 깊은 이야기를 해주기를 바랐다. 그때까지 대통령들은 많은 이들이 기다리는 말을 결코 하지 않았다. 프랑수아 미테랑이 이에 대한 요구를 받았을 때 보여주었던 부동자세도 기억한다. 결국 자크 시라크 덕분에 우리 프랑스는 자국의 역사를 거짓 없이 직면할 수 있게 되었다.

동시에, 유대인 탈취 피해를 연구하고 보상을 제안하기 위한 위원회를 신설하자는 결정이 내려졌다. 이 위원회는 장 마테올리에 의해 주재되었다. 그는 경제사회위원회 대표였으며 과거 레지스탕스 수감자였다. 장 마테올리 이외에 7명의 위원이 참여했다. 그 중에는 유대인 동맹의 대표이자 저명한 의사로 알려진 아돌프 스테그 교수도 포함되어 있었다. 위원회는 즉시 업무에 착수했고, 반세기나 지나간 사건을 다루는 데 필요한 막대한 조사 규모와 그 어려움에 부딪혔다.

마테올리 위원회는 2000년 5월 보고서를 제출했다. 탈취의 규모는 대중을 경악하게 했다. 조사단은 유대인 사업 5만 건의 '아리아인화'와 동결된 유대인 계좌 9만 좌, 미지급된 보험 계좌, 내부 가구가 전부 약탈된 집 38만 호, 예금공탁공고로 보내진 자산 등을 찾아냈다. 이 작업은 경제, 산업, 상업, 서비스, 공공기관 등 모든 분야를 총망라했다.

복구될 수 있는 자산은 전부 다 해당 유대인의 가족들에게로 돌아갔지만, 위원회의 과제는 단순히 건전한 정의에만 한정되지 않았다. 위원회는 프랑스가 쇼아에 대한 기억과 교훈을 영속적으로 가져가야 할 책무가 있다고 강조했다. 따라서 양수인을 찾지 못했거나 양수인이 사망한 재산은 전부 쇼아 기념 재단의 기금으로 투입되었다. 리오넬 조스팽 총리는 내게 해당 재단의 대표직을 맡아달라고 요청했다. 무척이나 영예로운 자리였다. 우선은 내가 어느 유대인 단체에도 속해 있지 않은 독립적인 위치에 있었기 때문이기도 하고, 과거 수감자였으며, 국가와 좋은 관계를 유지하고 있었기 때문에 적격이라고 여겨진 것이었다.

　마테올리 위원회 위원들에게 재단의 역할로까지 눈을 돌릴 수 있는 넓은 시야를 제공한 쪽은 자크 시라크였으리라 생각한다. 위원회 규칙은 단순히 유대인에만 해당하지 않고 집시들이 겪은 피해도 포괄하고 있었다. 위원회의 업무는 사회적인 데 그치지 않고 문화적인 영역으로도 나아갔다. 위원회는 재정 지원을 충분히 받아 장기적으로 임무를 수행하는 데 어려움이 없었다. 예산의 일부는 기념박물관에 할당되어 있었다. 기념박물관에는 수감자의 벽과 의인의 벽이 세워져 있었고, 프랑스 수용소 내에서 유대인들의 고통을 증언하는 기념품과 사진이 모여 있었다. 내가 어머니와 드랑시에 도착했을 때 700프랑을 뺏긴 내역이 적혀 있는 작은 공책과 영수증, 몽당연필을 박물관 직원이 보여주었을 때 느꼈던 강렬한 감정을 절대로 잊을 수가 없다. 그저 종이 한 장이었지만 이것은 서류 중심적 관료주의와 도덕에 눈먼 행정이 결합되었을 때 나올 수 있는 결과를 보여주는, 여전히 입증을 필요로 하는 오늘날까지도 내밀 수 있는 증거였다. 수감자를 실은 차량이 아우슈비츠로 향할 때마다, 공무원들은 몽당연필로 공책을 채우고 유대인에게 영수증을 주었다.

　재단은 역사가 혹은 연구자들로 이루어진 콜로키움을 주최하는 것 말고는 직접 행사를 기획하지는 않았다. 대신 역사학 전공자나 작가와 같은 개인이 준비한 기획이나 쇼아와 관련된 사건을 기념하는 행사나 집회를 계획하는 단체에 재정적으로 지원을 했다. 영화

각본이나 소설에 재정을 지원해달라는 요청을 무척 많이 받았지만, 재단의 소명은 강제수용을 기억하는 것이지 사실을 변형하거나 배반하는 것이 아니었으므로 이런 요청은 거절해야 했다. 재단은 교육적이거나 역사적인 목적을 가진 문화 기획만을 후원했다. 그러나 많은 이들, 특히 창작자들은 상상력이라는 이름으로 쇼아에 얽힌 기억과는 관계없는 몽상을 펼치곤 했다. 이탈리아 영화감독 로베르토 베니니를 예로 들자면, 그는 자신의 영화 〈인생은 아름다워〉에 대한 후원을 요청했다. 요청이 거절된 것은 당연했다. 수용소에서는 어떤 아이도 아버지 옆에 있을 수 없었고, 영화의 결말처럼 기적적이고 우스꽝스러운 해피엔딩은 해방을 맞은 어떤 수감자도 경험하지 못한 것이어서 현실과는 거의 관련이 없는 이야기였다. 다른 예는 〈쉰들러 리스트〉다. 이 영화는 역사적인 사실에 기초한다. 약 50여 명의 사람들이 쉰들러의 용감한 행동의 덕을 보았기 때문이다. 이 사실은 무시할 수 없지만 영화 시나리오와 현실은 역시 일치하지 않았다. 대략적인 일반화와 거칠게 이루어진 사실의 변형은 구분되어야 한다. 〈라콤 루시앙〉, 〈비엔나 호텔의 야간배달부〉, 〈소피의 선택〉은 나치 강제 점령기나 강제수용에 대해 불확실하거나 있음직하지 않을뿐 아니라 현실과 무척 배치되는 이미지를 만들어냈다. 그러나 1978년 제작된 〈홀로코스트〉는 당시에 내가 무척이나 옹호했던 영화로, 독일의 상황을 흥미롭게 묘사하는 작품이다. 영화 속에서 부르주아 독일계 유대인들은 자신들에게 어떤 일도 닥치지 않으리라고 확신한다.

파리에는 세계에서 제일 큰 이디시 도서관이 있는데, 상태가 매우 열악했다. 재단은 도서관 복구 사업에 착수했다. 그리고 재단은 정교분리의 원칙을 고수하기는 했으나, 유대교 회당 건축에도 지원을 했다. 극단적 보수파 학교 시설에는 지원을 하지 않았으나, 이디시어 교육은 지원되었다. 전쟁 전 폴란드계 유대인들이 주로 쓰던 이디시어는 오늘날 거의 사라졌다. 이디시어를 되살리는 일은 망각될 위험에 놓여 있는 유대인 문화를 되살리는 것과도 같다.

재단은 폴란드 정부의 대규모 기획에도 참여했다. 폴란드 정부는 바르샤바에 위치한 유대인 기념박물관에 대한 후원을 요청했다. 그러나 이 일은 출발이 좋지 않았다. 폴란드 기획 책임자들과 모임을 가졌던 기억이 난다. 우리는 이들이 당시 그들이 했던 행동에 대한 책임을 세탁하고자 하는 목적으로 박물관을 지었음을 이해했다. 변명하고자 하는 의지는 뚜렷했다. 폴란드는 자신의 나라에서 유대인들이 얼마나 환대받고 잘 대접받았는지 보여주고자 했다. 결국 기획은 추진되지 않았고 사문화되었다. 현재 바르샤바 소재 박물관에서는 독일인이 저지른 범죄가 공산주의자가 저지른 일과 똑같이 취급된다.

2006년, 재단은 상트페테르부르크에 있는 유대인들을 지원하고자 했고, 나는 그곳으로 향했다. 대략 10만 명의 유대인들은 당시 정부의 초청을 받아 이스라엘로 가지 않고 러시아에 머물렀다. 그들의 과거는 유럽에 있었던 다른 유대인들과는 달랐다. 그들은 나치의 위협을 받지 않았다. 살던 마을이 독일 군대에게 점령당하지 않았기 때문이었다. 그래서 이들은 다른 이들과 함께 무척이나 돈독한 관계를 유지하며 살았다. 오늘날, 그들의 공동체는 활기차고 생기 있다. 젊은이들은 전 세계로 공부를 하고 여행을 다니지만 자신이 살던 도시와 여전히 연결되어 있다. 그곳에서 나는 소녀들이 랍비와 악마로 분해 춤을 추고 연기를 하는 공연을 보았다. 심각한 우리 서유럽 유대인들이 본다면 무척 많은 영감을 받을 만한 공연이었다.

후회가 되는 것이 있다면 집시들에 대해 충분히 행동하지 않았다는 점이었다. 의지가 부족해서가 아니라, 이들은 유랑을 했기 때문에 프랑스에 많이 남아 있지 않았다. 몇몇 역사가들이 이 문제에 관심을 가졌고, 이들이 재단에 도움을 요청하면 기꺼이 이들의 목소리를 들었다. 그리고 몇 달 전, 의인에 대한 국가보훈 준비 사업 동안에 많은 집시들이 유대인과 같은 운명을 맞았다는 사실을 환기하고자 했다. 집시들 가운데 어떤 이들은 의인 덕분에 목숨을 구했고 다른 이들은 강제수용을 당하거나 죽음을 맞았다. 그러니 기억할 의무는 우리의 운명을 이어준다. 또한 집시 공동체의 침묵이 망각으로 이어져서는 안 된다.

나는 2007년 초까지 재단 대표를 맡았고, 이후에는 대표직을 다비드 르네 드 로스차일드*에게 위임했다. 그럼으로써 강제수용을 경험하지 않은 이들이 유대인 문제의 책임자가 되는 첫 세대가 열

---

* 프랑스 은행가로 2007년 쇼아 기념 재단 대표를 맡았고 2013년부터 세계유대인회의 의장을 맡고 있다.

린 것이다. 재단은 전과 동일하게 교육과 기억에 대한 임무를 수행하면서 발전해나갈 것이다. 나는 명예회장을 맡았고, 바라건대 적은 임무를 수행할 예정이다. 삶의 한 시절을 할애한 일에서 후회도 향수도 없이 떠날 줄 알아야 한다.

이전 공약과 같은 선상에서, 대통령은 2007년 1월 18일 2,725명의 의인을 추대했다. 전쟁 동안 유대인을 숨겨주고 살려준 이들이었다. 팡테옹 지하실 비석에는 다음과 같은 문구가 씌어 있었다. '나치 점령기 프랑스에 드리운 밤과 증오의 장막 아래, 몇천 개의 빛은 사그라들기를 거부했다. 국가에 의하여 의인으로 추대된 이들과 익명으로 남은 이들은 모든 배경과 조건을 막론하고 반유대주의의 박해와 절멸수용소로부터 유대인을 구했다. 이들은 위험을 무릅쓰고 프랑스의 명예를 드높이고 정의, 관용, 인류애의 가치를 현현했다.' 웅대하고도 감동적인 순간이었다. 오랜 시간 동안 익명으로 남았던, 비시 정부가 국가의 초라함을 증명하는 시기에 인간의 위대함을 증언한 이들이 드디어 그 공헌을 인정받은 것이었다. 이 날은 1995년 대통령 연설에 대한 일종의 응답이었다. 게다가 이 회한과 예우가 담긴 각각의 두 연설을 같은 사람이 했다는 것도 의미 있었다. 프랑스의 이름으로 같은 대통령이 죽음과 수치라는 어둠 위로 의인의 빛을 비추었다.

국영 라디오 텔레비전 방송국 이사회에 몸담았을 때, 동료들과 함께 프로그램을 살펴보고 막중한 결정을 내리곤 했지만 특히 유명한 영화인 〈슬픔과 동정〉의 텔레비전 상영과 재정 지원에 개인적으로 반대했던 이유는 바로 이 의인들 때문이었다.

제작자들은 영화가 영화관에 걸리기 전에 영화를 지상파 방송국에 팔기도 했다. 미디어와 대중으로부터 지지를 받았기에 확신에 찬 이들은 경악할 만한 금액을 요구했다. 그리고 논쟁은 재정적인 문제를 넘어섰다. 우리의 친구 마르셀 블뢰스타인블랑셰*가 광고주였던 덕분에 특별 초대전에서 영화를 먼저 볼 수 있었는데, 그 영화는 프랑스 국영 방송국이 구입할 가치가 없어 이사회에 그대로 알렸다. 내가 이 영화를 거부했다는 사실은 제법 많은 사람들을 놀라게 했다. '어째서 과거 수감자였던 이가 나치 점령기 시절의 프랑스의 태도를 낙인찍는 다큐멘터리 영화에 적대적인 반응을 보일 수가 있지?' 사람들은 이해하지 못했다. 그렇지만 내게 할 말이 없는 게 아니었으므로 주저 없이 논쟁에 나섰고, 결국 이사회는 내 결정을 따랐다.

1970년대는 1950년대와는 정반대의 경향이 팽배하던 시기였다. 1950년대 당시는 프랑스인 간의 화해와 국가 재건이 의무로 대두되었고, 드골주의자들은 영웅적인 프랑스 레지스탕스의 모습을 연출해 모든 이들이 믿도록 했다. 그리고 20년이 지나자 주요한 흐름이 바뀌었는데, 이때의 생각 역시 무척 단순했다. 젊은이들은 부모

---

* 1906~1996. 프랑스의 다국적 광고 및 홍보 회사인 퍼블리시스의 설립자. 프랑스에 최초로 라디오 광고와 여론조사를 도입했다.

세대가 비겁하게 굴었고, 프랑스가 끔찍하게 행동했으며, 4년간 밀고가 횡행하고, 공산주의자들을 제외하면 어떤 시민도 저항하지 않았다는 이야기를 들으며 즐거워했다. 〈슬픔과 동정〉은 그 당시 펼쳐진 자학의 풍경에서 때마침 등장한 영화였다. 그렇기 때문에 이 영화가 부당하고 당파적이라고 주장했던 것이었다. 게다가 이 영화는 거짓으로 점철되어 있었다. 예를 들어서 클레르몽페랑은 많은 학생들이 레지스탕스로 참가한 지역으로 이들 중 많은 수가 체포되었고 총살당하거나 수감되었는데, 영화 속에서는 전 지역적으로 나치에 부역한 곳으로 묘사되어 있다. 이런 선택은 영화가 사실을 조작한 예가 된다. 함께 영화를 보았던 제르맹 티용 또한 나와 같은 감상을 내놓았다.

나는 국영 라디오 텔레비전 방송국 이사회에서뿐 아니라 바깥에서도 이런 비판을 서슴지 않았다. 그리고 만일 이 영화를 구입한다면 이사회에서 사임하겠다고 선언했다. 반대하는 이는 나 하나였지만, 당황스러운 분위기에서 토론이 이어진 가운데 결국 영화를 구입하지 않기로 결정이 났다. 어떤 이들은 스스로를 정당화하기 위해서 언론에 시몬 베유가 이 영화의 구입을 원치 않았다는 소식을 퍼뜨렸다. 나는 이 사실을 숨기지 않았고, 이것이 내 이름을 알리게 해주었지만 의도한 바는 아니었다. 이 영화의 감독인 마르셀 오필스는 이 결정을 듣고 화가 났는데, 그에게서 막대한 수입을 앗아갔기 때문이었다. 그러나 수입에 대한 걱정은 그리 오래 가지 않았다. 영화가 개봉된 뒤에 〈슬픔과 동정〉은 곧장 커다란 성공을 거두었다.

프랑스 국영 라디오 텔레비전 방송국이 상영을 거절했다는 소문이 홍보가 되었던 게 사실이다. 어떤 이들의 눈에는 공권력이 가리고 싶었던 진실이 터져 나오는 것처럼 보였을 것이다.

이런 기획들로 충격을 받았다는 말은 과언이 아니다. 영화가 보이고자 하는 가짜 진실의 한계는 명확했다. 나는 이미 프랑스가 강제수용된 유대인의 수가 4분의 1로 가장 적으며, 아동이 거의 수감되지 않았던 독보적인 나라임을 알고 있었다. 이 현상은 부인할 수 없는 사실 때문에 일어난 것이었다. 바로 많은 프랑스인들이 유대인을 숨겨주었고, 혹은 누가 유대인을 숨겨주고 있는지 알더라도 함구했기 때문이었다. 그러나 영화는 이를 말하지 않았고 이것은 부당한 일이었다. 비시 정권을 위해서가 아니라 프랑스인을 위해서 그랬다. 이런 생각을 말할 때면 특정 레지스탕스의 업적을 말하지 않기 위해 조심했다. 나는 가족에게 미리 경고해주고, 아이들을 구해주고, 성인들을 숨겨준 익명의 프랑스인들에 대해 말하는 것이었다. 이들은 존경받아 마땅할 용기를 가지고 행동했다. 그들은 수감자들이 어떤 운명에 처해 있는지 몰랐지만, 독일인들이 자신들을 체포하면 어떻게 되는지는 아주 잘 알고 있었다. 그들은 어떤 이득도 취하지 않았다. 많은 이들이 군입을 먹이기 위해 굶어야 했다. 대부분은 신분이 알려지지 않았고, 훈장, 메달, 연금 중 무엇도 받지 못했다. 그렇기 때문에 프랑스 국영 라디오 텔레비전 방송국이 텔레비전으로 그런 영화를 대대적으로 내보낸다는 데 의인들에 대해 부끄러움을 느낀 것이다. 청소년 시절 나를 맞아주었던 빌르루아

가족과 같은 이들이 사회가 자신들에게서 등을 돌렸다는 생각을 하게 만들고 싶지 않았다. 이 모든 이유 때문에, 비록 어떤 이들이 내 태도에 놀랐을지언정 내 결정을 후회하지 않는다.

그리고 시간이 지나, 이 투쟁에 나만 몸담은 게 아님을 알게 되었다. 세르주 클라스펠트가 이끄는 단체는 당시에 무척이나 놀라운 내용이 담긴 책자를 발간했는데, 그 책자에는 비시 정부 아래에서 독일에 반대해 이루어진 행동들이 열거되어 있었다. 세르주 클라스펠트는 자신의 주장을 뒷받침할 구체적인 근거를 들었다. 예를 들어 행정부 명령 복종 거부, 독일군 혹은 비시 정부 명령 이행 지체 등이 있었다. 심지어 그는 벨디브 체포 작전도 다시 살펴보았다. 알고 보니 그는 내가 이전부터 오랫동안 품어왔던 생각과 똑같은 내용을 공적으로 발표한 셈이었다. 나는 프랑스 내에 두 개의 지대가 존재했고 강제수용도 프랑스계 유대인과 외국계 유대인이라는 두 범주로 나뉘었기 때문에, 독일인들의 생각보다 작전이 복잡하게 실시되어 희생자의 수가 적어졌음을 관찰한 바 있었다. 다른 나라에서 유대인 체포는 프랑스에서보다 빨리 이루어지고, 사망률이 더 높았다. 그리고 수감된 이들 중 1941년 해방 이후 돌아온 이들은 무척 적었다. 나치의 전기 철조망 뒤에서 겨우내 두세 달을 살아남기란 거의 불가능했기 때문이었다.

기후변화뿐 아니라 관용과 보편주의의 정서가 이제야 태동하는 듯했던 와중에 극단적 보수주의 같은 요소가 귀환하여 세상을 위협하는 상황에서, 의인에 대한 이러한 기억은 더욱 더 귀하게 느껴지기에 보존해야만 한다. 뤼스티제 추기경*이 숨을 거두기 몇 주 전, 그가 결국 평온 속에서 숨을 거두었던 임시 간병 시설에서 그를 만난 적이 있었다. 그는 내게 장례식 날 대성당 현관 앞에서 그가 유대인이었음을 알리는 발언을 해달라고 부탁했다. 분명 그는 아우슈비츠에서 숨진 그의 어머니를 생각했을 것이다. 나는 그에게 알겠다고 약속했었다. 내게 맹세란 신성한 것이었다. 그래서 이 행위가 부적절하다는 이유로 그와 한 약속을 저버려야 했을 때 무척 상처를 입었다. 유대교와 천주교 간에 일어난 머뭇거림은 가톨릭교회와 유대교 근본주의 중 어디에서 왔을까. 어떤 종교를 지지하는 어떤 이가 유대인이라는 사실을 밝힐 수 없다고 생각한 것은 둘 중 누구일까? 나는 그저 질문을 던질 수밖에 없다.

비슷한 시기에, 유럽연합은 홀로코스트 희생자 기념식을 조직했고, 사무총장은 기념식을 맞아 생존자를 대표해 내게 담화문을 발표해달라고 부탁했다. 2017년 1월 29일이었다.

몇 주 간격으로 나는 헌법평의회와 쇼아 기념 재단에서 물러났다. 몇십 년만에 처음으로 갖게 된, 오로지 가족에게 집중하는 사적인 삶이 나를 기다리고 있었다. 사적인 삶의 풍요로움을 재발견하는 법을 탐구하고 새롭게 배워야 했지만, 나는 새로운 삶에 금세 익

---

* 장 마리 뤼스티제(1926~2007). 유대인 최초로 천주교 개종 후 교회의 반대를 무릅쓰고 추기경이 되었다. 파리 대교구장을 지냈으며 가톨릭교회와 유대교의 화합을 위해 노력했다.

숙해졌다.

얼마 전, 열여섯 살 난 손자와 점심식사를 하고 있었다. 우리는 무척이나 즐거운 대화를 나누었다. 점심을 먹고는 함께 서점에 가서 아이가 사고 싶은 책을 골랐다. 손자는 『주군의 여인』을 구입했고, 나는 손주에게 이렇게 말했다. "그 책을 아직 읽지 않았다니 운이 좋구나. 무척이나 멋진 책이란다." 세대 간에 문화라는 실이 끊기지 않고 이어져 내가 무려 40년 전 탐독했던 소설을 손자가 읽는다는 사실에 무척 기뻤다. 손자는 『밤 끝으로의 여행』도 읽으려 했는데, 한 선생님이 추천해주었기 때문이라고 했다. 나는 말을 아꼈다. 그가 책을 사는 동안, 오로지 문학적 수준만을 기준으로 아이들에게 책을 읽혔던 아버지의 모습이 기억 속에 떠올랐다. 책에는 세계가 담겨 있다. 아이는 아이가 읽는 책과 책을 쓴 저자에 대한 의견을 제 뜻대로 형성해나갈 것이다.

정부 인사로 재임하는 동안, 내게는 책을 읽을 시간이 주어지지 않았고 나는 그 사실에 무척 괴로워했다. 그렇지만 대신에 토요일 아침마다 친구와 함께 그림을 감상하는 습관을 가졌다. 그 습관 덕에 포르투갈 출신의 화가 비에라 다 실바를 알게 되었다. 그 뒤로는 의사로 일하는 아들과 함께 자주 외출을 했다. 아들도 그림을 좋아했지만 나와는 취향이 달랐다. 아들은 17세기 그림에 열정을 가지고 있어 드루오 경매장에서 그림을 구입하곤 했다. 그는 점차 더 근대적인 작업에 관심을 가지더니 현대미술 감상에 나보다 뛰어난 재능을 갖게 되었다. 서로 같은 그림에 감응했던 우리는 함께 갤러리를 찾으면서 때때로 서로가 좋아할 만한 그림을 구입하기도 했다. 서로 주고받던 그림 선물은 아들과 나 사이의 내밀한 방식이었지만, 5년 전 아들이 세상을 떠나고 나니 다 옛일이 되었다.

지녁에 집으로 돌아오면, 침대에 누워 앵발리드 돔을 조용히 지켜보곤 했다. 무척이나 희귀한 특권이었다. 멀리서는 앙투안이 피아노를 연주했다. 그는 세상을 떠난 우리 아이가 그러했듯 피아노를 종종 쳤다. 세상을 떠난 아들은 피아노 연주가 수준급이었다. 시아버지 역시 피아노를 자주 쳤고 작곡도 했다.

그러다 보면 집에 어둠이 찾아왔다. 피아노 소리를 들으면 가족사진을 바라보던 눈이 점차 감겼다. 그러면 우리에게 너무나 소중했던 이들, 우리가 알거나 혹은 몰랐던 이들의 죽음이 조용히 모여들었다. 그들과 결코 갈라서는 일이 없으리라는 것을 알고 있다. 이들은 우리와 거대한 끈으로 이어져, 우리 생존자들과 언제나 동행한다.

그렇지만 생각은 저절로 나의 가족에게로 돌아온다. 내가 앙투안과 함께 일군 가족. 나의 아이들, 손주들, 증손주들. 남녀노소 둘러앉아 부족할 것 없이 시작한 토요일 점심이 일요일 저녁까지 이어지던 광경을, 가족들을 서로서로 이어주는 애정과 자코브 가족을 길러냈던 사랑을 생각한다. 이번 주말에는 나의 생일을 축하하기 위해 스물일곱 식구가 한데 모일 것이다.

2007년 9월, 파리에서

부록 ─────────────────────────────────

- 2005년 1월 27일 아우슈비츠-비르케나우 강제수용 해방

  60주년 기념 국제행사 연설

- 1974년 11월 26일 의회 연설

- 1979년 7월 17일 유럽의회 의장 취임 연설

- 2007년 1월 18일 팡테옹 프랑스 의인 헌정 기념식 연설

- 2007년 1월 29일 국제 홀로코스트 희생자 추모의 날 유엔 연설

─────────────────────────────────

아우슈비츠-비르케나우 강제수용 해방
60주년 기념 국제행사 연설

이 자리에 모이신 여러분 앞에서 연설을 하는 지금, 가슴이 북받칩니다. 60년 전, 아우슈비츠-비르케나우의 전기 철망이 무너져내렸습니다. 그리고 세계는 역사상 가장 큰 시체더미를 발견하고 경악에 빠졌습니다. 적십자가 도착하기 전에, 우리 가운데 대부분은 추위와 피로로 쓰러져 죽음의 행렬을 이어갔습니다.

150만 명이 넘는 사람들이 살해당했습니다. 도착하자마자 가스실에서 죽음을 맞았던 이들이 가장 많았습니다. 그저 유대인으로 태어났기 때문이었습니다. 친위대원 의사들은 이곳에서 가까운 경사로에서, 남성들, 여성들, 그리고 아이들을 거칠게 끌어내려 단순하게 분류했습니다. 멩겔레는 자신이 유럽 대륙 대부분에서 박해받고 붙잡힌 수많은 유대인들의 생과 사를 판가름할 권리를 손에 쥐었다고 여겼습니다.

게토와 다른 절멸수용소에서 살해된, 어린아이였거나 청소년이었던 유대인 아이들은 자라서 무엇이 되었을까요? 철학자, 예술가, 대학자, 기술 좋은 장인, 혹은 어머니가 되었을까요? 제가 아는 것이라고는 이 아이들을 생각할 때마다 항상 눈물을 흘리게 된다는 것과, 절대로 이 아이들을 잊을 수 없다는 것뿐입니다.

얼마 되지 않는 생존자 가운데 일부는 노예가 되었습니다. 그들 중 대부분은 과로로, 기아로, 추위로, 전염병으로, 혹은 더 이상 일할 수 없다는 이유로 가스실 행이 낙점되어 목숨을 잃었습니다.

우리의 몸이 파괴되는 것만으로는 충분치 않았습니다. 우리는 영혼과 양심, 인간성을 잃어야 했습니다. 이곳에 이르자마자 우리는 정체성을 빼앗기고, 팔에 번호가 문신으로 새겨졌습니다. 우리는 슈튀케, 즉 조각이 되었습니다.

뉘른베르크 법원에서 인류에 반하는 범죄라는 죄목으로 책임자들에 대해 이루어진 판결은 이 일이 단순히 희생자만이 아니라 전 인류에 피해를 끼친 사건임을 인정했습니다.

그러나 우리가 그토록 자주 되뇌었던, '두 번 다시는'이라는 기도는 이루어지지 않았습니다. 다른 집단학살이 계속해서 자행되었기 때문입니다.

60년이 지난 오늘날, 최소한 타자에 대한 혐오, 반유대주의와 인종주의, 불관용에 맞서기 위해서 우리 모두가 결속하려면 새로운 약속이 필요합니다.

세계를 두 번이나 잔혹한 학살이라는 광기로 몰아넣었던 유럽 국가들은 오래된 악마를 뛰어넘었습니다. 절대악이 횡행했던 바로 이곳에서, 박애주의적인 세계, 인간 존중과 존엄에 기초한 세계에 대한 의지가 다시 태어나야 합니다.

어느 대륙에서 왔든, 어떤 종교를 가졌든, 우리 모두는 하나의 세계, 인류라는 공동체에 속해 있습니다. 우리는 촉각을 곤두세우고 세계를 위협하는 자연의 힘뿐 아니라 인류의 광기에도 맞서서 이 세계를 지켜야 합니다.

우리, 마지막 생존자들에게는 우리 동료들이 외치던 '두 번 다시는'을 실제로 만들어낼 권리와 책무가 함께 있습니다.

2005년 1월 27일
아우슈비츠-비르케나우(폴란드)에서

의회 연설

존경하는 대통령님, 내외귀빈 여러분. 오늘 제가 보건부 장관으로서, 여성으로서, 의원으로서 연단에 오른 까닭은 국민의 의원이신 여러분들께 낙태법을 대대적으로 수정하는 것을 요청드리기 위함입니다. 낙태라는 어려운 문제 앞에서, 또한 그것이 프랑스의 모든 여성과 남성들의 가장 내밀한 영역에 일으킨 반향을 마주하면서, 저는 겸허한 마음으로 우리가 다함께 지게 될 책임을 막중하게 여기고 있습니다. 하지만 동시에 우리 정부가 오랫동안 숙고하고 심의한 결과 만들어낸 이 법안을 지켜내겠다는 굳은 신념을 가지고 있습니다. 대통령님의 말씀을 빌면, 이 법안은 '우리 시대가 당면한 가장 어려운 문제에 신중하고도 인간적인 해결책을 마련하여 혼란스럽고 부당한 상황에 종지부를 찍고자' 하는 목적을 가지고 있습니다.

우리 정부가 오늘 여러분들께 이 법안을 선보일 수 있었던 것은 몇 년 전부터 우리의 사회적 합의와 우리나라의 실상을 고려하여 새로운 법안 마련에 솔선하시었던 많은 분들 덕택입니다. 또한 메스메르 정부에서 당시 혁신적이고 대담한 법안을 제출할 수 있도록 앞서서 길을 터주신 덕분입니다. 우리 모두 장 대탕제 전 장관님의 훌륭하고 감동적인 연설을 기억하고 있습니다.

그리고 베르제 위원장님께서 주재하신 특별 위원회에서 이 분야에 능통한 전문가뿐 아니라 많은 의원님들께서 몇 시간 동안이나 귀를 열어주셨던 덕이기도 합니다.

그러나 누군가는 여전히 이렇게 묻습니다. "새 법안이 꼭 필요한가?" 어떤 이들에게 이 문제는 간단합니다. 낙태를 금지하는 법이 있으니 그것을 적용하기만 하면 되기 때문입니다. 다른 사람들은 의회가 왜 지금 이 문제에 결단을 내리고자 하는지 의문을 제기합니다. 원래부터, 특히 금세기 초부터 낙태법이 엄격하게 존재하고는 있으나 거의 실행되지 않았다는 것을 모르는 사람은 없습니다.

그렇다면 무엇이 바뀌었기에 법으로 현실에 개입하고자 하는 것일까요? 어째서 원칙을 고수하고 예외적인 경우에만 법을 적용하지 않으려는 것일까요? 왜 낙태라는 불법행위를 인정하고, 심지어는 그것을 부추길 위험까지 감수하려 할까요? 우리 사회의 방임주의를 법의 테두리 안에서 포용하고, 애국심과 준엄함이라는 가치를 되살리는 대신에 왜 개인의 이기주의를 편드는 것일까요? 출생률 저하라는 위험한 움직임이 이미 진행되고 있는데, 임신한 여성들이 전부 출산을 해서 아이를 기를 수 있도록 포용적이고 건설적인 가족 정책을 만드는 대신 어째서 현상을 악화시키려는 것일까요?

바로 우리를 둘러싼 모든 상황이 우리에게 이런 질문이 나올 수밖에 없다는 것을 보여주기 때문입니다. 다른 방법으로 해결할 수 있었더라면 전 정부와 현 정부가 이 법안을 선보였으리라고 생각하지는 않으시겠지요.

지금 이 문제에 있어 당국은 더 이상 책임을 피할 수 없는 시점에 다다랐습니다. 이 사실은 몇 년 전부터 지속적으로 진행되었던 연구들, 연이은 청문회, 다른 유럽 국가들이 겪는 현실을 비롯한 온갖 방식으로 증명되었습니다. 그리고 여러분들 가운데 내다수의 분들은 음성적으로 이루어지는 낙태를 막을 수 없음을, 더욱이 그 여성들을 형법에 따라 처벌할 수 없다는 사실을 이미 알고 계시며 역시 몸소 느끼고 계실 것입니다.

그러니 눈을 계속 감고 있을 수 없는 이유는 무엇이겠습니까? 현재 우리가 무척이나 나쁜 상황에 마주했기 때문입니다. 나쁘다는 말보다도 비극적이고 개탄스러운 지경에 이르렀다 해야겠습니다.

법은 공개적으로 무시될 뿐 아니라 조롱당하고 있습니다. 발생하는 위법행위와 그 처벌 간의 간극을 보면 더 이상 억제라는 말을 쓸 수 없을 지경입니다. 시민의 준법 의식과 국가의 권위가 모두 흔들리고 있습니다.

의사들은 진료실에서 법을 어기고 그 사실을 공개적으로 알립니다. 검사는 사건을 조사할 때마다 그에 앞서 법무부에 책임을 전가합니다. 공공 사회복지 단체는 곤경에 빠진 여성들을 위해 낙태 정보를 알려주고, 공공연히 외국으로 낙태 수술을 받으러 갈 수 있게 모임을 조직하며 여성들을 버스에 실어나르고 있습니다. 저는 이 상황을 더 이상 두고 볼 수 없는 혼돈과 무질서의 상태라 이르겠습니다.

그러면 왜 이처럼 상황이 악화되게 내버려두고 그것을 용인하려 하느냐고 물으실 것입니다. 왜 법을 준수하도록 법을 강화하지 않는 것이냐고 물으시겠지요.

의사들, 사회복지에 종사하는 이들, 몇몇 시민들이 이와 같은 불법행위에 가담하는 이유는 그렇게 할 수 밖에 없기 때문입니다. 개인적인 신념과 어긋남에도 불구하고 무시하고 지나칠 수 없는 상황에 맞닥뜨리기 때문입니다. 임신을 지속하지 않겠다는 결단을 내린 여성의 진료를 거부하고 도움을 주지 않는 것은 이미 고통스러운 상황에 놓인 그 여성을 고립과 불안 속에 내던져 영원한 상처 속에 살게 합니다. 그들은 같은 상황에 처한 여성이라도 그가 부유하고 교육을 받았더라면 인접한 다른 나라로 가거나 심지어는 우리나라의 병원에서도 낙태를 할 수 있는 방법을 찾으리라는 것을 알고 있습니다. 심지어 어떤 위험도 무릅쓰지 않고 어떤 벌도 받지 않으며 임신을 중단합니다. 그렇다고 이들이 특별히 비도덕적이거나 무분별한 사람들인 것도 아닙니다. 한 해에 30만 명의 여성이 낙태를 합니다. 그들은 우리의 이웃입니다. 우리는 그들과 매일 마주치면서도 그들의 비탄과 곤경을 알지 못하고 있을 뿐입니다.

이 혼돈은 끝나야만 합니다. 이런 부정의는 바로잡아야만 합니다. 그렇다면 어떻게 할 수 있을까요?

확고한 신념을 담아 제가 말씀드릴 수 있는 것은, 낙태는 어디까지나 예외로 존재해야 한다는 점입니다. 그것은 막다른 골목에서만 궁극적으로 꺼내들 수 있는 방편이어야 합니다. 그렇다면 낙태가 예외성을 잃지 않는 동시에 사회가 낙태를 부추기는 것처럼 보이지 않으면서 낙태를 용인할 수 있는 방법은 무엇일까요.

대부분 남성으로 이루어진 의회에서 이렇게 말씀드리기가 송구합니다만, 우선은 여성으로서의 저의 신념을 나누고자 합니다. 낙태 수술을 즐겁게 받는 여성은 어디에도 없습니다. 이 문제는 그저 여성의 말을 듣는 것으로 충분합니다. 여성에게 낙태는 비극이고, 언제나 그러할 것입니다.

여러분께 선보인 법안이 현 상황을 고려하여 만들어졌기에 낙태의 가능성을 인정하는 것이기는 합니다. 허나 이는 그만큼 그 가능성을 통제하고, 여성을 가능한 한 만류하기 위함입니다.

우리는 번민에 처한 여성들이 의식적으로든 무의식적으로든 바라는 것에 답해야 합니다. 그 바람이 무엇인지는 1973년 가을에 진행된 특별 위원회에서 이미 분석하고 설명하는 과정을 거쳤습니다.

비탄에 빠진 이 여성들을 누가 보살피고 있습니까? 현재의 법은 여성들을 오욕, 수치, 고독에 빠뜨릴 뿐 아니라 익명의 존재로 만들고 구속에 대한 두려움에 떨게 합니다. 여성들은 자신의 상태를 감추어야 하고, 곁에 자신의 말을 들어주고 한 줄기 빛이 되어 도움과 보호를 제공해줄 사람 없이 홀로 남겨집니다.

억압적인 법의 전면적인 수정을 요구하면서 투쟁하는 이들 중에, 곤경에 빠진 여성들을 도우면서 걱정했을 이들이 얼마나 많겠습니까? 잘잘못을 따지는 데 그치지 않고 홀로 아이를 기르는 젊은 여성들을 이해하고 그들에게 필요한 도움을 주었던 이들은 또 얼마나 많겠습니까?

일반화할 수 없다는 것을 알고 있지만, 책임감을 느끼고 모성을 발휘하기 위해 모든 시도를 다 해보았을 여성이 있음을 모르는 것이 아닙니다. 우리는 그런 이들을 도울 것입니다. 따라서 여성들로 하여금 초기에 법으로 예정된 상담을 받도록 할 것입니다.

그러나 배려와 도움이 낙태를 막는 데 충분한 조건이 되는 것은 아닙니다. 물론, 여성들이 마주한 어려움이라는 것은 그들이 피부로 느끼는 것보다 사실상 덜 심각한 경우도 많습니다. 어떤 이들은 비극을 딛고 이겨낼 수 있습니다. 그러나 다른 이들은 자살, 가정의 파괴, 아이들의 불행만큼이나 자신이 궁지에 몰린 상황이라고 여깁니다.

그리하여 정부는 국가가 더 이상 용인할 수 없고 많은 이들이 보기에 불공정한 현 상황을 인지하고, 개입하지 않는 기존의 쉬운 길, 다시 말해 방임주의 노선을 포기했습니다. 정부는 책임을 통감하는 뜻에서, 이 문제를 현실적으로, 인간적으로, 공정하게 해결할 수 있는 방책을 마련하기 위해 법안을 발의한 것입니다.

분명 누군가는 우리가 여성의 이익에만 관심을 가지고, 그 관점에서만 이 법안을 마련했다고 생각할 것입니다. 사회나 국가, 태어날 아이의 아버지나 심지어는 태아도 중요하게 다루어지지 않은 듯하니까요. 이 법안이 오직 여성만 관련되어 있는 개인적인 일이고 국가는 상관이 없는 일이라고 생각하지는 않습니다. 이 문제는 우선적으로 국가와 관련되어 있으나, 다양한 각도에서 보았을 때 그러하다는 말입니다. 그렇다고 해서 항상 똑같은 해결책으로 귀결되어야 하는 것도 아닙니다. 국가의 이익이란 프랑스의 인구의 연령대가 젊어야 하고, 인구수가 증가세를 띠어야 한다는 뜻이리라 짐작합니다. 피임 자유화 법 다음에 이런 낙태 합법화 법안이 채택된다면 이미 심각한 정도로 떨어지기 시작한 출생률이 급격히 저하되지 않을까 우려하시겠지요?

그렇지만 이것은 새로운 일도, 오직 프랑스에서만 발생하는 일도 아닙니다. 유럽 국가 전역에서는 피임이나 낙태 합법화 여부와 관계없이, 이미 1965년부터 꾸준히 출생률과 출산율이 낮아지고 있습니다. 이렇게 일반적으로 일어나는 현상에 단순한 원인을 찾고자 하는 것은 무모한 일입니다. 어떤 설명도 국가적인 차원에서 일어나는 일을 완벽히 설명할 수 없습니다. 이는 오늘날 우리가 몸담은 문명사회가 우리로서는 거의 알지 못할 복잡한 규칙들로 유지되고 있다는 방증입니다.

다른 많은 나라들의 인구통계를 보면, 낙태법 개정은 출생률, 특히나 출산율의 변화와 상관관계가 없다는 것을 알 수 있습니다.

다만 루마니아의 사례가 이 주장에 대한 반례가 되는 것처럼 보이는 것은 사실입니다. 루마니아 정부는 1966년에 그로부터 10년 전에 취했던 낙태에 대한 억압적이지 않던 태도를 번복하였고, 이후 출생률이 폭발적으로 증가했기 때문입니다. 하지만 우리가 빠뜨린 사실이 있습니다. 그 이후 폭발적인 증가세에 못지않게 출생률이 하락했다는 점입니다. 루마니아에서는 어떤 현대적인 방식의 피임법도 존재하지 않았기 때문에, 낙태가 산아를 조절하는 기본적인 방법이었다는 사실에 주목해야 합니다. 억압적인 법을 통한 난폭한 개입이 그런 맥락에서 이루어졌다는 사실은 이 현상이 예외적으로 반짝 등장했던 이유를 잘 말해줍니다.*

본 법안의 채택이 우리나라의 출생률에 거의 영향을 미치지 않으리라는 점, 잠깐 동안 혼란스러운 시기가 지나고 나면 음지에서 이루어지던 낙태가 합법적으로 이루어지리라는 점을 생각해보아야 합니다.

그리고 물론 우리나라의 저출산 문제는 낙태 법안의 상태와 관련이 없다고 하더라도 우려스러운 현상이며, 정부가 시급히 대처해야 할 문제입니다.

대통령님께서 주재하시는 기획위원회 모임의 초반부는 프랑스의 인구통계학적인 문제를 살피고 국가의 미래를 위해 우려스러운 현실에 제동을 걸 방법을 모색하는 데 할애될 예정입니다.

---

* 루마니아의 독재자 니콜라에 차우셰스쿠는 출산율을 높이겠다는 명목으로 만 40세 이전에 아이를 4명 낳기 전까지 낙태를 금지하는 정책을 발표했다. 그 결과 1967년 루마니아 신생아 수는 전년 대비 거의 2배로 늘어났으나 해가 갈수록 그 수는 계속해서 줄어들었다. 고아원에 맡겨지는 아이의 수가 크게 늘었고, 영양결핍과 유아사망이 만연했다. 1989년에 낙태 금지법이 폐지되기까지 모성사망비는 7배 증가했다.

가족 정책과 관련해서 정부는 저출산 문제는 낙태법안과 구분되는 문제이며, 입법 논의에서 이 두 문제를 연결 지을 필요가 없다고 보았습니다.

가족 정책이 중요하지 않다는 것을 말하는 것이 아닙니다. 금요일부터 의회는 독신모에게 돌아가는 양육 수당과 고아수당체계를 개선시킬 법안을 숙고할 예정입니다. 또한 이 법안을 바탕으로 모성수당체계와 젊은 부부들의 대출 문제를 개혁할 예정입니다.

제 경우에는 의회에 다양한 법안을 제출할 준비가 되어 있습니다. 우선 그중 한 법안은 일하는 여성들을 사회보장제도 하에서 지원하여 그들의 경제활동을 장려하는 방침입니다. 다른 하나는 임신기간 동안, 그리고 아이를 낳아 기르는 초반에 어려움을 겪는 젊은 엄마들을 보살피는 보호 센터의 조건을 개선하고 재정을 지원하는 것입니다. 특히 불임으로 고생하는 부부들을 위해 진료비 본인 부담을 전액 삭감하고자 합니다. 또한 불임으로 절망하는 많은 부부들의 문제 해결에 집중하는 연구를 1975년부터 진행하도록 국립보건의학연구소에 의뢰한 상태입니다.

그리고 리비에레 의원님께서 작성한 입양 보고서의 결론 부분을 법무부 장관님과 함께 준비하고 있습니다. 아이를 입양하고자 하는 수많은 이들의 바람에 답하기 위하여, 입양에 관한 최고회의를 설치하기로 결정하였습니다. 이 회의를 통하여 입양 문제에 유용한 모든 제안들을 받아들일 것입니다. 마지막으로, 뒤라푸르 장관님께서 발표하신 대로, 정부는 제가 주재하는 가족자문위원회에서 결정된 사항을 기반으로 하여 오는 주부터 가족 관련 단체와 함께 협상을 통하여 협정을 맺을 것이며, 협정의 내용은 가족 관련 단체 대표의 동의를 얻어 마무리 지을 예정입니다.

사실상 모든 인구학자들이 강조하듯이, 중요한 것은 프랑스인들이 한 부모 슬하에서 이상적이라고 생각하는 아이의 수를 바꾸는 일입니다. 이 목표는 무척이나 복잡다단하기에, 낙태에 대한 논의는 재정적인 문제에 국한해 진행될 수 없습니다. 이 법안에 등장하지 않는 또 다른 존재는 바로 아버지입니다. 모두 느끼고 계시겠지만 낙태라는 결정은 오로지 여성 혼자만의 몫이 아니라 배우자와 함께 고민한 끝에 이루어져야 합니다. 저는 그렇게 되기를 언제나 바라므로 위원회가 이 문제를 해결할 수 있는 수정안을 제안하도록 허락하였습니다. 그러나 이 문제에서 아버지에게 법적인 의무사항을 정하는 것은 사실상 불가능합니다.

마지막으로 이 법안에는 보시다시피 여성이 품고 있는 잠재적인 생명에 관해서는 언급하지 않았습니다. 이미 청문회에서 과학적이고 철학적인 논의들이 해결될 수 없는 문제를 제기하는 모습을 보았으므로 이 자리에서는 그것에 관한 논의에 진입하기를 거부하겠습니다.

철저히 의료적인 관점에서 보자면, 오늘날에는 배아가 인간 존재가 될 잠재성을 가지고 있다는 것을 누구도 부인하지 않습니다. 하지만 인간 존재는 때가 되기 전까지 모든 위험 요소를 뛰어넘어야만 다다를 수 있는 미래이자, 삶을 이어가는 연약한 고리이기도 합니다. 세계보건기구의 연구에 따르면, 임신 100건 중 45건이 초반 2주 안에 유산하며, 3주 이상 된 임신 100건 중에서는 4분의 1이 오로지 자연적인 이유로 출산까지 이르지 못합니다. 자신의 몸에서 생명의 징후들을 처음으로 느꼈을 때, 여성이 언젠가 자신의 아이가 될 존재를 품었다는 것을 강하게 인지한다는 사실만이 우리가 유일하게 확신할 수 있는 것입니다. 그리고 강한 종교적 신념을 가진 여성들을 제외하면, 태중의 존재와 아이에 대해 느끼는 감정에는 간극이 있기 때문에 영아 살해는 끔찍하게 여길 것이 분명한 여성들도 낙태는 고려하게 되는 것입니다.

어느 소중한 존재의 미래가 돌이킬 수 없을 만큼 위태로운 상황에 놓여 있다면, 때로는 원칙보다 동정심이 우위에 선다는 것을 인정하지 않을 사람이 우리 중에 얼마나 되겠습니까. 낙태 행위가 정말 다른 유사한 범죄처럼 치부되었더라면 지금과 같은 상황은 벌어지지 않았을 것입니다. 본 법안에 극렬하게 반대하는 이들 중에서도, 몇 분은 낙태에 대해서 더 이상 기소를 하지 않는 데 찬성하고 계십니다. 그리고 이런 분은 낙태의 형사 기소를 중단하는 법에는 지금보다 덜 열정적으로 반대표를 던졌을 것입니다. 이미 낙태라는 행위가 특별한 성격을 띠고 있음을, 혹은 고유의 해결책을 필요로 하는 행위임을 알고 있다는 것입니다. 의회에 계신 여러분께서는 이 문제에 대하여 오래 이야기했다고 저를 원망하지 않으실 줄로 압니다. 여러분께서는 이 점이 바로 핵심이자 논의의 기반이라 느끼셨을 것입니다. 저는 이것을 법안의 내용에 대하여 이야기하기 전에 짚고 넘어가고자 했습니다.

오늘 여러분께 선보인 법안을 준비하면서, 정부는 세 가지 목표를 세웠습니다. 현실적으로 적용 가능한 법안, 낙태를 억제할 수 있는 법안, 여성을 보호할 수 있는 법안을 만들자는 것입니다.

이 세 가지 목표는 법안의 원칙을 설명해줍니다. 우선은 적용 가능한 법입니다. 낙태가 허용되는 경우를 정의하기 위해 그 양태와 결과를 면밀히 조사한 결과, 이 시도 자체에 도저히 용납할 수 없는 모순들이 존재한다는 사실을 밝혀냈습니다. 만일 임신 상태가 여성의 신체 혹은 정신 건강에 심각한 위해를 가할 경우나, 법관에 의해 강간이나 근친상간으로 밝혀진 경우와 같은 조건을 정의하여 현실에 적용한다면 개정안이 소기의 목적을 달성하지 못할 것이 자명합니다. 실제로 이루어지는 낙태 가운데 그러한 동기로 이루어지는 낙태의 비중은 무척 적기 때문입니다. 게다가 강간이나 근친상간을 인정받으려면 입증이 필요한데, 한정적인 기한 내에서 이러한 절차가 이루어지는 것은 불가능합니다. 반대로 심리적인 건강이나 안정에 위협을 가한다거나 물질적인 혹은 정신적인 조건상의 어려움과 같이 광범위한 정의가 주어진다면, 조건에 부합하는지 결정할 책임을 지는 의사들이나 위원회가 객관적으로 판가름하기에는 그 기준이 되는 정의가 충분히 구체적이지 않습니다.

이러한 체계에서는 낙태 수술 허가가 의사나 위원회 구성원 개인의 성격에 따라 좌우될 수밖에 없습니다. 그리고 포용력이 좋은 의사나 관대한 위원회를 찾느라 또 한 번 막다른 길에 놓이는 것은 수완을 가지지 못한 여성들입니다.

이런 부정의를 피하기 위하여, 허가는 자동적으로 내려져야 합니다. 허가를 받기 위한 절차는 무용해질 것이며, 법정에 선 양 모욕을 느끼고 싶어 하지 않는 여성들에게 결정권이 돌아갈 것입니다. 입법자가 발효된 법조문을 개정하고자 하는 까닭은 음지에서 실시되는 낙태에 종지부를 찍기 위함입니다. 사회적인 이유, 경제적이거나 심리적인 이유로 곤경에 처했다고 느낄 때 여성들은 어떤 조건에 있든 상관없이 임신을 중지합니다. 그렇기 때문에 정부는 구체적이거나 모호한 문형으로 정의하기를 거부하고 현실을 마주하는 편이 낫다고 판단하여 낙태에 대한 결정이 궁극적으로 여성에 의해서 내려져야 한다는 점을 인정코자 합니다.

그렇다면 여성에게 결정권을 주는 것이 낙태를 만류한다는 법안의 두 번째 목적과 상충되지 않을까요? 아니요. 이것은 모순되지 않습니다. 여성이 자신의 행위에 온전히 책임을 지게끔 지지한다면 다른 이가 대신 결정을 내린다고 느낄 때에 비해 더 신중히 고민할 것이기 때문입니다. 정부는 여성의 책임을 분명히 하는 해결책을 선택하였습니다. 당사자인 여성은 사실상 관련자인 척하거나 곧 그런 척을 그만둘 제삼자가 내려주는 허락보다 더 강력한 억제책이기 때문입니다.

중요한 것은 여성이 고립되거나 불안에 떨면서 낙태하지 않게할 정부의 책임입니다. 그러한 책임을 우회하는 절차를 만들지 않고자 하면서, 본 법안은 여성이 내리고자 하는 결정의 엄중함을 헤

아리게 하기 위하여 다양한 방식의 상담을 예비하고 있습니다. 여기서 의사의 역할이 중대합니다. 우선 현재 잘 알려졌듯이 낙태가 여성의 몸에 가져올 위험을 주지시키고, 특히 차후에 아이를 가졌을 때 조산의 위험이 있음을 일러주어야 합니다. 그리고 피임 문제에 대해 경각심을 일깨워야 합니다. 낙태 만류와 상담의 임무는 의사 집단에 특권적으로 부여됩니다. 의사들이 여성들이 무의식적으로나 의식적으로 원하는 신뢰 있고 사려 깊은 대화를 하고자 노력하리라고, 그들의 경험과 인간에 대한 감각을 보아 믿고 있습니다.

법안은 또한 여성이 혼자서나, 혹은 배우자가 있다면 배우자를 동반한 채로 사회적 기관에 방문하여 상담받아야 한다는 내용을 명시하고 있습니다. 그들의 목소리를 듣기 위함입니다. 상담을 통해 여성은 곤경에 빠진 상황을 밝힐 수 있고, 그 곤경이 재정적인 문제라면 국가가 도움을 줄 수 있는 방법을 모색하고, 아이를 낳는 데 문제가 될 것으로 예상되거나 실제로 문제가 되는 난관들이 무엇인지 인식하게 됩니다. 이 과정을 통해서 여성들은 비용을 들이지 않고 익명으로 출산을 할 수도 있고, 입양을 보내는 것도 한 가지 방법이라는 사실을 알게 될 것입니다.

물론 우리는 이러한 상담 과정이 가능한 다양화되기를 바라고 있습니다. 특히나 어린 여성들을 전담하는 기관의 경우, 여성들이 결국 계획을 바꾸는 데 영향을 주는 보살핌과 도움을 계속 제공할 것입니다. 지원은 기본적으로 일 대 일로 이루어질 것이며, 곤경에 빠진 여성들을 보살피는 이들의 경험과 사고방식은 여성들로 하여금 생각을 바꾸게 하는 데 무시 못 할 영향을 미칩니다.

이는 여성들에게 피임이라는 문제를 환기시키고, 미래에 또 다시 원치 않는 임신을 한 경우에 낙태라는 결정을 다시는 내리지 않을 수 있도록 피임의 중요성을 깨닫게 할 새로운 계기가 될 것입니다. 낙태를 막을 수 있는 가장 좋은 방법은 산아 조절에 관한 정보를 제공하는 것입니다. 이는 아주 중요하므로 낙태 수술을 행하는 시설에서 산아 조절에 관한 정보를 제공하지 않을 시 폐업한다는 조건으로 이를 의무화하는 방안도 준비하였습니다.

여성이 거치게 될 두 번의 면담과 여성에게 부여되는 8일간의 숙려기간은 여성으로 하여금 이 행위가 정상적이거나 평범한 것이 아니며, 결과의 무게를 지지 않고는 내릴 수 없는 무거운 결정이므로 최대한 피해야 할 상황임을 자각하게 하기 위하여 필수적인 조치입니다.

일련의 조치를 통해 인식을 한 뒤에도 여성이 결정을 바꾸지 않으면 그는 낙태 수술을 받게 됩니다. 이때 수술은 여성을 위한 의료적 조건이 엄격히 뒷받침되지 않고서는 행해질 수 없습니다. 이것이 바로 법안의 세 번째 목표인 여성의 보호입니다.

우선, 낙태는 초기에 행해져야만 합니다. 수정 이후 10주가 지나면 낙태로 인해 여성이 받게 되는 심리적 혹은 신체적 위해가 심각해지기 때문입니다.

낙태 수술은 오로지 의사만 행할 수 있습니다. 이는 낙태 법안을 개정한 모든 나라에서 세운 규칙이기도 합니다. 하지만 어떤 의사나 의료 보조인에게도 낙태 수술을 하라고 강요할 수 없음은 자명합니다. 그리고 여성의 안전을 더 보장하기 위하여, 낙태 수술은 민간 혹은 공공 의료시설에서만 허용되어야 합니다. 정부가 필수로 규정하는 조치들과 형법 제317조에 의해 여전히 처벌에 이를 수 있는 조건들을 존중하는 문제에 정부가 질서를 재편하고자 하는 의지가 담겨 있음을 숨겨서는 안 될 것입니다. 여성들이 합법적으로 안전한 조건에서 수술을 받음으로써 여태까지 암암리에 이루어져 왔던 시술은 뿌리 뽑히게 될 것이고, 더 이상 용인될 수 없을 것입니다.

또한 정부는 선전과 광고에 관해서, 1920년 법에서 마련되었던 기존의 조치를 대신할 새로운 조치를 적용하겠다는 굳은 의지를 보였습니다. 소문과는 달리 본 법안은 법안과 낙태에 대한 정보 제공을 금지하지 않습니다. 다만 낙태를 부추기는 행위는 용인할 수 없으므로 그러한 행위는 금지합니다. 정부는 또한 누군가가 낙태를 통해 금전적 이익을 보는 일이 발생하지 않도록 강경한 태도를 견지하고자 합니다. 따라서 수술이나 입원비는 비용에 대한 법에 근거하여 설정된 상한선을 넘을 수 없습니다. 이와 비슷한 우려에서 비롯된 조치로는, 몇몇 국가에서 나타난 악용 사례를 피하기 위해 외국인 여성들은 낙태 수술을 받을 때 거주지를 증명해야 한다는 사항이 있습니다.

이제 여러분들께 사회보장기금에 의해 낙태 비용이 환급되지 않는다는 정부의 결정사항에 대해 설명드리고자 합니다. 이 점은 일각에서 비판을 받기도 하였습니다. 치과 치료, 선택 접종, 돋보기 안경이 사회보장기금에 의해서 환급되지 않거나 그 비중이 적다는 점을 감안할 때, 어떻게 낙태가 환급 대상에 포함된다는 사실을 납득할 수 있겠습니까? 사회보장기금의 일반 원칙대로 생각해 보면, 낙태 수술은 치료가 목적이 아니므로 환급 대상이 될 수 없습니다. 이 원칙에 예외를 두어야 할까요? 우리는 그렇게 생각하지 않습니다. 어떤 경우에 여성들에게 재정적 부담을 안기는 일이 있다고 하더라도 예외로 한정되어야 할 낙태의 엄중성을 강조하는 일이 중요한 까닭입니다. 중요한 것은 여성이 낙태를 필요로 할 때에 자신의 형편이 걸림돌이 되어서는 안 된다는 점입니다. 따라서 빈곤층을 위한 의료 지원책이 준비되어 있습니다.

중요한 것은 낙태가, 여성들이 아이를 원하지 않을 때 전적으로 권장되며 따라서 사회보장기금이 비용을 환급하기로 결정한 피임과는 구분되어야 한다는 점입니다. 낙태는 사회가 용인한다고는 하나 피임처럼 국가가 비용을 부담하거나 권장되지 않을 것입니다. 아이를 원하지 않는 여성은 몹시 드뭅니다. 모성애는 여성이 삶에서 누리는 성취감의 일부를 이루며 그 행복을 알지 못하는 여성은 심히 고통받습니다. 일단 태어난 아이는 웬만해서는 버려지지 않고 어머니의 품으로 갑니다. 아이가 처음으로 미소를 지으면 어머니는 자신이 경험할 수 있는 가장 큰 기쁨을 맛봅니다. 그러나 어떤 여성들은 심각하게 어려운 상황에 처한 탓에 자신이 아이에게 마땅히 주어야 할 감정적인 안정과 배려를 줄 수 없는 상태라고 생각합니다. 이때, 여성들은 아이를 갖지 않기 위하여 혹은 맡지 않기 위하여 할 수 있는 것은 무엇이든 합니다. 누구도 그런 여성을 막을 수 없습니다. 하지만 동시에 이 여성들은, 몇 달이 지나 자신이 처한 감정적 혹은 물질적인 조건이 달라지면, 가장 먼저 아이를 원하고 누구보다 사려 깊은 어머니가 됩니다. 그렇기 때문에 여성들이 불임이 되거나 건강에 치명적인 해를 입는 일을 감수하면서 음지에서 행하는 낙태를 막아야 합니다.

이제 준비한 발언의 막바지에 다다르고 있습니다. 저는 여러분들께 곧 함께 조목조목 들여다보게 될 법안의 상세 내용을 설명하기보다는 법안에 깃든 철학에 대하여 말씀드리고 싶었습니다. 여러분 중 몇몇은 이 법이 아무리 낙태를 음지에서 꺼내고 금지된 상황으로부터 벗어날 수 있게 한다고 하더라도, 양심에 따라 찬성하지 않으실 것을 알고 있습니다. 이 법안이 낙태라는 문제의 모든 면면을 심도 깊고 정직하게 숙고한 결과임을, 그리고 정부가 이 법안을 의회에 제출했다는 것은 법안이 일으킬 즉각적인 반향뿐 아니라 국가의 미래를 고려한 책임 있는 행위였음을 믿어주시기 바랍니다.

이에 대한 하나의 증거는 입법 과정에서 예외적으로 여겨지는 절차가 도입되었다는 점입니다. 정부는 여러분들께 본 법안의 적용 기한을 5년으로 제한할 것을 제안하고 있습니다. 여러분께서 투표하는 본 법안이 한시적으로 적용되는 기간 동안 인구 변화나 의료상의 진보와 더 이상 맞지 않는다고 여겨지면, 5년 이후 의회에서 그때 나올 새로운 정보들을 고려하여 다시금 의사를 표현할 수 있습니다.

누군가는 여전히 머뭇거립니다. 그들은 너무나 많은 여성들이 곤경에 빠져 있음을 알고 있고 그들을 돕고자 합니다. 하지만 동시에 법이 가져올 효과와 결과를 두려워합니다. 그들에게 제가 할 수 있는 말은, 법이 포괄적이기 때문에 추상적인 경우에는, 개인적인 상황에 적용될 때 비참한 결과를 야기한다는 점입니다. 만일 법이 더 이상 금지하는 게 없어진다 해도, 낙태에 대한 권리가 생겨나는 것은 아닙니다. 몽테스키외의 말을 인용하면 '인간법은 일어나는 사건에 승복하며 인간의 의지가 바뀌는 네에 따라 변한다. 그러나 이와 반대로 종교법은 절대로 바뀌지 않는다. 인간법은 선을 규정하고, 종교법은 최선을 규정한다.'는 것입니다.

바로 이 정신에서 비롯하여 대략 10여 년간, 법무부 장관이실 때 협력할 수 있어 영광이었던 법제사법위원회장님 덕분에 민법이 개혁되어 젊음을 되찾을 수 있었던 것입니다. 누군가는 가족에 대한 새로운 심상을 법적으로 인정하면 결국 그것을 망치게 되는 것이 아닐지 두려워할 것입니다. 그러나 이는 사실이 아닙니다. 우리는 비로소 더 공정하고, 더 인간적이고, 우리가 살고 있는 사회에 더 적합한 법안을 가지게 되었음을 영예롭게 여길 수 있게 된 것입니다. 지금 우리가 토론하고 있는 이 문제가 각자의 양심을 뒤흔드는 무척이나 첨예하고 심각한 문제임을 알고 있습니다. 하지만 이는 결국 사회가 당면한 문제이기도 합니다. 논의가 진행되는 동안, 저는 어떤 저의도 없이, 그리고 제 모든 신념을 다하여 이 법안을 정부의 이름으로 지켜낼 것입니다. 낙태라는 주제에 관한 법안을 변호하면서 뿌듯함을 느낀 이는 아무도 없을 것입니다. 그러나 이 주장에 대해서는 보건부 장관은 물론이요, 누구도 반론을 제기한 적이 없습니다. 바로 낙태가 비극이 아니게 될 때, 그것은 그저 실패가 된다는 것입니다.

우리는 이 나라의 여성들을 해치고, 우리의 법을 무시하고, 낙태가 필요한 이들에게 모욕과 정신적 외상을 안기면서 매년 일어나는 30만 건의 낙태에서 더 이상 눈을 돌릴 수 없습니다. 역사는 프랑스 국민들을 분열시키며 이루어졌던 대대적인 논쟁들이 시간이 지나고 보면 관용과 신중함이라는 전통을 가진 이 나라에 새로운 사회적 합의가 구성되는 데 꼭 필요한 초석이었음을 보여줍니다.

저는 미래를 두려워하는 류의 사람이 아닙니다. 젊은 세대들은 우리와는 다른 모습으로 우리를 놀라게 하곤 합니다. 우리 역시 우리가 길러지던 방식과 다르게 그들을 길러냈습니다. 젊은 세대는 다른 세대와 같이 용감하고, 열정과 헌신을 다할 줄 압니다. 그들이 자신의 삶에서 가장 소중한 가치를 지킬 수 있는 사람들이라는 점을 부디 신뢰합시다.

1979년 7월 17일

유럽의회 의장 취임 연설

친애하는 동료 여러분, 내외귀빈 여러분,

저를 유럽의회 의장으로 자리하게 해주신 것을 크나큰 영광으로 생각합니다. 이 자리에 앉은 제가 느끼는 감정은 제가 감히 말로 표현할 수 없을 만큼 강력합니다. 무엇보다도 저는 제게 표를 주신 모든 분들께 감사하다는 말씀을 드리고 싶습니다. 여러분들께서 바라신 모습의 의장이 될 수 있도록 노력하겠습니다. 또한 민주주의 정신에 걸맞는, 의회 전체를 대표하는 의장이 될 수 있도록 성심을 다하겠습니다.

오늘 회기는 여러분들께 이미 무척이나 친숙한 환경에서 진행되나, 동시에 무척이나 역사적인 성격을 지니고 있습니다. 그렇기 때문에 오늘 이 자리에 이렇게나 훌륭하신 분들께서 초대에 응해 주셨을 것입니다. 여러분들의 성함을 전부 다 나열할 수 없음에 양해를 구하며, 모든 분들께 의회를 대신하여 인사 말씀을 전합니다.

다섯 대륙의 시민들을 대표하여 이 자리에 참석해주신 각 국가 의회의 장 여러분들을 모시게 되어 영광입니다. 여러분들께서는 이 자리에 참석해주심으로써 우리 의회의 민주적인 설립에 이루 헤아릴 수 없는 지지를 보내주셨고, 각 국가 의회가 유럽의회와 맺은 관계의 중요성을 몸소 증명해 보이셨습니다. 초대에 응해주신 의장 여러분, 여러분께서 보내주신 우정과 연대의 몸짓에 특별한 감사의 말씀을 전합니다.

어제 저는 우리의 첫 발자국을 인도해주신 루이스 바이스*께 감사를 표했습니다. 여성 해방을 위해서 이어진 투쟁 가운데 그가 해냈던 기여를 오늘 한 번 더 언급하고 싶습니다.

지난 의회에서 권위 있게 임무를 수행하신 전임 의장님들께 경의를 표하는 일은 제게 의장으로서의 의무이자 영광입니다. 특히 이 자리에서 어려운 임무를 수행하시면서 우리 모두의 신임을 한 몸에 받았던 콜롬보 의장님께 경의를 표하고 싶습니다.

첫 유럽공동체였던 유럽석탄철강공동체가 생겨나고 1958년 단일의회가 만들어진 이래로, 유럽의회는 유럽공동체 건설에서 중요하고 핵심적인 역할을 수행했습니다. 직접보통선거로 이루어졌다는 점에서 혁신적인 면모가 있으나, 우리 의회는 선례를 이어받아 생겨났습니다. 우리 의회는 유럽적인 발상과 민주주의라는 원칙이

---

* 1893~1983. 언론인, 페미니스트 및 유럽 정치인. 1차 세계대전 때 간호사로 참전했고, 여성의 참정권을 위해 싸웠다. 2차 세계대전 때는 유대인 난민 지원 활동을 했다. 1979년 유럽의회 프랑스 의원으로 선출되었으며, 당시 의회의 최고령 의원이었다. 유럽의 평화와 통합을 위해 노력했으며, 스트라스부르에 있는 의사당에는 그녀의 이름이 새겨져 있다.

만났던 한 세기 전부터 이 자리에 앉았던 이들의 자취를 따라 만들어졌습니다.

유럽의회는 처음에는 로마조약을 통해 힘이 제한적으로 부여되면서 소박하게 출발하였습니다. 그리고 나서는 점진적으로 의회가 가지는 정치적 영향력이 커지고, 공동체 건설과 공동체 제도를 만드는 과정에서 그 역할을 공고히 하였습니다. 1970년 4월 21일과 1975년 7월 22일 조약에 서명함으로써 의회 예산이 강화되어 영향력이 증대되었습니다. 이외에도 일련의 조치를 통하여 공동체가 힘을 행사하는 과정에서 의회의 참여는 구조화되고 발전되었습니다.

오늘 발족하는 의회는 지난 의회의 이러한 성취를 시야에서 놓지 않을 것입니다. 그리고 우리 중 누구도 그 성취가, 유럽공동체를 만들어낸 이들의 바람대로, '끊임없이 커져 가는 유럽연합'을 만들어내는 데 공헌했음을 잊지 않을 것입니다.

이전 의회의 업적을 몇 마디로 말해야 한다면, 유럽공동체 내에서 처음으로 이루어졌던 의회 직접보통선거를 이루어낸 혁신에 대해서 이야기해야 할 것입니다.

그토록 분열되고, 반목하고, 서로를 파괴하는 데 급급했던 역사에서 처음으로, 유럽인들은 오늘날 이 자리에서 260만 명의 유럽 시민을 대표해 공동 의회를 주재할 이를 함께 뽑았습니다. 선거는 조약 서명 이후 유럽공동체 건설에 있어서 주요한 사건이었습니다. 물론 서로 다른 회원국들의 선거 절차는 무척이나 다양하기 때문에 1976년 9월 20일 유럽의회 대표자 직접선거 조항이 결정된 데 따라 앞으로의 선거에서 단일한 선거제도를 확립하는 일이 우리에게 과제로 남아 있습니다. 이 과업은 제가 여러분과 함께 해나가야 할 것입니다.

우리가 정치적으로 어디에 속해 있든지 간에, 우리 모두는 유럽의회 직접선거라는 역사상의 혁신이 유럽공동체 일원에게 중요한 순간을 만들어주었음을 알 수 있습니다. 오늘날 모든 회원국은 세 가지의 주요한 도전 과제를 마주하고 있습니다. 바로 평화, 자유, 번영입니다. 오로지 유럽 차원에서만 이 도전 과제를 해결할 수 있을 것입니다.

평화는 가장 우선적인 과제입니다. 권력의 분립이 오늘날까지 초강대국 간의 무력 분쟁이라는 재앙을 막아주고는 있지만, 국지적으로는 분쟁이 늘어나고 있음을 확인할 수 있습니다. 유럽에서 평화가 만연하다는 사실은 무척이나 다행스럽습니다. 하지만 우리는 평화의 취약성을 결코 낮게 평가할 수 없습니다. 동족상잔의 비극과 죽음이 역사를 뒤덮은 유럽에서 이 상황이 새롭지 않음을 굳이 강조할 이유는 없을 것입니다.

이전 의회와 마찬가지로, 우리 의회는 차이를 불문하고 모든 유럽인들에게 가장 소중한 재산일 평화를 유지해야 할 기본적인 책임을 담지하고 있습니다. 이 책임은 긴장이 팽배한 오늘날의 세계에서 한층 무거워집니다. 직접선거를 통해 선출되었다는 정당성이 부여된 우리 의회는 이 책임을 무겁게 짊어지면서, 우리의 평화를 유럽 바깥에까지 전할 수 있을 것이리라 희망합니다.

두 번째 도전 과제는 자유입니다. 전 세계적으로 전체주의의 물결이 널리 퍼지고 있습니다. 그리하여 자유라는 외딴 섬은 힘이 지배하는 체제가 그려둔 윤곽에 갇혀 있습니다. 유럽 역시 이 섬 중 하나입니다. 우리만큼이나 오래된 전통을 가진 그리스, 스페인, 포르투갈이 자유국가에 포함되었음을 기뻐해야 합니다.

유럽공동체는 이 국가를 맞아들임으로써 기쁨에 가득 차게 되었습니다. 유럽 차원에서 이 자유를 강화할 수 있도록 도움을 주어야 합니다. 자유란 그것을 잃어버렸을 때에만 그 값을 알게 되는 가치이기 때문입니다.

마지막으로 유럽은 번영이라는 커다란 도전 과제 아래에 놓여 있습니다. 약 5년 전 일어난, 기폭제이자 폭로 장치였던 오일쇼크로 인한 근본적인 동요가 우리 시민들의 생활수준에 가져온 위협에 대해서 이야기하고자 합니다. 역사적으로 전례가 없이 생활수준이 꾸준히 향상하던 한 세대를 지나, 유럽 모든 국가들은 오늘날 일종의 경제 전쟁을 겪고 있습니다. 실업과 같은 위기는 생활수준의 발전을 막는 요인으로 지목되었습니다.

이런 동요는 근본적인 변화를 불러옵니다. 각각의 나라에서 이런 변화가 일어나고, 국민들은 변화를 자각하지만 무척이나 두려워합니다. 모두들 정부와 의원들이 국가 차원뿐 아니라 유럽 차원에서도 이들을 안심시킬 수 있게 안전을 보장할 수 있는 적절한 대책을 마련하기를 기다리고 있습니다.

우리 모두는 유럽 전역에서 비슷한 강도로 느껴지는 이 도전 과제들을 함께 해결해야만 한다는 사실을 알고 있습니다. 개별적인 국가가 외따로 행동했을 때가 아닌 오로지 유럽만이, 초강대국에 맞서 문제를 해결할 수 있습니다. 이러한 효과가 실현되기 위해서는 유럽공동체가 서로 모여서 힘을 합해야 합니다. 직접선거를 치른 유럽의회는 특별한 책임을 지고 있습니다. 유럽이 목도한 도전 과제를 해결하기 위해서, 세 가지 방향을 지향해야 합니다. 바로 연대의 유럽, 독립의 유럽, 협력의 유럽입니다.

우선은 연대의 유럽입니다. 저는 민족 간, 지역 간, 시민 간의 연대에 대하여 말하고 싶습니다. 민족 간의 관계에서, 공동체 회원국 각각의 가장 기본적인 국익을 모른 체할 수는 없습니다. 그러나 유럽 차원에서의 해결책은 끊임없이 대립할 때보다 공공의 이익에 부합합니다. 어떤 나라도 새로이 발생하는 경제적 어려움을 해결하기 위해 국가 차원에서 요구되는 노력을 피할 수 없겠지만, 우리 의회는 현존하는 불평등을 줄이기 위한 방법을 찾을 것입니다. 만일 국가 간 불평등이 해소되지 않는다면 공동 시장의 결속에 위험을 초래하고, 그 결과 이익을 보던 회원국의 상황도 위협할 것입니다.

사회적 연대를 위한 노력은, 다시 말해 경제와 재무 분야에서의 균등화는 지역적 격차를 해소할 필요도 내포하고 있습니다. 이 부분에서, 유럽공동체는 이미 구체적이고 효과적인 행동을 보였습니다. 기존의 방침은 지출한 경비에 따라 결과가 나누어진다는 조건에서 고수될 것입니다.

또한 정책은 전통적으로 침체된 지역과 번영했으나 최근의 경제

위기로 타격을 입은 지역 모두에 적용되어야 합니다.

마지막으로, 시민 간의 연대도 증진되어야 합니다. 최근 몇십 년 간 이 부분에서 실제적이고 획기적인 진보가 일어나기는 했으나, 여전히 할 일이 무척이나 많습니다. 하지만 모든 시민들에게 생활 수준이 더 이상 진보하지 않거나 진보가 덜 이루어질 것임을 받아들이고, 사회보장 지출 증가가 통제됨을 받아들이도록 요구하는 오늘날의 사회에서, 희생이란 사회 불평등이 실제적으로 감소할 때에만 수락될 수 있을 것입니다.

이 부분에서 유럽 차원에서, 그리고 국가 차원에서 실시해야 할 조치는 바로 고용 부문에 있습니다. 우리 의회는 수요가 공급보다 더 빠르게 늘어나는 새로운 상황을 깊이 고찰해야 합니다. 이 상황은 당황스러움뿐 아니라 조건을 개선하기 위해 생산적 투자, 취약계층 경제활동 보호, 노동조건 규제 등의 조치를 취할 필요를 만들어냅니다.

우리 유럽은 독립적이어야 합니다. 이것은 공격적이고 갈등적인 독립성이 아니라, 자율적인 방식으로 발전 조건을 결정할 수 있는 가능성을 의미합니다. 특히나 통화와 에너지 정책에서 이 점이 여실히 드러납니다.

— 통화 분야에서, 우리는 최근 유럽 내에서 생긴, 안정된 화폐 관계를 만들기 위한 통화 체계의 구성이 가지는 정치적 중요성을 강조해야 합니다. 우리 공동체는 몇 년 전부터 우연인지 아닐지 모를 달러의 불확실성의 영향을 받아왔습니다.

― 에너지 분야에서, 유럽의 석유 의존성은 주된 장애물이 됩니다. 자율성을 재수립하기 위해서, 의회는 유럽 정부들을 초청하여 협력과 화해에 대해 최근 일어나고 있는 고민을 이야기할 수 있을 것입니다. 또한 에너지 절감 노력과 새로운 에너지 연구도 확장해야 합니다.

마지막으로, 우리가 바라는 유럽은 협력의 유럽이어야 합니다. 우리 공동체는 이미 개발도상국 국가들과 바람직한 협력 관계를 맺고 있으며, 관련 국가와 최근 협상을 통해 한 발자국 더 나아갔습니다. 이제 우리 공동체는 협상에 참여했던 모든 나라가 새로운 로메협약에 서명하기를 바라고 있습니다.

새로운 세계 경제의 맥락이 협력의 정치가 강화될 필요를 키우고 있으나, 개발이 진행되는 국가 가운데서 원자재 생산 여부로 인해 벌어지는 불평등을 고려해야 합니다. 선택적 협력의 차원에서, 유럽은 경제활동에 필요한 원자재를 얻을 수 있어야 하고, 교환 대상에게 정당한 소득을 제공하며, 기술 교환과 산업 내 공정한 경쟁을 조화시켜야 합니다.

본 의회가 직접선거를 통해 선출되고 이 선거가 새로운 권위를 부여할 것인 만큼, 의회는 유럽공동체가 마주한 도전과제를 해결하는 데 특별한 역할을 맡고 있습니다. 그런 차원에서, 1979년 6월 있었던 역사적인 선거는 유럽에 희망을, 막대한 희망을 불어넣었습니다. 우리를 선출한 국민들은 만일 우리가 이 책임이 얼마나 막중한지 모른다면 우리를 결코 용서치 않을 것입니다.

유럽의회는 어떤 경우에도 이 책임을 다할 것입니다.

그러나 저는 제가 보았을 때 이 새로운 권위가 행동으로 이어지게 될 두 분야를 강조하고자 합니다. 우선은 통제 기능을 더욱 민주적으로 활용하게 되리라는 것이며, 다른 하나는 공동체 건설에 활기를 부여하게 되리라는 점입니다.

직접선거를 통해 유럽 의회는 필요한 통제를 민주적인 방식으로 해나갈 것입니다. 민주적 통제는 의회에 선출된 모든 이들에게 핵심적인 기능입니다.

조약을 통해서 권력이 이양된 바, 시민의 이름으로 예산을 승인할 수 있습니다. 이제 유럽공동체 내에서도 공동체를 이루는 국가에서 그러하듯이, 선출된 의회가 예산 투표를 진행합니다.

예산은 의회 역량을 보여주는 데 가장 중요합니다. 의회는 예산을 수정하거나 전면 거부할 수도 있습니다.

저는 예산안 작성부터 최종 승인에 이르기까지 다양한 단계의 예산의 중요성을 다시 환기하고자 합니다.

이사회와 위원회를 반복해서 오가는 이 과정은 복잡하고, 어렵고, 아마도 미루어질 것입니다. 그러나 이 복잡한 왕복 과정에는 우리 목소리를 들리게 할 가능성이 있습니다.

그러기 위해서는 다양한 조건들을 필요로 할 것입니다. 우선은 우리가 출석해야 합니다. 출석은 필수적이기 때문입니다. 다른 한편으로는 우리의 의견이 만장일치된다면 우리의 힘이 더욱 커질 것이며, 선동이나 비현실주의로부터 안전해질 것입니다.

의회가 처음으로 할 일은 곧 착수하게 될 1980년 대비 예산안 초안 독회가 될 것입니다.

직접선거로 선출된 의회가 예산에서 행사할 수 있는 힘에 대해 알아본다고 할 때, 하나를 강조해야 할 듯합니다. 책임 있는 의회는 예산안을 작성할 시 지출뿐 아니라 수입도 고려합니다. 이는 의회의 민주주의적 소명과도 완벽히 일치합니다. 우리는 역사적으로 세계 최초의 의회들이 수입을 거두면서 생겨났음을 알고 있습니다.

이 문제가 더욱 간과될 수 없는 까닭은 이번 임기 동안 유럽공동체의 예산이 기금 마련을 위해 조약으로 정했던 부가가치세의 1퍼센트라는 상한선에 도달하게 될 것이기 때문입니다. 수입 문제는 몇 년 내로 우리가 고려해야 할 가장 중요한 문제입니다. 그리고 모든 시민을, 다시 말해 공동체의 모든 납세자를 대표하는 본 의회는 해결책을 내놓기 위한 역할을 필수적으로 수행해야 합니다.

의회는 또한 공동체의 일반 정책을 통제하는 기구여야 합니다. 제도적인 제한이 존재한다고 해도, 공동체 행동이 일어나는 분야가 어디건 간에, 의회는 선거를 통해 정치적 정당성을 부여받은 만큼 목소리를 낼 수 있습니다.

우리 의회에는 유럽공동체를 건설하는 데 박차를 가하고자 하는 역할도 주어져 있습니다. 이는 앞서 말했듯 유럽이 연대를 필요로 하는 상황에서 더욱 더 진실됩니다. 새 의회는 공동체에 몸담은 모든 시민에게 목소리를 내게 할 것입니다. 또한 동시에 사회 각각의 부문에서 각자가 당면한 즉각적인 문제를 넘어 유럽 차원의 연대가 이루어질 수 있도록 의식을 고취할 것입니다. 각각의 즉각적인 문제란 무척이나 타당한 것이겠으나 그것이 공동체의 기본적인 이익을 가리지 않도록 할 것입니다.

우리는 공동체 내에서 권력이 조직되고 각 기구에 자율성을 부여함을 잘 알고 있습니다. 발의권과 사법 결정권은 조약을 통해 이사회와 의회에 부여됩니다. 각 기구의 자율성은 공동체의 기능이 원활히 지속되는 데 필수적인 것이나, 기구들은 기본적으로 서로서로 협력할 것입니다. 본 의회가 갖춘 새로운 타당성은 유럽 공동체 내에서 새로운 도약을 이루어낼 것이며, 이 도약이 협력의 효과적인 추진 요소가 되어야 합니다.

본 의회는 다른 기구와의 협업을 강화하여 유럽의 진보를 위한 역할을 더욱 효과적으로 수행할 것입니다. 역할에 구애받지 않는 자문에서도 그렇거니와, 공동체 내에서 사법적인 결정에도 의회가 참여할 수 있도록 하는 협의 체제에서도 협력할 것입니다.

정당성에 힘입은 우리 의회의 목소리는 공동체 내 모든 당국에, 최고결정기구까지 울려퍼질 것입니다. 특히 유럽이사회를 생각해 봅니다.

우리 의회와 같은 민주주의 의회에서, 실시하고 싶은 계획과, 지키고 싶은 생각과, 심지어는 우리가 수행하고자 하는 역할이 달라지는 일은 당연하고도 정상적입니다.

우리 의회를 분열과 경쟁의 장으로 만드는 실수를 피하도록 합시다. 유럽공동체는 대중들에게 주어진 기한 내에 결정을 내릴 수 없는, 꽉 막힌 기구라는 이미지를 너무 자주 주었습니다.

우리 의회는 만일 유럽공동체가 오늘날 우리에게 너무나 필요한 연대의 정신을 표한다면, 유럽 내부의 분열을 확인하는 장이 되는 대신 우리가 품은 희망을 충분히 실현할 수 있는 장이 될 것입니다.

저는 제게 허락된 시간과 힘을 우리에게 주어진 과업에 전부 할애할 것입니다. 물론 저는 문명과 문화의 원천을 공유한 우리가 사회에 대해 같은 개념을 가지지도, 같은 열망을 가지지도 않았다는 사실을 모르지 않습니다.

그러나, 저는 우리 의회의 다원주의가 유럽공동체 건설이 진보하는 데 걸림돌이 되기보다는 더욱 풍요롭게 하는 요소가 되리라고 확신합니다. 우리가 가지는 감수성의 차이가 어떠하든 간에, 공동의 유산과 인간의 기본적인 가치에 대한 존중을 기반으로 한 공동체를 실현하겠다는 의지를 모두가 가지고 있으리라고 생각합니다. 저는 바로 그러한 정신을 가지고, 여러분들께 우리가 앞으로 해야 할 과제를 함께 해나가자고 요청드립니다.

임기가 끝날 무렵이면 유럽을 한층 발전하게 했다는 감정을 느끼기를 바랍니다. 본 의회가 유럽인뿐 아니라 평화와 자유를 사랑하는 세계 모든 이들의 마음 속에 추동한 희망에 답할 수 있기를 바랍니다.

1979년 7월 17일
스트라스부르에서

팡테옹 프랑스 의인
헌정 기념식 연설

대통령님, 프랑스의 의인 여러분. 오늘 제 연설은 여러분을 위해 준비되었습니다. 오늘 우리와 같이 자리하신 여러분, 함께 하지 못하신 여러분, 이런 영광을 바라지 않고도 유대인들을 구했던 여러분을 위한 것입니다.

쇼아 기념 재단의 이름으로, 여러분께 생명을 빚진 모두의 이름으로, 오늘 저는 여러분께 존경과, 사랑과, 감사를 전하고자 여러분 앞에 섰습니다.

의인 여러분의 수가 정확히 얼마나 되는지 우리는 결코 알 수 없을 것입니다. 누군가는 자신이 한 일이 가치 있다고 이야기할 필요가 없다고 생각하시며 돌아가셨습니다. 다른 이들은 자신들이 구한 이들이 자신을 잊었으리라고 생각했습니다. 또 어떤 이들은 자신이 프랑스인으로서, 기독교인으로서, 시민으로서, 혹은 사람으로서, 그저 유대인으로 태어났다는 이유로 박해를 받은 이들을 위해 해야 할 일을 했을 뿐이라 생각하면서 추대되기를 거절했습니다.

어떤 이들은 우리 프랑스의 과거를 치욕스럽게 생각하는 데 그치지만, 저는 결코 그렇지 않습니다. 항상 말해오던 대로 오늘 이 자리에서 또 한 번 엄중히 반복하자면, 프랑스에는 7만 6천 명, 그 가운데에서 1만 1천 명이 아동이었던 유대인을 강제수용한 책임이 있는 비시 정부라는 역사가 있습니다. 그러나 우리 프랑스에는 유대인 4명 가운데 3명이 체포를 피할 수 있도록 도와주었던 사람들도 있었습니다. 네덜란드, 그리스와 같은 다른 나라에서는 유대인의 8할이 체포되고 수용소에서 학살당하였습니다. 덴마크를 제외한다면 나치가 점령했던 다른 어느 나라에서도 우리 프랑스에 필적할 만큼의 연대를 보인 나라는 없었습니다.

오늘 우리가 영광을 돌리는 프랑스의 모든 의인 여러분들은 이 나라의 명예를 지켜내셨습니다. 여러분 덕분에 박애, 정의, 용기가 제 의미를 찾았습니다. 60년도 더 전에 여러분은 주변인의 신변을 위태롭게 하면서까지, 감옥에 가거나 심지어는 강제수용까지 마다하지 않고 행동했습니다. 어떻게 그럴 수 있었을까요? 누구를 위해서 그랬던 걸까요? 자신과 모르던 사이인 남성, 여성, 아이들을 위해서, 많은 경우 자신들에게 어떤 의미도 없던, 그저 위험에 빠진 사람들을 위해서였습니다.

여러분은 대부분 프랑스의 '일반인'이었습니다. 도시에 거주하거나 농촌에 살았고, 신을 믿었거나 믿지 않았고, 젊었거나 나이가 들었고, 부자이거나 빈자였던 여러분은 유대인 가족들을 맞아들이며 성인에게는 위안을, 아이에게는 다정함을 전해주었습니다. 그들에게 닥친 위협을 참을 수 없던 여러분들은 가슴에서 우러나오는 대로 움직였습니다. 여러분은 어디에도 씌어 있지 않지만 다른 모든 것에 우선하는 명령을 따랐습니다. 여러분은 영예를 찾지 않았습니다. 그러나 여러분만큼 영예로워 마땅한 이들도 없을 것입니다.

오늘, 저는 대통령님께 감사를 전하고 싶습니다. 대통령님께서는 공식적으로 비시 정부의 악랄했던 법에 대한 책임을 인정하셨습니다. 또한 대통령님께서 여러 차례 프랑스 국민들의 모범적이고, 용기 있고, 박애 가득한 행동을 기억해 이 자리에 그들을 모실 수 있었던 데에 감사드립니다.

유대인을 인류 역사에서 지워버리고 그들이 자행한 모든 범죄의 흔적을 없애려 했던 나치즘에 맞서, 오늘날까지도 사실을 부인하는 이들에 맞서, 프랑스는 오늘 국가의 역사가 지워지지 않게 새겨진 바윗돌 위에, 그 빛나는 페이지 위에, 홀로코스트의 밤을 기록합니다.

프랑스 의인 여러분들은 단순히 역사를 거쳐왔다고 생각할 것입니다. 그러나 사실 여러분은 역사를 쓴 것입니다. 전쟁에서 들려온 목소리 가운데 여러분의 목소리는 가장 작은, 귀를 기울여야만 들을 수 있는 속삭임이었습니다. 그 목소리에 귀를 기울여야 할 때가 되었습니다. 그들에게 감사를 표해야 할 때가 되었습니다.

묘비도 남지 않은 채 연기 속으로 사라진 사랑하는 사람들의 기억을 품고 사는 우리에게, 더 나은 세상, 더 공정하고 박애적인 세상을 원하는 우리 모두에게, 반유대주의, 인종주의, 증오라는 독으로 얼룩진 세상 가운데 이곳에서는 희망의 이유가 되어줄 프랑스 의인 여러분의 목소리가 영원히 울려 퍼질 것입니다.

2007년 1월 18일
파리에서

국제 홀로코스트 희생자
추모의 날 유엔 연설

부총장님, 대사 여러분, 내외귀빈 여러분, 시간은 아무것도 할 수 없습니다. 홀로코스트에 대해서 이야기할 때면 항상 같은 감정에 사로잡힙니다. 제 모든 동료들과 마찬가지로, 젊은 세대에게, 어떻게 600만 명의 여성과 남성, 그 중에서 150만 명의 아동이 그저 유대인이라는 이유로 목숨을 잃을 수 있었는지 끊임없이 이야기하는 일을 제 임무라 여깁니다.

이토록 상징적인 자리에서 발언을 할 수 있도록 저를 초대해 주심에 감사드립니다. 사실상 이 기구는 제2차 세계대전의 폐허와 잿더미 위에서 세워졌습니다. 저는 이미지가 아니라 현실에 대하여 이야기하는 것입니다. 유럽 국가에서 철학자와 음악가들이 오래 전부터 경탄해 마지않았던 한 유럽 국가에서 내려진 결정은 다름 아닌 수백만 명의 남성, 여성, 아동을 가스실에서, 화장터에서 학살하자는 것이었습니다. 그들의 잿가루는 우크라이나, 폴란드, 리투아니아, 벨라루스에, 유대인들이 아인자츠그루펜*의 총탄에 맞아 쓰러지기 전, 자신들이 저지른 범죄의 흔적을 지우기 위해 유대인들을 불태우기 전에 그들에게 손으로 파내게 시킨 구덩이에 묻혀 있습니다.

또한 체포되고 구금된 뒤 학살당한 수십만 집시들의 고통과 운명을 밝혀주신 분들께도 감사드립니다. 이들 중 많은 수가 아우슈비츠에서 사망했음을 알게 되기까지 오랜 시간이 걸렸습니다.

1944년 8월 2일, 이전까지 가족들과 함께 살고 있던 집시들은 전부 가스실에서 처형을 당했습니다. 저는 시간이 훨씬 지난 1980년, 유럽의회 의장으로서 독일 당국의 초대를 받아 베르겐벨젠을 찾았을 때, 이 비극적 사건이 인정되기까지 행해진 것이 아무것도 없음에 놀랐습니다. 따라서 망각을 바로잡기 위한 필요성을 강조했습니다.

5년 뒤, 유럽의회는 유럽 홀로코스트 추모 및 인류에 반하는 범죄 예방일을 제정했습니다. 의회는 그 날짜를 아우슈비츠 수용소에 소련 군대가 파견되었던 날인 1월 27일로 정하였습니다. 생존자 대부분은 1월 18일과 19일 사이에 아우슈비츠 주위에 있었던 수용소와 작업장을 떠났습니다.

6만 명의 수감자들은 눈밭에서 즉결 처형될 위험을 감수하고 10여, 혹은 100여 킬로미터를 쉼 없이 걸어야 했습니다. 적십자 군대

---

* 인종청소를 위해 창설된 나치의 대량학살 부대.

가 도착했을 때에는 죽어가고 겁에 질린 수천 명의 유령들만이 시간에 쫓겨 남겨져 있었습니다. 친위대원들은 허기가, 갈증이, 추위가, 혹은 질병이 그들을 저절로 죽게 만들 것으로 믿었습니다. 어떤 이들은 위험을 무릅쓰고 해방되기를 꿈꾸며 남아서 숨었습니다.

2005년 11월 1일, 유엔은 국제 홀로코스트 희생자 추모의 날을 제정하였습니다.

이 결정을 통해서 오늘날 전 세계가 관여된 유엔은 1948년 12월 채택한 세계인권선언의 기초 원칙을 충실히 지켰습니다. 그 원칙은 모든 대량학살에 맞서 싸우겠다는 것이었습니다. 유엔은 홀로코스트의 특수한 동시에 보편적인 성격, 즉 이 사건이 유대인 전체를 말살시키고자 하는 데 목적이 있었던 계획적인 대량학살이었음을 환기하고자 했습니다. 그 목적은 심지어 우리의 근본적인 인간성을 무시하면서까지 널리 달성되었습니다.

그런고로, 2005년 1월 24일 유엔이 나치 강제수용 해방 60주년을 맞아 개최한 제28회 특별 총회가 비유럽인인 장 핑 가봉 대사의 주재로 열렸다는 사실은 제게 상징적으로 다가왔습니다. 이 자리를 빌려 대사님께 감사를 전합니다.

사무총장님, 대사 여러분, 여러분들께서는 수감자였던 우리가 홀로코스트를 생각하지 않고 지나보낸 날이 단 하루도 없음을 아셔야 합니다. 구타당했던 기억과, 우리를 몰던 개들과, 피로감, 허기, 추위, 그리고 잠보다도, 인간으로서의 존엄을 박탈하고자 우리에게 가해졌던 모욕이 오늘날까지도 우리에게 가장 끔찍한 기억으로 남아 있습니다. 우리에게는 이름도 없었고, 오로지 팔에 문신으로 새겨진 번호로밖에 식별되지 않았습니다. 우리는 누더기를 입고 있었습니다.

무엇보다도 우리를 쫓아다니는 기억은 수용소에 도착하자마자 우리와 흩어졌다가, 몇 시간 뒤 카포들에게 전해 듣기로 가스실에서 곧장 살해당했던 이들에 대한 것입니다. 심지어 아우슈비츠 수용소는 최악이 아니었습니다. 유럽 전역에서 도착한 기차들은 소비보르, 마이다넥, 트레블링카로 향했습니다. 그곳에서는 유대인을 가스실에 넣었던 존더코만도*를 제외하고는 도착한 모든 이들이 나이에 상관없이 즉시 학살당했습니다.

1944년 4월, 저는 어머니와 언니와 함께 아우슈비츠에 수감되었습니다. 붙잡히고 나서 일주일이 지나 드랑시에 갔는데, 그곳에는 프랑스계 유대인이 모두 모여 있었습니다. 우리는 가축 차에 실려 끔찍한 사흘을 보냈습니다. 먹을 것도 물도 없이 어디로 향하는 줄 모르고 실려 갔습니다. 아버지와 오빠 역시 수감되어 850여 명이 실렸던 차에 함께 실려 리투아니아의 카우나스로 갔습니다. 그중에서 오직 20여 명만이 살아남았습니다. 아버지와 오빠가 어떤 운명을 맞았는지 우리는 아무것도 알지 못했습니다.

---

* 1938년부터 1945년까지 나치의 절멸수용소에서 수용자들 중 일부로 구성한 부대. 각 수용소에서 홀로코스트로 죽은 사람들의 시체를 처리하는 등의 잡무를 보조했다. 나치는 3개월에서 최대 1년 단위로 존더코만도의 거의 모든 부대원을 죽이고 새로운 포로들로 교체하였다.

우리는 한밤중에 아우슈비츠에 도착했습니다. 모든 것이 우리를 두렵게 만들기 위해 존재했습니다. 눈을 멀게 하는 불빛, 친위대원들이 기르던 개들이 짖는 소리, 죄수의 옷을 입은 수감자들은 우리를 차량에서 끌어내렸습니다.

선별 작업을 하던 친위대 의사 멩겔레는 단순한 손짓 하나로 수용소에 들어갈 자들과 피곤해 보이는 자들을 골라냈습니다. 피곤해 보이는 사람들은 트럭에 실려 곧장 가스실로 향했습니다. 기적적으로 우리 세 가족은 수용소에 들어갔고, 그곳에서 땅을 다지는 아무 쓸모 없는 일을 했습니다.

우리는 하루에 12시간 넘게 일하고 거의 아무것도 먹지 못했습니다. 그럼에도 우리의 처지는 최악이 아니었습니다. 1944년 4월과 5월, 43만 5천 명의 헝가리계 유대인이 도착했습니다. 학살을 용이하게 하기 위해 우리는 수용소 내부의 철로를 가스실과 가까워지도록 연장했습니다. 그들은 차량에서 내리자마자 대부분 가스실로 향했습니다. 그들이 어떤 운명에 처할 지 아는 우리에게는 끔찍한 광경이었습니다. 저는 아직도 그 광경을 생생하게 기억합니다. 어린 아이들을 데리고 있던 어머니들, 앞일을 모른 채 가스실로 걸어가던 인파들 말입니다. 저는 열차가 서던 경사로와 무척이나 가까운 곳에 있었습니다. 그때 본 광경은 제가 본 것 중 최악이었습니다. 우리는 더 이상 눈물이 남아 있지 않다고 생각했음에도 눈물을 흘렸습니다. 저는 아직도 그들을 자주 떠올리곤 합니다.

7월이 되어, 우리는 인원이 더 적은 작은 수용소로 갈 기회를 얻었습니다. 일은 훨씬 덜 고되었습니다. 그곳에서 1945년 1월 18일까지 머물렀습니다. 소련군의 포화 소리를 들었고 그 섬광을 보면서, 우리는 러시아군이 도착하기 전에 친위대원이 우리를 죽일지 아니면 풀어줄 것일지 의문을 가졌습니다. 1월 18일 저녁이 되자 우리는 수용소를 떠나 70킬로미터가 넘는 길을 걸어야만 했습니다. 친위대원들은 총으로 우리를 위협했습니다. 이 '죽음의 행렬'에서 수많은 동지들이 숨을 거두었습니다. 글라이비츠에서 이틀을 대기했습니다. 그곳에는 모든 지역에서 온, 6만 명이나 되는 엄청난 인구가 수용되어 있었습니다. 우리는 천장이 뚫린 차에 무더기로 실려 체코와 오스트리아를 넘어 독일 하노버 근처에 있는 베르겐벨젠 수용소에 도착했고, 그 여정에서 절반가량이 추위와 허기로 사망했습니다.

베르겐벨젠에는 가스실도 선별도 없었으나 티푸스, 추위, 허기가 몇 달 만에 수만 명의 수감자들을 죽였습니다. 이 수감자들은 소련군의 진군 소식을 들은 나치들이 현장에 남겨놓고 싶어 하지 않던 이들이었습니다.

1945년 4월 15일, 마침내 우리는 영국군에 의해서 해방되었습니다. 길가에 무더기로 쌓여 있던 시체와 뼈만 남은 채 비틀거리며 걸어다니던 우리를 보고 군인들이 경악했던 모습이 아직도 눈에 선합니다. 아무도 기쁨의 함성을 지르지 않았습니다. 오로지 침묵과 눈물만이 있었습니다. 저는 한 달 전 티푸스로 기력이 쇠해 사망한 어머니를 떠올렸습니다. 그 몇 주 사이 치료를 받지 못한 많은 이들이 숨겼습니다.

언니와 저는 1945년 4월 15일 해방되어 5월 말에 프랑스로 돌아왔습니다. 상부에서는 우리가 나라에 티푸스를 옮길까 두려워했습니다.

귀환에 대해서 무어라 말할 수 있을까요?

우리는 항상 레지스탕스로 자원한 언니가 잡히지 않기를 바랐습니다. 저는 귀환 전에 언니가 수감되었다는 소식을 들었지만 다행히도 곧이어 언니가 살아 있으며 이미 귀환했다는 사실을 알게 되었습니다.

전쟁은 막 끝났지만 프랑스는 몇 달 전에 이미 해방되었습니다. 독일에 부역한 이들에 대한 재판이 진행 중이었으나, 대부분의 프랑스인과 정부는 과거를 잊고자 했습니다. 누구도 강제수용에 대해서 듣고 싶지 않아 했고, 우리가 무엇을 보았고 겪었는지 알고 싶지 않아 했습니다. 프랑스에서 강제수용에 처하지 않았던 유대인, 그러니까 4분의 3에 해당하는 나머지 유대인들은 우리의 이야기를 듣는 일을 견딜 수 없어 했습니다. 다른 이들은 알지 않는 편이 낫다고 여겼습니다. 우리는 우리 이야기가 얼마나 끔찍한지 알지 못했고, 수감되었던 이들끼리 수용소에서의 이야기를 나누었습니다.

홀로코스트는 아우슈비츠에 국한되지 않고 유럽 대륙 전체를 피로 뒤덮었습니다. 탈인간화의 절차가 성공적으로 완수되었던 것입니다. 홀로코스트는 양심과 인간의 존엄에 대해 끊임없는 사유를 불러일으킵니다. 더 심한 일은 언제든 일어날 수 있기 때문입니다.

　자주 '두 번 다시는' 이런 일이 일어나지 않기를 빌었지만, 우리의 기도는 이루어지지 않았습니다. 캄보디아에서 대량학살이 벌어진 뒤 10년 후 아프리카에서 끔찍한 학살이 일어났습니다. 르완다 학살 이후에는 다르푸르에서 죽음과 비탄이 이어졌습니다.* 이 비극은 20만 명의 사망자와 터전에서 쫓겨난 200만 명의 난민이라는 수치로 기록되었습니다. 우리는 알고 있습니다. 그러나 어떻게 개입해야 할까요? 이런 야만에 어떻게 종지부를 찍을 수 있을까요?

　아프리카통일기구가 상황을 다루는 게 나을지도 모르겠다고 생각했던 이후에, 지금의 저는 유엔이 당장 행동해야 한다고 다시금 생각하게 되었습니다. 헤이그 국제형사재판소 산하 인류에 반하는 범죄 피해자 재단의 장을 4년째 맡고 있는 저로서는, 이러한 범죄와 폭력, 비극적인 인구 이동을 멈추기 위해서 할 수 있는 일이 무엇인지 묻게 됩니다. 몇몇 비정부기구가 위험을 무릅쓰고 이들을 구하고 있음을 알고 있습니다. 그러나 이들이 겪는 고통과 절망에 비하면 도움의 손길은 한참이나 부족합니다.

　이 문제가 사무총장님께 우선순위로 올라 있음을 알고 있고, 그

---

*　2003년 수단 다르푸르 지역에서 발생한 대량학살 사건. 북부의 아랍계 정부군과 서부의 아랍화된 누비아계 흑인들(푸르족) 간의 종족분쟁에 석유를 둘러싼 이권 다툼에 목초지 및 농경지 확보를 위한 경제 문제가 얽혀 발생했다. 아랍계 민병대 '잔자위드'는 정부의 비호 아래 학살, 고문, 성폭행, 방화, 약탈 등을 저질렀으며, 수단의 독재자 오마르 알 바시르는 이러한 학살을 암묵적으로 허가하고 방관하였다. 분쟁은 여전히 계속되고 있으며 수많은 난민을 만들었다.

사실에 무척이나 기쁩니다.

홀로코스트의 현실을 부인하고 이스라엘의 파멸을 외치며 새로이 나타나는 부인주의자들을 언급하지 않을 수 없습니다. 우리는 이란의 핵으로 인한 위험이 얼마나 우려스러운지, 이란이 국제협약의 규칙과 핵무기 비확산 조약을 준수해 국제사회로 돌아오는 일이 얼마나 중대한지 알고 있습니다.

이스라엘 옆에 만들어진 팔레스타인 국가의 건설은 두 국가가 서로 국경을 맞대고 평화로이 살아감으로써 이스라엘의 존재에 반대하며 일어난 캠페인을 종식시키는 결말로 향해야 할 것입니다.

급진 이슬람 대표자 가운데, 이스라엘의 파멸을 주장하는 이들이 제 깊은 우려를 불러일으킵니다. 고대부터 유대인 선조들의 땅이었던 이스라엘은 홀로코스트 생존자의 피난처가 되었습니다. 홀로코스트가 이스라엘을 건설하기 위해 유대인들이 지어낸 거짓말이라고 말하는 이들은 이 나라를 파괴하고 싶어 하는 자신들의 의지를 정당화하고 있습니다. 오로지 정치적 목적으로 쓰이는 부인주의를 퍼뜨리는 이들은 이 사실을 잘 알면서도, 이스라엘을 없애고자 하는 전투에 정당화할 구실을 찾게 되었습니다. 새로이 떠오르는 부인주의는 무척 걱정스럽습니다. 무지하거나 맹신하는 이들 가운데, 특히나 새로운 통신기술의 발달을 통해 젊은이들 사이에서 부인주의가 커다란 반향을 불러일으키기 때문입니다. 홀로코스트에 대한 기억과 이스라엘 국가의 존재라는 문제 앞에서, 국제사회는 책임을 다해야 할 것입니다. 또한 규명되어야 하고 피해자의 목소리가 들려야 하는 또 다른 학살 사건에 대해서도 책임져야 합니다. 대량학살 범죄를 저질렀거나 저지르고 있는 이들은 심판을 받고 제재되어야 합니다.

사무총장님, 저는 이 상황이 사무총장님께 얼마나 중요한 의미를 지닐지 알고 있습니다. 분쟁이 끊이지 않는 이 땅 위에서, 유엔의 결단과 원칙이 준수될 수 있도록 하기 위한 해결책을 찾기 위해 얼마나 강한 의지를 보이시는지도 알고 있습니다.

그러나 국가와 제도를 넘어, 우리 모두가 각자 져야 할 책임이 있습니다. 여러분들께 제 마음 깊이 남아 있는 한 예를 나누고자 합니다. 지난 1월 18일, 제 제안으로, 프랑스의 자크 시라크 대통령은 프랑스의 의인에게 경의를 표하기 위하여 팡테옹을 찾았습니다. '의인'들은 유대인이 아닌 수천 명의 사람들로, 제2차 세계대전 당시 강제수용된 유대인들을 구해 예루살렘의 야드 바셈 연구소에 의해서 추대된 이들입니다. 프랑스에서는 7만 6천 명의 유대인들이 강제수용을 당했으나, 프랑스계 유대인의 4분의 3은 살아남았습니다. 이들이 살 수 있었던 것은 용기와 관용, 연대의식을 품고서 그들을 도왔던 수천 명의 의인들이 있었기 때문입니다.

제가 의인들을 언급하는 이유는 출신 배경과 상관없이 모든 나라에서 가장 옳은 일을 행할 수 있는 이들이 언제나 존재하리라는 사실을 확신해 마지않기 때문입니다. 의인의 예를 통해, 저는 개인이 행할 수 있는 정신력과 양심이 승리할 것임을 믿고자 합니다.

마지막으로 지난 금요일, 홀로코스트를 부인하는 이들을 규탄하는 결의안이 압도적인 찬성을 거쳐 승인된 데에 대한 기쁨을 표합니다. 저는 온 마음을 담아, 유엔이 결정한 이 추모일이 모든 지도자와 전 세계 모든 이들에게 타인에 대한 존중, 폭력, 반유대주의, 인종주의, 혐오에 대한 거부를 촉구할 수 있기를 간절히 기도합니다.

　　저는 오늘 이 자리에서 홀로코스트가 '우리의' 기억이자 '여러분들의' 유산임을 다시 한 번 엄숙히 천명하고자 합니다.

2007년 1월 29일
뉴욕에서

옮긴이의 말

프랑스의 임신중단법의 애칭은 '베유법'이다. 시몬 베유의 이름을 딴 것이다. 법안은 보건부 장관을 역임하던 시절 그가 이룬 업적이다. 나 역시 베유를 처음 알게 된 계기도, 이후 보다 깊이 관계 맺게 된 계기도 바로 이 무렵이었다. 여성은 거의 없고 자그마치 481명이나 되는 남성 의원이 자신을 둘러싼 의회장에서 여성의 임신중단 합법화를 요청하는 연설을 했던 순간을 담은 『국가가 아닌 여성이 결정해야 합니다』를 번역했던 것이다.

따라서 시몬 베유의 보건부 장관 시절은 또렷하게 각인되어 있었는데, 그가 아우슈비츠 수용소에서 박해를 견뎌낸 유대인 생존자라는 배경을 가지고 있으며 보건부 장관을 맡은 이후에 유럽의회 의장을 지냈다는 정보는 내 머릿속에서 이미 입지전적인 그의 생애를 한층 완성된 서사로 만들어주는 역할쯤을 했다.

그리고 이번에는 그의 일생을 담은 자서전을 번역하며 여태까지 전기를 통해 접한 인물이 겪었던 고난을 위대한 업적을 이루기 위한 필연적인 관문으로 받아들여 왔음에 부끄러운 마음이 먼저 들었다. 고난이 끝나도 그 시절의 기억은 끊임없이 머릿속을 배회하고 가족을 잃은 슬픔과 그리움은 그를 떠나지 않고 울분과 피로는 쉬이 가시지 않았다. 서사는 완성되고 인물은 거침없이 상승하는 서사를 뻗어 나아간다 해도 이것은 결국 삶을 소재 삼은 이야기가 아니라 이야기된 삶이다. 원제는 모파상의 소설 제목을 빌렸다. 한국에는 '여자의 일생'으로 들어온 소설의 원어 제목은 'Une vie', 즉 (하나의) 삶이다. 나는 부정관사를 쓴 이 평범한 제목을 가진 이 자서전을 깊이 만나면서 어릴 적부터 접해온 전기들로부터 일관되게 놓친 게 무엇이었는지를 깨닫게 된 것만 같다.

한 명이 일생에 한 번 하기에도 어려운 굵직한 요직을 여러 차례 맡은 위인이기도 하지만 한 사람이 한 번 겪는 삶에서 일어나리라고 생각지 못했을 참상을 겪어낸 시몬 베유는 그 가운데에서도 자신이 무엇이든 거스를 수 있는 태도를 가지고 살아 왔다며, 그 태도는 자기 자신을 거스르는 데에서 시작한다고 말했다. 살아 있는 것만으로도 기적같이 느껴지는 깊은 고통과 상처 가운데에서도 스스로를 거스르면서까지 옳다고 믿는 대로 움직이기를 멈추지 않은 그의 일생을 옮겨내면서 존경심을 품지 않을 수 없었다. 이는 베유뿐 아니라 그 이전까지 접했던, 삶에 닥친 고난을 넘어 옳다고 믿는 곳으로 갔던 인물들의 삶에 대한 뒤늦은 독후감이기도 할 것이다.

작년 초 시몬 베유가 유대인 생존자로서 평화를 위해 싸우고, 유럽 통합을 위해 일했고, 무엇보다 프랑스 여성의 인권 상승에 기여한 업적을 인정받아 국립묘지인 팡테옹에 안장되었다는 소식을 듣고 그를 보러 프랑스로 갔지만, 안장 시기보다 이른 시점에 방문한 탓에 허탕을 쳤다. 지금 그는 얼마 되지 않는 여성들과 수많은 남성들과 함께 국립묘지에 안장되어 있다. 의회장에서와 비슷한 성비일 것이다. 죽은 그의 얼굴에 나치 인장을 표기하며 모욕을 주는 일이 일어나고 있다는 소식을 듣고는 몹시 괴로웠다. 임신중단 연설을 하는 그에게 나치와 같다느니 태아를 가스실에 넣는다느니 하며 모욕을 가했던 남성 의원의 얼굴들이 겹쳐졌다. 그런 만큼 그에게 더욱 특별하고 깊은 존경을 보낸다.

무거운 마음으로 임했고 옮긴이의 말을 쓰는 것도 쉽지 않았지만 한편으로 무척 즐거운 작업이었다. 자신에게마저 반역하는 여성의 삶은 너무 까다롭지만 그렇기 때문에 삶의 의지를 북돋는다. 작업을 맡겨주신 갈라파고스 출판사에, 연이어 함께 작업한 백진희 편집자님께 감사를 전한다.

2019년 여름
이민경

나, 시몬 베유
여성, 유럽, 기억을 위한 삶

1판 1쇄 인쇄 2019년 7월 29일
1판 1쇄 발행 2019년 8월 5일

지은이 시몬 베유 | 옮긴이 이민경
편집 백진희 김지하 | 표지 디자인 가필드

펴낸이 임병삼 | 펴낸곳 갈라파고스
등록 2002년 10월 29일 제2003-000147호
주소 03938 서울시 마포구 월드컵로 196 대명비첸시티오피스텔 801호
전화 02-3142-3797 | 전송 02-3142-2408
전자우편 galapagos@chol.com

ISBN 979-11-87038-47-4 (03300)

이 도서의 국립중앙도서관 출판예정도서목록(CIP)은 서지정보유통지원시스템 홈페이지
(http://seoji.nl.go.kr)와 국가자료종합목록시스템(http://www.nl.go.kr/kolisnet)에서 이용하실
수 있습니다. (CIP제어번호 : CIP2019028096)

갈라파고스 자연과 인간, 인간과 인간의 공존을 희망하며, 함께 읽으면 좋은 책들을 만듭니다.